Knaur

Über den Autor:

Tarquin Hall wurde 1969 in England geboren und reist seit Beginn der neunziger Jahre als Journalist um die Welt. Die letzten drei Jahre hat er als Korrespondent für Associated Press in Indien gearbeitet.

Tarquin Hall

Wo die Elefanten sterben

Roman

Aus dem Englischen
von Thorsten Schmidt

Knaur

Die englische Originalausgabe erschien 2000 unter dem Titel
»To the Elephant Graveyard« im Verlag John Murray, London.

Besuchen Sie uns im Internet:
www.knaur.de

Vollständige Taschenbuchausgabe 2002
Droemersche Verlagsanstalt Th. Knaur Nachf., München

Umschlaggestaltung: ZERO Werbeagentur, München
Umschlagabbildung: Photonica, Hamburg
Satz: Ventura Publisher im Verlag
Druck und Bindung: Clausen & Bosse, Leck
Printed in Germany
ISBN 3-426-62108-8

2 4 5 3 1

Inhaltsverzeichnis

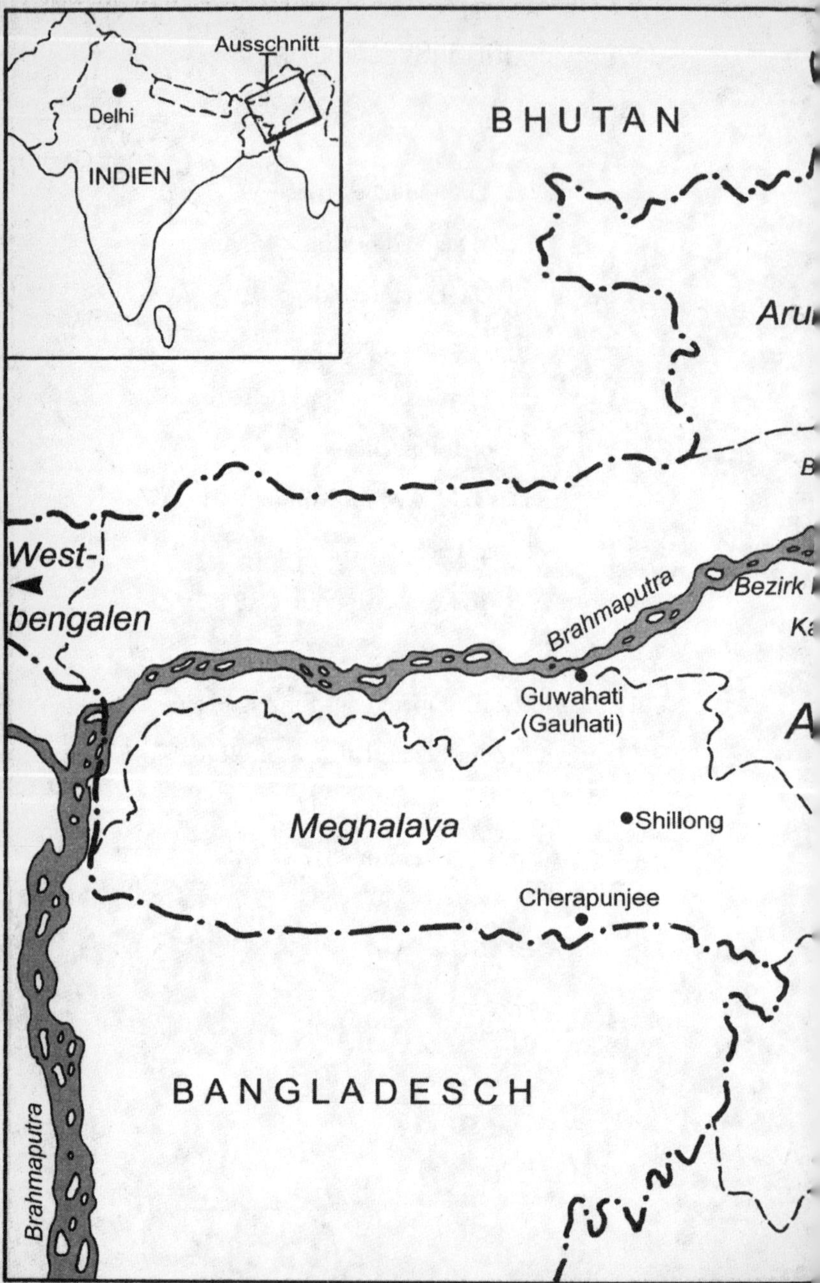

Ausschnitt
Delhi
INDIEN
BHUTAN
Aru
West-
bengalen
Brahmaputra
Bezirk
Ka
Guwahati
(Gauhati)
A
Meghalaya
Shillong
Cherapunjee
BANGLADESCH
Brahmaputra

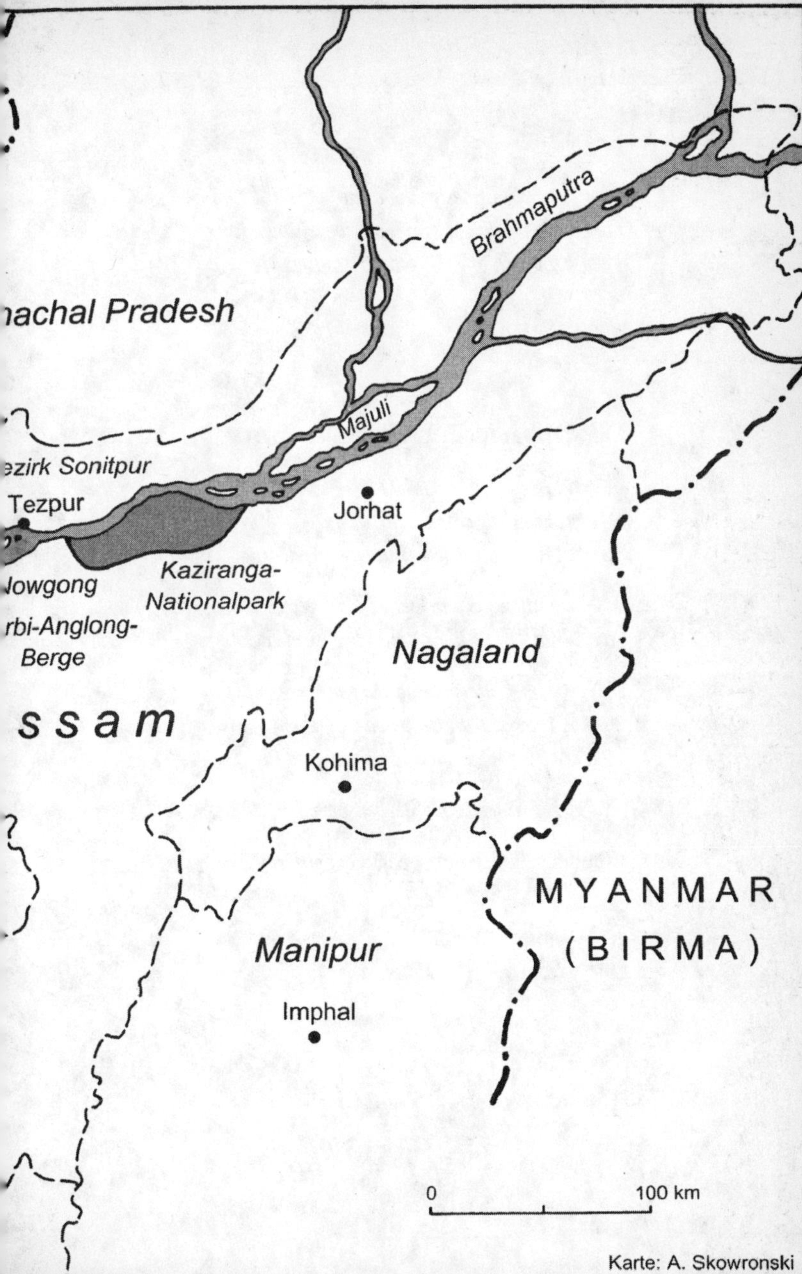

achal Pradesh
Brahmaputra
Majuli
ezirk Sonitpur
Tezpur
Jorhat
Kaziranga-
Nationalpark
lowgong
rbi-Anglong-
Berge
Nagaland
ssam
Kohima
MYANMAR
(BIRMA)
Manipur
Imphal
0
100 km
Karte: A. Skowronski

Für Dinesh Choudhury
in Dankbarkeit für seine freundliche Zuwendung
und unerschöpfliche Gastfreundschaft

Der Ort, an dem Elefanten sterben

Westlich eines weiten Sees,
wohin des Menschen Blick nicht reicht,

Inmitten verwachsener Bäume,
wo übler Wind über die Ödnis streicht,

Im Unterholz verborgen,
von Dickicht und Farnen umgeben,

Liegt der Ort, an den sich
die Elefanten zum Sterben begeben.

Cullen Couldsbury, *Songs out of Exile*

1 Der tödliche Streich

Der Mensch und die höheren Thiere, besonders die Primaten, haben einige wenige Instincte gemeinsam. Alle haben dieselben Sinneseindrücke und Empfindungen, ähnliche Leidenschaften, Affecte und Erregungen, selbst die complexeren, wie Eifersucht, Verdacht, Ehrgeiz, Dankbarkeit und Großherzigkeit; sie üben Betrug und rächen sich …

Charles Darwin, *Die Abstammung des Menschen*

Der Elefant kam mitten in der Nacht. Erst bewegte er sich geräuschlos durch das abgelegene kleine Dorf, vorbei an den Häuschen, Bungalows und Hütten, deren Bewohner schon längst in tiefen Schlaf gefallen waren. Vorbei am Gemeindehaus, am Fischteich und am Dorfladen. Vorbei am Zigarettenstand, an der Wasserpumpe und dem Tempel, der dem Affengott Hanuman geweiht war.

Der Elefantenbulle schritt über die wacklige Holzbrücke, die den Dorfbach überspannte, wandte sich nach rechts und folgte dem sandigen Feldweg ein paar hundert Meter weit. Hier nahm er eine Abkürzung über ein Feld, wobei er zwei, drei Zäune niederriss und Reihen von Kohl zertrampelte. Bald kam er zu einer weiteren Häusergruppe und einer Grundschule.

Keines dieser Gebäude zog seine Aufmerksamkeit auf sich. Seinen Spuren zufolge, die am nächsten Morgen untersucht wurden, blieb er auf dem von ihm gewählten Weg nicht ein einziges Mal stehen. Stattdessen trottete er bis zum Rand der Siedlung weiter, geradewegs auf eine Bambushütte zu, die einem einheimischen Bauern namens Shom gehörte, stieß ein schrilles Trompeten aus und ging dann jäh zu seinem vernichtenden Angriff über.

Monimoy, ein Bauer aus dem Dorf, wurde Zeuge dessen, was als Nächstes geschah. Jetzt, zwei Tage später, saß er in der Dienststelle für öffentliche Angelegenheiten der Forstbehörde von Assam und erzählte seine Geschichte dem Ermittlungsbeamten, P. S. Das, den ich bald nach meiner Ankunft in Guwahati kennen gelernt hatte.

»Ich hatte etwas getrunken und war auf dem Weg nach Hause«, berichtete Monimoy. »Ich ging den Feldweg entlang, da kam der Elefant. Ich habe mit eigenen Augen beobachtet, was sich dann abspielte!«

Der Bauer kratzte sich mit dem Zeigefinger an der Nase, warf nervöse Blicke durch das düstere Büro und sog den starken Kerosingeruch ein, den ein Benzinkanister ausströmte. Seine Hände zitterten wie die eines Junkies auf Entzug.

»Die Augen des Elefanten glühten rot. In ihnen brannte Feuer. Flammen und Rauch schossen aus seinem Rüssel. Er war ein Ungeheuer – so groß wie ein Haus, wie einer der Götter. Seine Stoßzähne waren riesig, wie …«

P. S. Das, der dem Bauern an einem Schreibtisch gegenübersaß, hatte die langatmige, fantastisch ausgeschmückte Geschichte des Einfaltspinsels allmählich satt. Ungeduldig hob er eine Hand, um den aufgeregten Bauern zum Schweigen zu bringen.

»Erzählen Sie uns nur, was passiert ist.«

Monimoy zappelte in seinem abgetragenen Dhoti auf dem Stuhl herum.

»Ja, ja, natürlich«, stammelte er, »ich wollte gerade dazu kommen …«

Er schluckte hart in dem Bemühen, sich zu beruhigen, und fuhr dann fort: »Der Elefant stürmte auf die Hütte los, wobei er seinen Schädel wie einen Rammbock einsetzte. Wieder und wieder stieß er gegen die Wände. Die Balken knackten, krachten und gaben nach. Er hieb mit seinen Stoßzähnen auf die Tür

ein und zertrümmerte sie. Dann zerrte er mit seinem Rüssel an den Trägern. Wenig später stürzte das Dach ein!«
Monimoy lehnte sich nach vorn und hielt sich die Stirn, als litte er an einem Kater.
»Drinnen rief Shoms Familie um Hilfe«, fuhr er fort. »Ich konnte die Angstschreie seiner Töchter hören. ›Helft uns, helft uns‹, flehten sie. ›Der Elefant greift uns an!‹«
Monimoy hatte dem Geschehen vom Feldweg aus zugesehen, betrunken und ratlos.
»Ich konnte mich nicht bewegen«, stammelte er und schüttelte bedauernd den Kopf. »Ich konnte überhaupt nichts tun.«
Der Elefant habe nur ein paar Minuten gebraucht, um die leicht gebaute Hütte dem Erdboden gleichzumachen. In dem Durcheinander sei eine Laterne umgestoßen worden und das trockene Strohdach in Brand geraten. Sekunden später habe die Hütte in Flammen gestanden. Zwei von Shoms Töchtern seien auf der Hinterseite nach draußen entkommen und hätten sich, über die Felder rennend, in einem Nachbarhäuschen in Sicherheit gebracht; eine weitere Tochter und ihre Mutter seien zu einem nahe gelegenen Graben geflüchtet und hätten sich dort versteckt. Shom dagegen sei betrüblicherweise nicht so schnell auf die Beine gekommen.
»Shom war betrunken. Mit einem Buschmesser in der Hand wankte er aus der Hütte. Ich konnte die panische Angst in seinem Gesicht sehen. Er schrie: ›Hilfe! Rettet mich!‹ Dadurch wurde der Elefant auf ihn aufmerksam, und er stürmte auf Shom los.«
Monimoy hielt inne und griff mit zitternden Händen nach einem Becher Tee mit Milch, der vor ihm auf dem Schreibtisch stand.
»Shom stolperte und fiel zu Boden. Der Elefant ergriff ihn mit seinem Rüssel. Shom holte mit seinem Buschmesser aus. Der Elefant schlug es ihm aus der Hand.«

Bei diesen Worten brach Monimoy der Schweiß aus. Er schloss die Augen, als sei die Erinnerung an das, was daraufhin geschah, unerträglich.
»Shom schrie und schrie. Ich höre ihn noch jetzt! Er rang wie wild, um freizukommen. Der Elefant hielt ihn fest gepackt, wirbelte ihn herum und schmetterte ihn dann wieder und wieder gegen einen Baum.«
Die Bestie habe mit dem Bauern gespielt wie eine Katze mit der Maus und ihn schließlich zu Boden fallen lassen. Erstaunlicherweise sei Shom immer noch bei Bewusstsein gewesen. Er habe vor Schmerz gestöhnt, während ihm Blut aus Mund und Nase gesickert sei.
Das Tier habe triumphierend über ihm gestanden, seinen Rüssel gehoben und zornig trompetet. Dann habe es sich bereit gemacht, seinem Opfer den Rest zu geben.
»Was passierte dann?«, drängte Das seinen Zeugen ungeduldig. Monimoy schluckte erneut.
»Vor meinen Augen«, sagte er, »kniete sich der Elefant hin und trieb Shom seinen rechten Stoßzahn durch die Brust!«
Das verzog sein Gesicht. Ich rutschte unbehaglich auf meinem Stuhl hin und her. Monimoy starrte wie entrückt ins Leere.
»Shom wand sich noch einen Moment lang. Dann sackte er in sich zusammen und regte sich nicht mehr.«
Der Elefantenbulle habe seinen Stoßzahn gehoben, auf dem der Bauer aufgespießt gewesen sei wie ein Insekt auf einer Nadelspitze.
»Dann schleuderte er ihn zur Seite und verschwand mit bluttriefendem Stoßzahn in der Dunkelheit.«

Zwei Tage zuvor, ein paar Stunden vor Shoms Tod, war ich morgens beim Zeitunglesen in meinem Büro bei Associated Press in Neu-Delhi auf folgende Meldung gestoßen:

RANDALIERENDER ELEFANTENBULLE SOLL ERSCHOSSEN WERDEN

Guwahati. Die Regierung von Assam verfügte heute offiziell die Tötung eines bösartigen Einzelgängers, eines Elefantenbullen, wie es heißt, der für den Tod von 38 Menschen im Bezirk Sonitpur, Oberassam, verantwortlich ist.

Die Forstbehörde des Bundesstaates hat daher alle Jäger aufgefordert, sich zu melden und um den Auftrag zu bewerben, für den eine Prämie von 50 000 Rupien ausgeschrieben ist.

Der aussichtsreichste Kandidat ist Dinesh Choudhury aus Guwahati. Heute antwortete er auf die Frage, ob er die Aufgabe übernehmen werde: »Das ist ein sehr gefährliches Unternehmen. Es wird einige Zeit dauern, bis der Elefant gestellt werden kann. Wir werden auf gezähmten Elefanten in die Dschungelgebiete reiten und ihn heraustreiben müssen.«

Die Bewerbungsfrist läuft morgen um 17.30 Uhr ab.

Ich riss den Artikel aus der Zeitung heraus und las ihn nochmals sorgfältig durch. Das klang nach einer der vielversprechendsten Geschichten, auf die ich seit Monaten gestoßen war. Wer käme heutzutage, in unserem Zeitalter, auf die Idee, dass die indischen Behörden Berufsjäger anheuerten, um Asiatische Elefanten zu erlegen, die gemeinhin als gefährdete Spezies gelten? Sicher könnte ein Elefant doch mit Hilfe moderner Betäubungsmittel eingefangen und in einen Zoo oder zumindest in ein Wildtierreservat gebracht werden. Ganz klar, dachte ich, hier ist Korruption im Spiel. Wenn ich die Möglichkeit hätte, nach Guwahati zu reisen, der Hauptstadt des Bundesstaates Assam, dann könnte es mir gelingen, die Hintergründe dieses krummen Geschäfts aufzudecken.

Es gab nur ein Problem. Der Elefant wütete in Nordostindien,

einem kaum bekannten Teil des Landes, in dem es von Aufständischen wimmelte. Immer wieder hatten die Behörden das Gebiet für Ausländer gesperrt. Auch mir war in früheren Zeiten die Fahrt dorthin untersagt worden. Ich beschloss, den assamesischen Abgeordneten in Delhi anzurufen, und erfuhr von ihm, dass die Bestimmungen gelockert worden waren.
»Ich kann mich nicht für Ihre Sicherheit verbürgen oder Ihnen irgendeinen Schutz anbieten«, sagte er, »aber Sie können sich frei in dem Bundesstaat bewegen, außer in militärischen Sperrgebieten.«
Das genügte mir schon. Ich rief meinen Chefredakteur in London an, verkaufte ihm die Geschichte und erklärte, ich würde etwa vierzehn Tage unterwegs sein. Anschließend buchte ich bei Indian Airlines den nächsten Flug nach Guwahati.

Nun saß ich in Das' Büro und ließ mir Monimoys märchenhafte Geschichte durch den Kopf gehen. Sie erschien mir unglaubwürdig. Elefanten speien weder Rauch und Feuer, noch sind sie Götter, und ganz sicher laufen sie nicht mitten in der Nacht umher, reißen Behausungen nieder und greifen gezielt Menschen an, um sie vorsätzlich umzubringen. Elefanten sind freundliche, intelligente, im Allgemeinen gutmütige Geschöpfe, so wie Babar oder Dumbo. Monimoy, der, wie er selbst zugab, betrunken gewesen war, als sich der Angriff abgespielt hatte, neigte eindeutig dazu, wild zu übertreiben. Oder log er vielleicht schamlos?
Argwöhnisch geworden, fragte ich ihn vorsichtig nach den Gründen, weshalb er den weiten Weg von Sonitpur auf sich genommen habe, immerhin eine ganztägige Fahrt mit dem Bus, nur um der Forstbehörde seine Geschichte zu erzählen.
»Ich bin im Auftrag meines Dorfs gekommen«, sagte er mir, »und soll die Regierung dazu bewegen, den Elefanten zum Abschuss freizugeben.«

Seine Familie und Dutzende anderer lebten in ständiger Furcht, erklärte er. Der Elefant habe ihren Bezirk wochenlang in Angst und Schrecken versetzt und achtunddreißig Menschen getötet. »Er ist besessen! Ein böser Gott! Er tötet jeden, der schlecht über ihn spricht. Deshalb hat er Shom umgebracht. Erst am Tag zuvor hatte Shom gesagt, er hoffe, der Elefant werde getötet«, fuhr Monimoy fort. »Verstehen Sie – dadurch, dass ich hierher komme und Sie ersuche, den Elefanten zu erschießen, bringe ich mich persönlich in große Gefahr. Wenn ich in mein Dorf zurückkehre, wird der Elefant bestimmt auf mich losgehen!«

Abgesehen von seinen abergläubischen Überzeugungen schienen Monimoys Motive glaubhaft und nachvollziehbar zu sein. Trotzdem, ich hatte genug Zeit in Indien verbracht, um zu wissen, dass nichts auf dem Subkontinent jemals klar und eindeutig ist. Es musste mehr dahinter stecken. Vielleicht hatte Monimoy, die Verschlagenheit in Person, Shom umgebracht und versuchte die Tat auf den Elefanten zu schieben. Oder er war ein Wilderer und hatte das Tier gereizt, das daraufhin über seinen Partner hergefallen war, und jetzt versuchte der Bauer, dies irgendwie zu vertuschen.

Was auch immer tatsächlich geschehen war, es fiel mir jedenfalls sehr schwer zu glauben, dass ein Elefant absichtlich einen Menschen verletzt, außer vielleicht in Notwehr.

Als sich Monimoy endlich verabschiedet hatte, fragte ich Das, was er von der eigentümlichen Geschichte des Bauern halte. Der Ermittlungsbeamte zuckte mit den Schultern.

»Sie haben Recht. Elefanten sind im Allgemeinen sehr sanftmütige Geschöpfe. Normalerweise töten sie keine Lebewesen, auch wenn es vereinzelt schwarze Schafe gibt.«

»Ja, aber bei diesem Bauern klang es so, als wäre der Elefant ein rasendes Ungeheuer«, erwiderte ich. »Das war glatter Unsinn – dieses ganze Zeug, wie er durch das Dorf schleicht und sich ein

bestimmtes Haus aussucht, um es anzugreifen. Von so etwas hat man noch nie gehört. Kein Tier verhält sich so.«
Das neigte sich mit seinem Stuhl nach hinten.
»Sie haben eine romantische Vorstellung von Elefanten«, sagte er. »Wirklich bösartige Einzelgänger sind selten, aber von Zeit zu Zeit taucht mal einer auf. Es sind die gefährlichsten und schlauesten Tiere, die ich kenne.«
Dass du das sagst, ist vollkommen klar, dachte ich bei mir. Schließlich hat deine Behörde verfügt, den Elefanten zu erschießen. Aber warum, fragte ich ihn, werde das Tier nicht eingefangen?
»Der Bulle des Asiatischen Elefanten wiegt bis zu sieben Tonnen, ist zwei Meter siebzig hoch, erreicht eine Geschwindigkeit von vierzig Kilometern pro Stunde und hat einen Rüssel, der Ihnen glatt den Kopf von den Schultern reißen kann«, erklärte Das. »Es ist unmöglich, so einen durchgedrehten Einzelgänger in einen Käfig zu sperren oder an einem Pfahl festzubinden, man kann ihn nicht beruhigen oder ihm gut zureden, und er lässt sich nicht abrichten. Er muss getötet werden, oder er wird selbst töten. So einfach ist das.«
Er zog heftig an seiner Zigarette und fuhr fort: »Ein Elefant muss mindestens zwölf Menschen töten, ehe der Abschuss beschlossen wird. Wenn das geschieht, müssen wir einen Jäger auswählen. Es kann sich nicht jeder x-Beliebige melden. Der Betreffende muss ein Gewehr für Hochgeschwindigkeitsgeschosse Kaliber .458 besitzen, ein geübter Scharfschütze und möglichst ein erfahrener Jäger sein, der weiß, was es heißt, einen Elefanten zur Strecke zu bringen.«
In einer solchen behördlichen Anordnung, erklärte Das weiter, würden die Größe des Elefanten, sein ungefähres Gewicht, seine Farbe und alle seine kennzeichnenden Merkmale angegeben werden.
»Die Verfügung gilt für eine begrenzte Zeit«, fuhr er fort. »Nor-

malerweise sind es vierzehn Tage. Wenn der fragliche Elefant innerhalb dieses Zeitraums nicht ausgeschaltet wird, ist das Spiel vorbei.«

»Das klingt wie ein Mafiamord«, scherzte ich, während ich die Einzelheiten in meinem Notizbuch festhielt.

»Wenn Sie so wollen«, sagte Das, der meine Bemerkung überhaupt nicht komisch fand.

Genau in diesem Moment klingelte das altmodische Bakelittelefon auf dem Schreibtisch laut und schrill. Das nahm den Hörer ab.

Der Anrufer sprach schnell, wobei die Leitung seine Stimme verzerrte.

»Ja, ich verstehe«, sagte Das.

In der Leitung rauschte es, und dann erklang ein zweites Rauschen.

»Gut. Mach ich. Fünf Minuten.«

Das blieb bedächtig und unnahbar. Er legte den Hörer wieder auf und strich sich über die rechte Wange, wie ein Pokerspieler, der seine Karten betrachtet.

»Man hat mir soeben den Namen des Jägers mitgeteilt, der mit der Aufgabe betraut worden ist.«

»Wer ist es?«, fragte ich aufgeregt.

»Es ist Dinesh Choudhury, ein Mann aus Guwahati und ein geübter Scharfschütze – der beste, den es gibt.«

Dinesh Choudhury: der Name, den ich in dem Zeitungsartikel gelesen hatte. Ich fragte Das, wie ich mich mit ihm in Verbindung setzen könne. Er schrieb die Adresse auf einen Zettel und schob ihn zu mir herüber. Dann stand er auf und brachte mich zur Tür.

»Lassen Sie sich nicht von den Tierschützern beirren. Dieser Elefant ist ein Mörder«, sagte er, drückte mir die Hand und schaute mir dabei direkt in die Augen. »Sie sollten aufpassen. Die Dinge sind nicht immer so, wie sie scheinen. Bösartige Ele-

fantenbullen machen keinen Unterschied zwischen Einheimischen und Weißen. Er hasst uns alle gleichermaßen.«
Ich fragte ihn, ob es stimme, dass die Familien der Opfer sich im Hungerstreik befänden, wie ich am Morgen gehört hatte.
»Das ist wieder etwas anderes«, belehrte er mich. »Glauben Sie nicht alles, was Sie in der Zeitung lesen. Unsere indischen Journalisten sind alle vollendete Lügner.«

Draußen auf der Straße winkte ich eine dreirädrige Motorrikscha herbei und reichte dem bengalischen Fahrer den Zettel.
»Paan Ba-zaar?«, fragte er, als er die Adresse las.
»Ja, bitte. Paan Bazaar«, wiederholte ich.
»Okay, Sahib!«
Er ließ seinen Rasenmähermotor aufheulen, und mit einem heftigen Ruck und einem Donnern des Auspuffs, das wie Schrotflintenschüsse klang, fuhren wir schlingernd die Straße hinunter, während bunte Disco-Lampen auf seinem Armaturenbrett blinkten. Er schob eine Kassette in den Rekorder, und schrille bengalische Filmmusik begann aus den Lautsprechern zu dröhnen. Das Gejaule ließ einen Straßenhund aufhorchen, der wild kläffend neben dem türlosen Gefährt herlief und nach den Rädern schnappte. Obwohl wir immer schneller fuhren, gelang es dem Hund, fast fünfzig Meter mit uns Schritt zu halten, bevor er sich einen gut gezielten Tritt des Fahrers einhandelte. Als das winselnde Tier weit zurückfiel, drehte der Fahrer sich auf seinem Sitz um, wandte mir das Gesicht zu und lächelte triumphierend.
Kurz darauf rasten wir rechts in eine Seitenstraße hinein, die von Schlaglöchern, tief wie Bombenkrater, übersät war. Wie ein Fetus im Mutterleib in ein Fahrzeug gequetscht, das offenbar für Zwerge vorgesehen war, wurde ich auf dem beinharten Sitz kräftig durchgeschüttelt. Das Gefährt erreichte seine Spit-

zengeschwindigkeit, und der Fahrer umkurvte einen schlafenden Polizisten, wobei der hintere Teil der Motorrikscha ausbrach, sodass ich mit dem Kopf gegen die stählerne Verdeckstütze knallte. Als Nächstes bogen wir scharf nach links ab, und ich konnte gerade noch verhindern, dass ich aufs Pflaster schlug, indem ich meine Arme um den Hals des Fahrers schlang, der wiederum, vorübergehend blind durch meine Umarmung, beinahe das Hinterteil eines Wasserbüffels gerammt hätte.

Statt wütend zu werden, geriet ich zu meinem eigenen Erstaunen in Hochstimmung. Wochenlang war ich an meinen Schreibtisch in Neu-Delhi gefesselt gewesen und hatte über die neuesten Entwicklungen in der undurchsichtigen Welt der indischen Politik berichtet. Jetzt, wo mein Handy und mein Pager in einem verschlossenen Aktenschrank lagen, lächelte ich innerlich. Egal, was dabei herauskam – ganz sicher wartete ein Abenteuer auf mich.

Während der Fahrer wie ein Verrückter Richtung Paan Bazaar bretterte, dachte ich über mein Gespräch mit Das nach.

Warum hatte er den Elefanten als so gefährlich und bedrohlich geschildert?, fragte ich mich. Sicher war das alles nur großes Geschrei, damit die Geschichte glaubwürdiger erschien und der Preis, den man auf den Kopf des Einzelgängers ausgesetzt hatte, gerechtfertigt klang. Das führte nichts Gutes im Schilde. Gezwungenermaßen.

Diese Tatsache vor Augen, fragte ich mich, wie ich am besten an Dinesh Choudhury herantreten sollte. Bestimmt war er nicht gerade erbaut über mein Ansinnen; also würde vielleicht Geld meiner Bitte nachhelfen. Oder die Aussicht auf Ruhm. Sollte das fehlschlagen, dachte ich, könnte ich versuchen, ihn bei seiner Eitelkeit zu packen. Hatte ich etwa nicht die hohen Kosten und den weiten Weg von Delhi auf mich genommen, nur um ihn zu interviewen? Das funktioniert immer. Selbst die

publicityscheuesten Leute schätzen diese Art von Aufmerksamkeit.
Unvermittelt bogen wir in eine der Hauptdurchgangsstraßen der Stadt ein und wurden vom Verkehrsstrudel mitgerissen. Ochsenkarren und heilige Kühe überquerten gemächlich die Fahrspuren, auf denen sich Abgas spuckende Fahrzeuge zu einem chaotischen Gedränge verknäuelten. Vespas schwirrten vorüber. Fahrer überholten bald rechts, bald links, wendeten mitten im strömenden Verkehr, fuhren im Rückwärtsgang in verbotener Richtung Einbahnstraßen entlang und hupten ununterbrochen. Überladene Laster gaben Gas, um gleich wieder scharf zu bremsen. Motorroller schlängelten sich im Slalom durch das Blechlabyrinth. Verbeulte Busse wechselten mit halsbrecherischem Tempo die Spur. Es war, als säße in jedem Fahrzeug ein Zirkusclown am Steuer.
Ich beobachtete, wie eine Mutter und ihr Kind versuchten, die Straße zu überqueren; die zwei Gestalten klammerten sich panisch aneinander wie die Passagiere auf der sinkenden *Titanic*. Mutig sprangen sie in eine Verkehrslücke, und schon schnitt ihnen ein Bus die Rückzugslinie ab. Schwungvoll gingen sie ein paar Schritte weiter, bis ein Maruti mit Hecktür nur wenige Zentimeter vor ihnen quietschend zum Stehen kam; der Fahrer fluchte. Ich konnte sehen, wie ein Lastwagen aus der Gegenrichtung auf sie zusteuerte, und hielt den Atem an in der Gewissheit, sie würden überfahren werden. Doch in letzter Sekunde schwenkte der Fahrer zu meinem Erstaunen nach rechts und drängte zwei Fahrradrikschas von der Straße ab, während die Mutter und ihr Kind im Laufschritt wohlbehalten die andere Straßenseite erreichten.
Wohin auch immer ich auf dem Subkontinent gereist war – von der südlichsten Spitze von Tamil Nadu bis zu den Höhenluftkurorten, die sich an die Ausläufer des Himalaja ducken –, es war unmöglich gewesen, diesem Chaos zu entgehen. Selbst

hier in den Nordostprovinzen, die jahrhundertelang von der Außenwelt abgeschottet gewesen waren, hatte sich der Verkehrswahnwitz virusartig verbreitet.

Guwahati, im Westen meist »Gauhati« genannt, hätte eine wunderschöne Stadt sein können, wenn sie sich nicht mit dieser auszehrenden Krankheit angesteckt hätte. So ist sie zu einem wild wuchernden, verdreckten, übervölkerten Durcheinander verkommen. Hunderttausende Einwanderer aus Bangladesch, korrupte Politiker und eine Bevölkerungsexplosion bei stagnierender Wirtschaft haben das Problem noch zusätzlich verschärft.

Das Einzige, was den Besucher mit Guwahati versöhnt, ist seine Lage; es erstreckt sich über wellige smaragdgrüne Hügel am Südufer des Brahmaputra, des mächtigsten Stroms Indiens. Die Assamesen nennen ihn Lohit (Roter Fluss) und die Birmanen Bhullambuthur, was »Der ein Gluckern erzeugt« bedeutet; er entspringt in Tibet und windet sich fast dreitausend Kilometer weit durch verschiedene Länder, bevor er sich mit etwa vierzehntausend Kubikmetern Wasser pro Sekunde in den Golf von Bengalen ergießt. Zur Linken erhaschte ich einen ersten kurzen Blick auf diese gewaltige Wasserstraße, die für die europäischen Forschungsreisenden bis zum Ende des neunzehnten Jahrhunderts praktisch Terra incognita blieb. Breit, dunkel und wallend lag er vor mir, und seine schnell fließende Oberfläche wimmelte von Strudeln, Wirbeln und Schnellen, als wühlte eine Hindugottheit sie von unten her auf. Fischerboote und Fähren tuckerten, gegen die Strömung kämpfend, flussaufwärts. Mitten im Strom lagen zwei puddingförmige, von braunen und gelben Sandbänken umgebene Inseln. Am anderen Ufer spielte das weiche Nachmittagslicht über die dicht mit Dschungel bewachsenen Hügel, während flussabwärts die Fenster von Autos aufblitzten, die eine hohe, kilometerlange Hängebrücke überquerten.

Wir bogen in eine verdreckte Seitenstraße ein, deren Rinnsteine von moderndem Unrat überquollen, einem willkommenen Nährboden für Indiens gut gedeihende Nager und Aasfresser. Über dem Eingang zu einem Laden verkündete ein Schild: »M/S D. CHOUDHURY & SÖHNE«.

»Okay. *Bus*«, schrie ich über den lärmenden Motor hinweg. »Stopp! Das ist es!«

Die Motorrikscha kam abrupt zum Stillstand. Ich stolperte halb benommen auf festen Boden und bezahlte den Fahrer. Er wirkte erstaunt, als ich ihm ein Trinkgeld gab. Es war eindeutig sein erstes – wer außer einem verrückten Ausländer würde einen derart selbstmörderischen Fahrstil auch noch belohnen? Er nickte dankbar, ehe er wendete und in die Richtung zurückfuhr, aus der wir gekommen waren. Die monotone bengalische Musik plärrte noch immer aus seinen Lautsprechern.

Ich ging zu Choudhurys Laden und schob die Tür einen Spalt weit auf. Ein ausladender Schreibtisch beherrschte den sonst spärlich möblierten, schwach beleuchteten Raum: Allerlei Krimskrams lag darauf – ein Kanister Schmieröl, ein Zielfernrohr, eine gebrauchte Schrotflintenpatrone, die mit Büroklammern gefüllt war, und ein halbes Dutzend verstaubter Ausgaben von *The Shooting Times*. An der Wand gegenüber stand eine Glasvitrine voller Gewehre mit blanken, rötlichbraunen Kolben und glänzenden Läufen. Daneben erspähte ich ein paar Angelruten, Netze und Tauwerk. Doch weit und breit keine Spur von dem Inhaber.

»Hallo. Ist jemand da?«, rief ich im Hineingehen.

»Einen Moment, bitte«, ertönte eine Stimme aus dem Hintergrund. »Nehmen Sie doch Platz. Ich komme gleich zu Ihnen.«

Der Aufforderung folgend, setzte ich mich auf den Stuhl vor dem Schreibtisch und sah mich weiter in dem Raum um. Ein halbes Dutzend Schwarzweißfotos war unregelmäßig über die feuchtfleckige Wand verteilt. Eines zeigte einen gut aussehenden jungen Mann mit fein geschnittenem Gesicht, der auf einem prächtigen Elefantenbullen mit langen, dicken weißen Stoßzähnen saß. Auf einem kleineren Abzug kniete derselbe junge Mann mit dem Gewehr in der Hand über einem toten Leoparden.

»Früher gab es Tausende von Leoparden in Assam«, ertönte die Stimme, jetzt nur knapp einen Meter von mir entfernt.

»Es war nichts Ungewöhnliches, einen zu erlegen. Heute dürfen wir nur noch Ratten und Krähen schießen.«

Ich fuhr erschrocken von meinem Stuhl hoch und stand dem Mann gegenüber, der auf den Fotografien an der Wand abgebildet war, oder besser gesagt einer älteren Version von ihm mit angegrauten Koteletten und Hängebacken. Mit einem Tarnanzug bekleidet und einer Baseballkappe der Guwahati Rifle Association auf dem Kopf, sah er rundum wie ein Jäger aus – bis hin zu seiner eckigen, konkaven und für einen geübten Schützen überraschend dicken Brille. Es war eine maßgefertigte Bifokalbrille, deren Gläser bis über seine Brauen reichten, sodass seine Augen aus bestimmten Blickwinkeln nach außen gewölbt wirkten wie Goldfische in einem Glas.

»Hallo, ich bin Dinesh Choudhury«, sagte er mit sanfter Stimme.

»Tarquin Hall«, erwiderte ich und gab ihm die Hand. »Ich freue mich sehr, Sie kennen zu lernen.«

Einen Moment lang beschlich mich ein unbehagliches Gefühl der Beklommenheit, während er mich aus zusammengekniffenen Augen behutsam musterte, etwa so, wie ein Jäger ein Tier in freier Wildbahn betrachten würde.

Choudhury schien nicht die bedrohliche Gestalt zu sein, die ich mir in meiner Fantasie ausgemalt hatte. Er wirkte freundlich, etwas erstaunt und hatte einen jungenhaften Charme. Doch gleichzeitig strahlte er ein unerschütterliches Selbstbewusstsein aus. Er hatte den gemessenen, introspektiven Blick eines Menschen, der kaum Fehler macht; das vorstehende Kinn und die zusammengepressten Lippen vermittelten den Eindruck von Entschlossenheit, ja Hartnäckigkeit.

Mit seiner dunklen Haut und seinen braunen Augen sah er nicht wie die anderen Assamesen aus, die mir auf der Straße begegnet waren und von denen die meisten unverkennbar mongoloide Gesichtszüge hatten. Seine Adlernase und die gewölbte Stirn hätten eher auf einen Italiener schließen lassen. Tatsächlich war er, wie ich später herausfand, arischer Abstammung, ein Nachkomme von Hinduprinzen aus Rajasthan, die vor dreihundert Jahren vor der Mogulnherrschaft nach Assam geflohen waren.

»Was führt Sie in meinen kleinen Laden, Mr. Hall?«, fragte er schließlich, wobei er geistesabwesend mit einer leeren Patronenhülse aus Messing spielte.

»Nun, ich bin extra von Delhi hierher geflogen, um Sie aufzusuchen. Ich war ein paar Tage unterwegs«, hob ich an und versuchte, so begeistert wie möglich zu klingen.

»Und Sie sind Journalist. Stimmt's?«

»Ja«, antwortete ich. Klar – Das hatte ihm von mir erzählt. Oder lag seiner Frage eine wohl überlegte Vermutung zugrunde? Wie auch immer – Zeitungsschreiber haben auf der ganzen Welt einen schlechten Ruf, und ich war darauf erpicht, mich selbst in einem ganz anderen Licht darzustellen.

»Ich interessiere mich vor allem für Reiseschriftstellerei«, erklärte ich, während ich ein Exemplar meines ersten Buches aus dem Rucksack zog und ihm reichte.

Er musterte den glänzenden Umschlag und überflog den Klappentext des Verlags. Dann blätterte er die Seiten durch und hielt bisweilen inne, um einige der Fotografien zu betrachten. Von seiner offensichtlichen Aufmerksamkeit ermutigt, fuhr ich fort: »In diesem Buch geht es um ein paar Reisen, die ich unternommen habe, als ich jünger war. In einem Kapitel gehe ich in

Texas auf Klapperschlangenjagd«, fügte ich hinzu, in der Hoffnung, eine Saite in ihm zum Klingen zu bringen.
»Sehr interessant«, sagte er lächelnd. »Für jemanden, der so jung ist, haben Sie schon ganz schön was erlebt – finden Sie nicht?«
Offenbar war es mir gelungen, sein Interesse zu wecken. Jetzt, da ich ihn angespitzt hatte, spürte ich die nötige Selbstsicherheit, um das Thema Elefantenjagd anzuschneiden. Ob er bald losfahren werde?
»Ja, ich denke schon. Heute Nacht wahrscheinlich.«
»Ah ja«, sagte ich und fühlte ein Prickeln im Bauch, als ich im Geist den nächsten Satz formulierte. »Nun, ich habe mich gefragt, ob Sie mir gestatten würden, mit Ihnen zu kommen, damit ich später darüber schreiben kann.« Ich machte eine Pause. »Ich glaube, das wäre ein faszinierender Stoff für ein Buch.«
»Ja, ja, natürlich«, antwortete der Jäger. »Ich freue mich, wenn Sie mit nach Sonitpur kommen.«
Eine Woge der Erleichterung und Aufregung überrollte mich.
»Wunderbar! Vielen Dank«, sagte ich, verblüfft darüber, wie einfach alles ging.
Doch dann hob Mr. Choudhury einen Finger und fügte das Wort »Aber« an. Er verschränkte die Arme, und seine Gesichtszüge wurden härter.
»Aber«, wiederholte er, sich in seinem Stuhl zurücklehnend und die Stirn runzelnd, »Sie verstehen, dass Sie nicht dabei sein können, wenn wir den Elefanten jagen. Sie werden im Lager bleiben müssen.«
Meine Haut wurde feucht, und mein Magen begann zu rumoren. Hatte ich richtig gehört? Er würde mir nicht gestatten, ihn bei der Jagd zu begleiten? Bedeutete dies, dass er meine Motive anzweifelte? Dass er befürchtete, ich hätte nichts anderes im Sinn, als ihn und das üble Geschäft mit abgeschossenen Elefan-

ten zu entlarven? War er nur freundlich, weil er mich hinters Licht führen wollte?

»Warum kann ich nicht mitkommen?«, war alles, was ich, quengelnd wie ein Kind, über die Lippen brachte.

»Nun, der Elefantenbulle hat bereits achtunddreißig Menschen getötet«, erklärte Choudhury. »Das macht ihn zu einem ernst zu nehmenden Gegner und sehr gefährlich. Außerdem werden wir uns in Gebiete begeben, die von assamesischen Unabhängigkeitskämpfern überwacht werden. Ich könnte die Verantwortung für Ihre Sicherheit nicht übernehmen.«

Die Aussicht auf ein großes Abenteuer schwand dahin. Ich war nicht die ganze Strecke von Delhi hierher gekommen, um in einem lausigen Lager Daumen zu drehen. Für den Bruchteil einer Sekunde spürte ich den Impuls, auf ihn einzureden, doch dann besann ich mich eines Besseren. Mir blieb nur eine Möglichkeit: Choudhurys Angebot annehmen, mit nach Sonitpur fahren, eine gewisse Zeit mit ihm verbringen und es dann später irgendwie zu deichseln versuchen, dass ich doch an der Jagd teilnehmen konnte. Bei diesem Gedanken holte ich tief Luft und schlug einen anderen Ton an.

»Ich bin mir der Gefahren voll und ganz bewusst, und es wäre mir sehr unangenehm, Ihnen Scherereien zu bereiten«, sagte ich. »Aber ich möchte zumindest mit nach Sonitpur kommen. Schließlich habe ich deshalb den weiten Weg von Delhi auf mich genommen.«

Der Jäger nickte zustimmend.

»Natürlich, kommen Sie nur«, erwiderte er. »Es wird sehr lehrreich für Sie sein. Aber ich muss Sie darauf hinweisen, dass es strapaziös werden wird. Sie werden im Freien schlafen, das Essen wird sehr einfach sein, und Sie werden im Lager helfen müssen. Jeder packt mit an. Sie werden kochen und sauber machen, und vielleicht müssen Sie sogar schwere körperliche Arbeiten verrichten.«

Choudhury konnte nicht wissen, dass dies genau die Art Erfahrung war, die ich suchte. Nach Jahren ungesunden Essens und zehrender Plackerei am Schreibtisch, dachte ich, wird mir richtige körperliche Arbeit bestimmt gut tun. Doch schon verblüffte er mich mit der Frage, ob ich rauchte. »Nur ein paar am Tag«, sagte ich beiläufig. »Ich habe es vor kurzem stark eingeschränkt …«

Der Jäger schüttelte missbilligend den Kopf.

»Geraucht wird nicht. Elefanten haben einen scharfen Geruchssinn. Sie mögen keine Zigaretten.«

»Gut, es wird nicht geraucht«, sagte ich und fragte mich, wie ich das durchstehen sollte.

Ob ich trinke?

»Na ja, ein oder zwei, wissen Sie? … nur ab und zu … gelegentlich ein Glas Bier …« Ich kam mir vor wie auf der Anklagebank.

Ein Blick genügte, um mir zu sagen, dass der Stoff eine Zeit lang versiegen würde.

»Gut, es wird nicht getrunken«, seufzte ich laut.

»Und noch etwas: Benutzen Sie von jetzt an kein Deodorant.«

Kein Deodorant? Rauch- und Trinkverbot war eine Sache, aber mein Right Guard war doch sicher ganz harmlos? Oder vielleicht fand er meine Marke abstoßend. Hatte auch er, wie Elefanten, einen scharfen Geruchssinn?

»Es ist nur eine Kleinigkeit, aber es könnte Ihr Verderben sein. Ein Elefant ist in der Lage, den Geruch in anderthalb Kilometer Entfernung aufzuschnappen«, fügte er hinzu. »Und das Deo könnte die unerwünschte Aufmerksamkeit des Einzelgängers erregen. Der wäre dann alles andere als nett.«

Darauf erhob sich Choudhury und murmelte, er habe vor seiner Abreise noch eine Menge zu erledigen.

»Dann ist alles klar. Ich werde Sie heute Abend um acht Uhr in

Ihrem Hotel abholen. Bitte nehmen Sie so wenig wie möglich mit.«

Ich dankte ihm dafür, dass er sich Zeit für mich genommen hatte, und wandte mich zur Tür. Doch da rief er mich zurück. Er griff in die Schublade seines Schreibtisches und zog ein Buch heraus, eine Neuauflage von P. D. Straceys *Elephant Gold,* das Standardwerk über Asiatische Elefanten in Assam.

»Hier, ich möchte Ihnen das da gerne schenken«, sagte er, worauf er seinen Füllfederhalter zückte und auf die Titelseite eine Widmung schrieb, die, wie er behauptete, von Palakapya stammte, dem sagenumwobenen assamesischen Weisen aus dem fünften Jahrhundert, der angeblich von einem Elefanten geboren worden war.

Sie lautete:

> Wo die Pflicht waltet, herrscht edle Gesinnung.
> Wo Elefanten walten, herrscht Sieg.

Auf dem Weg zurück ins Hotel schwirrte mir der Kopf. Wie konnte ein so freundlich wirkender Mann wie Mr. Choudhury Elefanten erschießen? Hatte er sich so sehr an die Jagd gewöhnt, dass es ihm auf ein Tier mehr oder weniger nicht ankam? Oder brauchte er einfach das Geld? Nach dem Zustand seines Ladens zu urteilen, war das Geschäft mit Gewehren und Munition nicht gerade am Boomen. Das Kopfgeld von fünfzigtausend Rupien, was etwa sechshundert Britischen Pfund entsprach, würde in Assam lange Zeit reichen, dachte ich. Und auch das Elfenbein war nicht gering zu schätzen. Die beiden Stoßzähne wären auf dem Weltmarkt ein Vermögen wert, könnten sie aus Indien hinausgeschmuggelt werden – wer den Gewinn einstriche, hätte für sein Leben ausgesorgt.

Ich brauchte weniger als zwanzig Minuten, um ins Hotel zu kommen. Im Foyer drängten sich Politiker der Kongresspartei und Arbeiter, die ihre jährliche Regionalversammlung abhielten. Die hohen Tiere, diejenigen, die angeblich das Werk des Mahatma weiterführten, waren alle in einfache weiße, schlafanzugähnliche Gewänder gekleidet, eine Uniform, die einst, zu den Zeiten, als Indiens Freiheitskämpfer sich mit dem einfachen Volk identifiziert hatten, für Bescheidenheit gestanden hatte. Heute war sie gleichbedeutend mit Korruption und wurde von fettbäuchigen Männern mit ausladendem Doppelkinn getragen. Irgendwie konnte ich mir kaum vorstellen, dass diese Leute Mahatmas beispielhafter Enthaltsamkeit nacheiferten.

Die Kongressabgeordneten bemühten sich alle gleichzeitig, die Aufmerksamkeit des einzigen Mannes an der Rezeption auf sich zu ziehen. Der Arme war Telefonist, Empfangschef, Portier, gelegentlich Page – er hatte mir mit meinen Reisetaschen geholfen – und Kassierer in einem. Da ich die Politiker überragte, gelang es mir, seinen Blick einzufangen. Er hieß Rishi. So stand es auf seinem Namensschild.

»Da war ein Anruf für Sie, Sir«, sagte er und strahlte mich an, während er meinen Zimmerschlüssel über den Tresen schob und versuchte, mit zwei Telefonen gleichzeitig zu jonglieren.

»Ach, tatsächlich? Von wem?«

Er wühlte hinter dem Empfangspult herum, wobei er die Kabel verhedderte, und reichte mir eine Nachricht. Sie stammte von einem »Mr. Banerjee, Sportministerium«.

Ich leckte meine Oberlippe, während ich den Zettel überflog. »Fartquin« stand dort an Stelle meines Vornamens.

»Was will er denn, dieser Mr. Banerjee?«, fragte ich Rishi und lenkte ihn damit einen Moment lang von seinem Versuch ab, einen erzürnten Kongressabgeordneten abzuwimmeln, der sich darüber beschwerte, dass er kein Zimmer mit Aussicht hatte.

»Er hat gehört, dass Sie ein professioneller Torwart sind, und will kommen, um sich mit Ihnen zu treffen.«

»Ein Torwart?«, rief ich. »Ich bin kein …«
Dann erinnerte ich mich plötzlich mit einem flauen Gefühl daran, was an diesem Morgen geschehen war.
Bei meiner Ankunft am Flughafen von Guwahati war ich aufgefordert worden, mich bei der Passkontrollstelle zu melden. Der übellaunige Beamte hinter dem Pult hatte mir ein Formular übergeben, das ich ausfüllen sollte, ein Blatt, auf dem nach den üblichen Angaben gefragt wurde: Passnummer, Geburtsdatum, Wohnort und so weiter.
Als Fremder in einem Land, in dem Bürokratie und Papierkram florieren, war ich ständig mit dem Ausfüllen derartiger Vordrucke beschäftigt. Indische Hotels wollten immer alles über mich wissen, gewöhnlich in dreifacher Ausfertigung. Manchmal gab ich, um mir einen Spaß zu machen, einen falschen Namen an, und oft trug ich einen ungewöhnlichen Beruf wie »Hirnchirurg« oder »Konzertpianist« ein.
Diesmal hatte ich »Torwart« hingekritzelt und dem Mann dann das ausgefüllte Formular zurückgegeben. Er hatte es sorgfältig überprüft und die Daten mit denen in meinem Pass verglichen.
»Torwart?«, rief er aus. »Das ist kein Beruf.«
Ich zuckte mit den Schultern.
»Doch, ist es. Ich bin Torwart«, erwiderte ich mit unbewegter Miene.
»Sie meinen, Sie sind Fußballspieler?«
»Ja«, bestätigte ich, und dann ging ich einen Schritt zu weit. »Ich spiele für Manchester United.«
Er wandte seine Aufmerksamkeit wieder dem Fragebogen zu, strich »Torwart« durch und schrieb »Fußballspieler, Manchester Unlimited« hinein.
Zu guter Letzt hatte sich das ganze Theater doch gelohnt. Kurz entschlossen holte er ein Stempelkissen hervor und knallte den Assam-Einreisestempel auf eine leere Seite in meinem Pass. Das war ein willkommener Bonus, mit dem ich nicht gerechnet

hatte, und ich bedankte mich herzlich bei ihm, bevor ich triumphierend den Flughafen verließ. Ich hatte ein neues Stück für meine Visasammlung erbeutet und noch dazu ein seltenes.

Nun allerdings schien es, als ginge das Spiel in die zweite Runde. Der Beamte am Flughafen hatte offenbar das Sportministerium über den berühmten Gast informiert, und jetzt kam dieser Mr. Banerjee ins Hotel.

Vielleicht war der Flughafenbeamte doch misstrauisch geblieben und wollte, dass jemand meine Papiere überprüfte. Ich stellte mir vor, wie ich auf irgendeinem Fußballplatz in Guwahati mein Stehvermögen gegen einen assamesischen Stürmer unter Beweis stellen musste. Oder wollte mich Mr. Banerjee etwa als Coach für sein Team engagieren oder gar überreden, an einem Spiel teilzunehmen? Sollte es so weit kommen, stünde ich bald als Betrüger da, und in einem so sensiblen Gebiet Indiens, in dem Rebellen und Drogenschmuggler ihr Unwesen trieben, könnte mein unschuldiger Scherz als etwas Unheilvolleres ausgelegt werden.

Wie auch immer, eines war sicher: Mr. Banerjee würde über Fußball sprechen wollen, und alles, was ich über dieses Spiel wusste, war, dass England nur einmal die Weltmeisterschaft gewonnen hatte. Ich konnte mich nicht einmal erinnern, in welchem Jahr.

Was tun?, dachte ich, oben in meinem Zimmer angelangt. Drei Stunden galt es zu überbrücken. Wenn ich hier bliebe, wäre ich eine leichte Beute. Nachdem ich rasch geduscht hatte, verließ ich das Hotel. Mit etwas Glück rief Mr. Banerjee an, während ich nicht da war, und später an diesem Abend würde ich sowieso spurlos verschwinden.

Ich setzte mich in den Hinterraum eines Tandoori-Restaurants in der Nähe und bestellte ein spätes Mittagessen. Während ich darauf wartete, dass es serviert wurde, zog ich einen Flachordner aus meinem Rucksack und blätterte ihn durch. Es handelte sich um eine Reihe vergilbter und zerknitterter persönlicher Briefe meines Paten Charles, die ich 1989 nach seinem Tod geerbt hatte. Seitdem war ich nie über die ersten zwei oder drei hinausgekommen. Doch nun studierte ich jede Seite genau und suchte nach Hinweisen auf die Nordostprovinzen, wo Charles während des Zweiten Weltkriegs stationiert gewesen war.

Wie ich bald herausfand, hatte er im April 1944 in der Schlacht von Kohima in Nagaland gekämpft, nur ein paar Autostunden von Guwahati entfernt. Laut seiner eigenen anschaulichen Schilderung war er zusammen mit ein paar hundert Mann der Alliierten und Eingeborenen der Region gegen die japanische Armee angetreten und hatte gesiegt. Während der Schlacht, die als eine der erbittertsten dieses Krieges galt, hatte Charles drei Wochen in einem rattenverseuchten Schützengraben beim Tennisplatz des britischen Gouverneurs zugebracht und seine Stellung Tag für Tag und Nacht für Nacht gegen Angriffswellen der japanischen Infanterie verteidigt. Wie durch ein Wunder war Charles mit dem Leben davongekommen.

Spätere Briefe enthüllten, dass er nach der Schlacht sechs Monate durch Indien gereist war, um seiner größten Leidenschaft zu frönen: dem Jagen. Nicht weit von Mysore, im südlichen Staat Karnataka, hatte er an fünf Elefantenjagden teilgenommen und fünf Paar Stoßzähne erbeutet.

»Es gibt wirklich nichts Befriedigenderes, als einen Elefanten zu erlegen«, schrieb er im Januar 1945 an seinen jüngeren Bruder Jeffrey. »Der gezielte Schuss – ins Herz oder ins Gehirn – ist eine vertrackte Angelegenheit, besonders, wenn das Tier auf einen losstürmt. Ich kann das erregende Gefühl, das Dich überkommt, wenn Du siehst, wie eine so große Kreatur durch Deinen Schuss zu Boden geht, nicht in Worte fassen. Ich fürchte, die Jagd mit Spürhunden nimmt sich dagegen ziemlich lächerlich aus.«

Aus Charles' Worten ging klar hervor, dass er, wie die meisten seiner Zeitgenossen, eine andere Einstellung zur Jagd hatte als Angehörige meiner Generation, denen der Gedanke, ein so prächtiges Tier zu töten, zutiefst zuwider ist. In jenen Tagen hatte es so etwas wie eine Liste bedrohter Arten nicht gegeben, und die Auffassung, dass selbst die größten Tiere kaum mehr als Ungeziefer seien, war noch über jeden Zweifel erhaben.

Während seiner Indienreise hatte Charles auch einige Zeit in Assam verbracht und den Kamakhya-Tempel in Guwahati besucht. »Ein faszinierender Ort«, schrieb er. »Ein Zentrum der schwarzen Künste, an dem die unsäglichsten Prozeduren vollzogen wurden.«

Da ich mein Mittagessen beendet und noch zwei Stunden totzuschlagen hatte, machte ich mich auf den Weg, um diese geheimnisvolle Stätte aufzusuchen. Der Tempel, einer der heiligsten in Indien, steht auf dem Nilchal-Hügel am Südufer des Brahmaputra. Als ich dort ankam, strömten Pilger aus allen Regionen des Subkontinents, von denen einige wochenlang unterwegs gewesen waren, um diesen Ort aufzusuchen, in beiden Richtungen über den schmalen Weg, der sich zum Tempelkomplex hinaufschlängelte. Den Neuankömmlingen stand die erwartungsvolle Spannung ins Gesicht geschrieben, während sie, nur noch wenige Meter entfernt, auf das Ziel zuschritten, dem ihre ganze Sehnsucht galt. Im Gegensatz dazu waren die Gläubigen, die zurück zum Parkplatz hinuntergingen, in stille Betrachtung versunken, die Augen voll wunschlosem Glück.

Unter ihnen erblickte ich einen halbnackten Sadhu, einen hinduistischen Heiligen. Er war von Kopf bis Fuß mit grauer Asche bedeckt, die ihm ein totenähnliches Aussehen verlieh und das Weiß in seinen Augen verstärkte, sodass diese hypnotisch wirkten. Seine Dreadlocks, die bis zur Taille reichten, hätten mit ihren verdrillten, durch den Schmutz und Talg vieler Jahre geschwärzten Strähnen einem Rastafari alle Ehre gemacht. Seine Stirn war mit drei horizontalen ockerfarbenen Linien aus heiliger Asche gezeichnet, die ihn als Anhänger Shivas auswiesen, des hinduistischen Gottes der Zerstörung.

Auf meinem Weg zum Tempel hinauf blieb ich an einem der vielen Kuriositätenstände stehen, die den Pfad säumten. Aus Bronze gegossene Hindugottheiten standen, feinsäuberlich gereiht, neben einer Gruppe aus Holz geschnitzter Schlangen. Furchterregende Ochsenziemer – die eher in einen S&M-Laden gepasst hätten – hingen von Haken über dem Kopf des Standbesitzers herunter, daneben Kränze aus Kaurischneckenhäusern, mit Klarlack überzogen, und glänzenden Plastikperlen. Auf einem Regal stand ein gutes Dutzend Wecker in Tempeldesign mit Glocken, die wie Lotosblüten geformt waren. Die Luxusausführung mit knallroter und goldener Bemalung bestand aus »Echtem Plastik« und spielte angeblich sechs verschiedene Mantras. Am nächsten Stand wurde all das verkauft, was ein frommer Hindu als religiöse Opfergabe begehren oder brauchen könnte. Im Angebot waren Kokosnüsse, Ringelblumengirlanden und Schachteln mit Weihrauchstäbchen, daneben Tüten mit Zuckerkugeln und Büschel grüner Bananen – die Grundausrüstung für *puja,* die Gebete. Der Mann hinter den Auslagen, der einen Hut im Stil eines Chicagoer Gangsters trug, machte mir ein Pauschalangebot. Für einhundertfünfzig Rupien, sagte er, würde ich alles bekommen, was ich in den Tempel mitnehmen müsse. Er würde mir sogar den Kopf mit Sandelholzpaste salben, »ohne Aufpreis«. »In diesem Paket inbegriffen ist auch der Segen des Gottes.« Er strahlte. »Der ist gratis. Danach wird Ihre Frau tipptopp in Form sein!«

Ich kaufte ein paar Opfergaben und nahm sie mit zum Tempel hinauf. Am Eingang musste ich als Ausländer ein hohes Bestechungsgeld zahlen, auf dass mir Einlass gewährt werde. Während ein brahmanischer Priester in einem wallenden safrangelben Gewand mein Geld nahm, wies er mich an, die Schuhe auszuziehen, bevor er mich barfuß über die glühend heißen Fliesen des Innenhofs führte. Dort mischten sich Hühner und Gänse unter eine Hochzeitsgesellschaft, die auf den Beginn der Trauzeremonie wartete. Die Braut und die Brautjungfern, deren Gesichter in dick aufgetragenem Make-up erstarrten, hatten sich mit Seidensaris in psychedelischen Farben, kunstvoll gearbeiteten Nasenringen und schimmernden Schleiern herausgeputzt. Als wir an ihnen vorübergingen, spähten mir mit schwarzem Kajal umrandete Rehaugen nach und verschwanden dann scheu hinter sich kräuselnder Gaze. Neben dem Haupteingang zum Tempel saß eine Reihe von Bettlern, die sich mit dem Rücken gegen eine Mauer lehnten; das Licht der Spätnachmittagssonne spiegelte sich in ihren Blechbechern und Bettelschalen. Wie eine Gruppe Schauspieler, die darauf wartet, für eine Rolle in einem Horrorfilm vorzuspielen, führte ein jeder, auf größtmögliche Wirkung bedacht, seine Verstümmelung oder Verunstaltung vor, wehklagend wie die Geister der Raunächte.

»Dies ist eine der heiligsten Stätten des Hinduismus«, begann der Priester, der gut Englisch sprach. »Es ist der Ort, an dem die Vulva Shaktis auf dem Boden landete, nachdem Vishnu die Göttin in Stücke geschnitten und ihre Körperteile über Indien verstreut hatte.«

Shakti, so erzählte er mir, sei nur eine der vielen Erscheinungsformen der Muttergottheit. Im hinduistischen Pantheon manifestiere sie sich in mehreren Formen und Inkarnationen: als Durga, Uma, Devi und, am bekanntesten, als blutrünstige Tänzerin Kali. Nach der Zerstückelung Shaktis seien ihre Körperteile an einundfünfzig Orten niedergefallen, Stätten, die in Indien *shakti pithas* genannt würden. Kamakhya gelte als die heiligste von allen. Sie sei mehrere Jahrhunderte lang das Zentrum des Tantrismus gewesen, eines vielfach von blutigen Ritualen und schwarzer Magie geprägten Kultes. Manche Experten glaubten, Assam sei der Ursprungsort dieser eigentümlichen Spielart des hinduistischen Glaubens, und sähen ihre Wurzeln in den uralten Riten der primitiven Bergstämme, die das Gebiet lange Zeit bewohnt hätten.

Ich folgte dem Priester durch das Portal des Tempels und einen dunklen, feuchten Gang hinunter, der in die innerste Kammer führte. Brennende Weihrauchstäbchen und Kerzen verzehrten den spärlichen Sauerstoff und erfüllten den Raum mit stickigem, beißendem Rauch. Durch diese unheimliche Atmosphäre bewegten sich ehrfurchtsvoll flüsternde Gestalten, deren Gesichter von Schatten verhangen waren. Überall um uns herum hallte der monotone Sprechgesang der Priester wider, wobei die Akustik auf geheimnisvolle Weise die sich kreuzenden Stimmen verstärkte. Götzenbilder an den rußigen Wänden schnitten Grimassen, die mir zu gelten schienen. Die schrecklichen Bildnisse – Zungen, Fänge, Schlangen, Hörner – zuckten im trüben Licht der Kerzen und schienen lebendig zu werden. Das Allerheiligste im Innersten des Tempels, sagte der Priester, beherberge einen großen hügelförmigen Stein mit einem Spalt darin, der die *yoni*, die Vulva, der Göttin darstelle. Der Stein werde von einer natürlichen Quelle feucht gehalten, deren Wasser während des Monsuns infolge des Eisenoxids wie durch ein Wunder rot gefärbt sei und von verzückten Anhängern beim Ambuvachi-Fest als »symbolisches Menstruationsblut« getrunken werde.

Während ich zusah, wie der Priester mit der umständlichen Zeremonie begann, konnte ich mir mühelos die schrecklichen Bräuche vorstellen, die Kamakhya in vergangenen Zeiten zu einem berüchtigten Ort gemacht hatten. Tausende von Männern wurden im Zuge grausamer Riten zu Ehren der Göttin enthauptet, von der es hieß, sie labe sich an Menschenblut. Manchmal kam es sogar zu Massenopferungen – 1565 starben hundertvierzig Männer an einem einzigen Tag.

Viele der Getöteten waren Freiwillige, so genannte *bhogis*. Zum Lohn für ihre Bereitschaft, das Leben hinzugeben, durften diese Männer ein Jahr lang im Luxus schwelgen. Während dieser zwölf Monate konnten sie so viele Frauen haben, wie sie wollten. Sie wurden rund um die Uhr von Bediensteten verwöhnt und mit Geschenken überhäuft, und Kamakhyas mächtige Priesterschaft verhieß ihnen einen Platz im Paradies. Beim alljährlichen Ambuvachi-Fest wurden die Männer zu einem Opferaltar gebracht, wo man ihnen die Köpfe abschlug, die dann auf einer goldenen Platte vor einem Shakti-Bildnis ausgestellt wurden. Später wurden ihre Lungen gekocht und verzehrt, und ihr Blut wurde aufgefangen und zum Kochen des Reises für die Schaulustigen verwendet, die sich versammelt hatten, um dem Sterben der Todgeweihten beizuwohnen.

Heute müsse sich Shakti mit weniger Aufwendigem zufrieden geben – Bananen, Zuckerkugeln und, wenn sie Glück habe, ab und zu eine Ziege seien die einzigen Opfergaben, die ihr die Gläubigen in Kamakhya darböten. Trotzdem verlief das *puja* nicht farblos. Glocken wurden geläutet, Weihrauchstäbchen entzündet, weitere Schichten Sandelholzpaste auf meine Stirn geschmiert, und begleitet vom ehrfurchtsvollen Raunen der Mantras goss der Priester die Milch aus meiner Kokosnuss über den *Yoni*-Stein.

Schließlich traten wir in die Abenddämmerung hinaus. Am Tor bezahlte ich meinen Führer für seine Dienste, und er dankte mir wortreich und versicherte, mein ganzes Leben stehe unter einem glücklichen Stern. Da ich auf dem Weg zu dem Treffen mit Dinesh Choudhury war, konnte ich nur hoffen, dass der Priester Recht hatte.

Zurück im Hotel, berichtete mir Rishi, der Portier, dass Mr. Banerjee, der mysteriöse Herr vom Sportministerium, da gewesen und wieder gegangen war. Es sah so aus, als sei ich mit heiler

Haut davongekommen. Doch um ganz sicher zu gehen, stellte ich mich, als ich im Foyer wartete, in den Schatten einer großen Topfpflanze und verbarg mein Gesicht, so gut es ging, hinter meinem Mantelkragen.

Zu meiner großen Erleichterung war Choudhury pünktlich. Um kurz nach acht schritt er durch den Hoteleingang und erspähte mich in meinem Versteck.

»Es ist alles in Ordnung«, sagte er zuversichtlich, als wir nach draußen gingen. »Wir fahren sofort los.«

Choudhury war mit zwei Fahrzeugen gekommen: seinem verbeulten Landrover Baujahr 1953 mit breitem Radstand, einem khakigrünen Segeltuchdach, einer Winde vorn und großen Reservekanistern für Benzin, die an der Rückseite befestigt waren, sowie einem weißen Hindustan Ambassador, Indiens Antwort auf den Volkswagen-Käfer. Nach dem Vorbild des 1950er Morris Oxford konzipiert und stabil wie ein Panzer gebaut, ist er das einzige inländische Auto, das robust genug ist, um den Härtetest auf den mit Schlaglöchern übersäten Fernstraßen Indiens zu bestehen.

Der Jäger hatte ein kleines Gefolge mitgebracht, zwei Fahrer und zwei von der Forstbehörde abgestellte Wachen, die mit Maschinenpistolen bewaffnet waren und uns vor Aufständischen schützen sollten.

»Wir werden die ganze Nacht durchfahren. Lassen Sie uns abwechselnd auf dem Rücksitz des Ambassador schlafen!«, sagte Choudhury, während meine Reisetaschen im Kofferraum des Wagens verstaut wurden. »Tarquin, Sie schlafen als Erster. Ich fahre im Landrover, und nach ein paar Stunden tauschen wir die Plätze.«

Der Fahrer öffnete die Hintertür des Wagens. Ich war gerade im Begriff einzusteigen, als ich eine hysterische Stimme meinen Namen – oder genauer: dessen indische Version – rufen hörte.

»Mr. Halls! Mr. Halls!«

Ein Mann in violettem Trainingsanzug kam auf den Wagen zugerannt.
»Ich bin Banerjee«, keuchte er, als er stehen blieb.
Das hatte ich bereits erraten. Ich drehte mich um und sah ihn an. »Ja, Mr. Banerjee? Ich bin etwas in Eile. Was kann ich für Sie tun?«
Er stand mit gesenktem Kopf vor mir und legte seine Hände zum *namaste,* dem traditionellen Hindugruß, flach aufeinander.
»Es tut mir furchtbar Leid, zu stören«, entschuldigte er sich, wobei er mit dem Kopf wackelte und seine Füße im Boden scharrten. »Sie sind wirklich Mr. Halls?«
Ich nickte nervös und machte mich auf das Schlimmste gefasst.
»Ich bin Fan voll Leidenschaft von britisch Fußball. Bitte Sie geben Ihr Autogramm.«
Er streckte mir einen Notizblock und einen Kugelschreiber entgegen, und seine braunen Augen flehten mich an, seinen Wunsch zu erfüllen. Mir drehte sich der Kopf. Wie oft schon hatten mir in Indien Ereignisse, die sich um mich herum abspielten, die Sprache verschlagen! Benommen griff ich nach dem Kugelschreiber, hielt das Notizbuch fest und schrieb meinen Namen, darauf achtend, dass er unleserlich war.
»Danke Ihnen, danke Ihnen vielmals, Mr. Halls«, sagte Banerjee und entfernte sich im Rückwärtsgang, wobei er den Kopf gesenkt hielt und aufgeregt auf seinen Absätzen wippte. Ich glaubte Tränen in seinen Augen zu erkennen. »Das ist der schönste Tag in meinem Leben, Mr. Halls! Danke Ihnen! Danke Ihnen!«
Choudhury stand mit verblüfft hochgezogenen Brauen neben seinem Landrover. Ich fing seinen Blick auf, und als ich das tat, legte er den Kopf zur Seite.
»Wer war das?«, fragte er.
Ich zuckte mit den Schultern.
»Ach, nur einer meiner Fans«, antwortete ich.

In ganz Guwahati war das elektrische Netz ausgefallen, und die Stadt lag im Dunkeln. Die Bewohner standen draußen auf den Straßen wie Beobachter einer Sonnenfinsternis. Während sie darauf warteten, dass der Strom wieder angeschaltet würde, spielten Kinder im Mondlicht, und ältere Leute scharten sich um Feuer, die in leeren Öltonnen brannten. Entlang der Hauptstraße hingen Laternen an den Fassaden der Läden. Auf den Gehsteigen ließen die Inhaber der größeren Geschäfte die Motoren ihrer Benzingeneratoren aufheulen, die jeden taub machten, der vorbeiging.

Selbst die Ampeln in der Stadt waren ausgefallen, und die Polizei versuchte den Stoßverkehr mit Taschenlampen zu leiten. An Gemüseständen wurden die Waren bei Kerzenlicht feilgeboten, sodass Dutzende von Flammen in der Finsternis funkelten. Vor einem Kino, das eine indische Version von *Mrs. Doubtfire* unter dem Titel *Tantchen Nummer eins* zeigte, standen aufgebrachte Besucher, die, wütend über die Unterbrechung des Films, ihr Geld zurückforderten. Ein Stück weiter machte ein Posterverkäufer, der Pin-ups vollbusiger Filmschauspielerinnen aus Bombay, aber auch grellbunte Bilder von Mutter Teresa, Prinzessin Diana, Jesus Christus und den gängigen Hindugottheiten verkaufte, im Licht seiner Autoscheinwerfer ein Bombengeschäft.

Während wir uns langsam durch den Verkehr schoben, erhaschte ich flüchtige Blicke auf Werbeanzeigen für alles und jedes, von Tipsy-Bier bis zu East-Wood-Zigaretten. Eine Reklametafel warb für eine bestimmte Marke einer hiesigen Seife mit der Behauptung, sie sei die beste »FÜR GEWISSE PRIVATE MOMENTE«.

Nahe am Stadtrand fahren wir an der Boogie-Woogie-Tanzschule vorbei, in der jeder, der dafür zweihundertfünfzig Rupien zahlte, lernen konnte, »wie Michael Jackson in die Knie zu gehen«. Einen guten Kilometer weiter erspähte ich die Fahr-

schule »Viel Glück«, die ihren Absolventen eine »Chance zu überleben« versprach.
Wir passierten die Stadtgrenze und fuhren die umliegenden Hügel hinauf. Ein Schild am Straßenrand, aufgestellt von der Assamer Verkehrsbehörde, warnte: »SIE BEFINDEN SICH JETZT AUF EINER UNFALLTRÄCHTIGEN STRECKE«. Die lange Reihe zerknautschter Autos und zertrümmerter LKW-Führerhäuser, die verlassen am Straßenrand lagen – vielleicht wurden sie als Warnung für andere dort zurückgelassen –, lieferten den Beweis dafür, dass die Fernstraße 37 tatsächlich gefährlich, wenn nicht gar eine Todesfalle war. Noch mehr assamesische Hunde lagen in unterschiedlichen Stadien der Verwesung auf dem Asphalt.
Laut meinem Fahrer Rudra waren vor allem die Lastwagenfahrer – nach seinen Worten »böse Männer« – für die ungeheure Zahl an Unfällen und Toten verantwortlich. Die meisten von ihnen, erklärte er, nähmen angeblich Drogen, um sich auf langen Fahrten wach zu halten. Erst heute morgen habe es einen Frontalzusammenstoß gegeben. »Beide Männer wie Brei«, sagte Rudra.
Die Fernstraße 37 schlängelte sich durch die Hügel ins Brahmaputra-Tal hinunter. In dem Bewusstsein, dass in Indien jede Minute ein Unfall passiert und es alle acht Minuten einen Verkehrstoten gibt, lehnte ich mich so in meinem Sitz zurück, dass mir die Straße vor uns ganz sicher nicht in den Blick geriet. Wenn tatsächlich irgendetwas mein Lebenslicht ausblasen sollte, dann wollte ich es lieber nicht auf mich zukommen sehen.
Ich hatte mich darauf gefreut, mit Choudhury zu sprechen und ihn auf der Fahrt besser kennen zu lernen, und war enttäuscht, dass ich nicht neben ihm saß. Müde zog ich einen Sammelband mit Kurzgeschichten und Essays von George Orwell aus meinem Rucksack. Ich schaltete die Beleuchtung ein und blätterte sie durch, bis ich auf seinen viel gerühmten Bericht »Einen Ele-

fanten erschießen« stieß. Bei der holprigen Fahrt über Schlaglöcher war es nicht leicht, meinen Blick auf die Wörter zu konzentrieren. Die Geschichte spielt in Moulmein in Südbirma, wo Orwell als Polizeioffizier gearbeitet hatte. Da er zu den Kolonialherren gehörte, hasste ihn die einheimische Bevölkerung. Eines Tages, als er gerade Dienst hat, beginnt ein abgerichteter Elefant zu toben. Um nicht sein Gesicht zu verlieren, beschließt Orwell, ihn zu erschießen, und schickt einen Polizisten zu einem Freund mit der Bitte, ihm seine Elefantenbüchse zu leihen. Gleich der erste Schuss trifft ins Schwarze.

> Er sah plötzlich verfallen aus, in sich zusammengesunken, uralt. Der furchtbare Einschlag der Kugel musste ihn gelähmt haben, ohne ihn niederzuwerfen. Nach einer Zeit, die mir unendlich lang vorkam – in Wirklichkeit mögen es nur ein paar Sekunden gewesen sein –, ging er langsam in die Knie. Aus dem Maul troff schleimiger Speichel. Eine grenzenlose Schwäche schien ihn befallen zu haben. Man hätte glauben können, er sei tausend Jahre alt. Ich feuerte einen zweiten Schuss auf die gleiche Stelle ab. Auch nach diesem zweiten Schuss brach er nicht zusammen, im Gegenteil, er erhob sich mit entsetzlicher Langsamkeit und kam wieder auf die Beine. Aber sie zitterten, und er ließ den Kopf sinken. Ich schoss ein drittes Mal. Diesmal war es das Ende. Man sah, dass der Todeskampf einsetzte; seine Beine versagten. Fast im Fallen machte er noch eine letzte Anstrengung, um sich zu erheben. Während die Hinterbeine unter ihm nachgaben, bäumte er sich auf wie ein riesiger stürzender Felsblock, der aufschnellt. Sein Rüssel reckte sich wie ein Baum zum Himmel. Zum ersten und einzigen Mal stieß er ein lautes Trompeten aus, dann fiel er um, mir den Bauch zukehrend. Der Fall war so schwer, dass der Boden bebte, bis zu der Stelle, an der ich lag.

Falls ich Choudhury dazu überreden konnte, mich auf die Jagd mitzunehmen, würde sich mir der gleiche traurige Anblick bieten. Ich würde einen Elefanten sterben sehen. Die Kehle schnürte sich mir zusammen, als Orwells Bilder mir wieder und wieder durch den Kopf schossen, und plötzlich überschwemmten mich Abscheu und Schuldgefühle. Zweifellos sollte man doch Elefanten – Tiere, die wir voller Ehrfurcht betrachten und die weltweit in ihrem Bestand gefährdet sind – nicht erschießen. Konnte man den Einzelgänger nicht einfangen, ruhig stellen und andernorts wieder freilassen? Doch was war mit den Menschen, die er getötet hatte? Allen Berichten zufolge forderten die Familien der Opfer sein Blut. Und gewiss waren sie im Recht. Keinen Menschen würde man von solchen Taten freisprechen. Doch selbst wenn es so war – als ich die Beleuchtung ausschaltete und in den Schlaf hinüberglitt, stellte ich mir den Elefantenbullen ganz allein in der Dunkelheit irgendwo in Nordassam vor. Und ich hoffte, er würde tief im Dschungel verschwinden – weit weg, an einen Ort, wo Choudhury ihn nicht finden könnte.

2 Die Jagd beginnt

Wärst du Tausende von Jahren durch alle Kontinente gestreift und zu der Überzeugung gelangt, der Globus sei dein eigener persönlicher Fußball, und würde man dich dann in ein offenes Gefängnis sperren … so könntest auch du aus dem Gleichgewicht geraten.

Heathcote Williams, *Sacred Elephant*

Rudra, der Fahrer des Hindustan Ambassador, hatte die ganze Nacht über *paan* gekaut. Er bewahrte es in einer *dabba* aus rostfreiem Edelstahl, der indischen Frischhaltebox, im Handschuhfach auf und bat mich in regelmäßigen Abständen, sie herauszuholen und für ihn zu öffnen. Mit einem Auge die Straße im Blick, nahm er zuerst mit dem Zeigefinger einen Klumpen Kalkpaste heraus und strich sie in den Raum zwischen seinen Zähnen und der Unterlippe. Danach steckte er sich ein oder zwei ausgewählte große Stücke Betelnuss in den Mund und begann schließlich zu kauen, wobei er ein zufriedenes Grunzen ausstieß.

Rudra war eindeutig süchtig. Er hatte die verzweifelten Augen eines Junkies und über die Jahre so viel *paan* konsumiert, dass sein Zahnfleisch, seine Zunge und die Lippen dauerhaft leuchtend rot verfärbt waren. Seine Zähne waren an den Wurzeln schwarz geworden, und wenn er lächelte, sah er aus wie ein Profiboxer, der soeben einen kräftigen Schwinger eingesteckt hatte.

Zugegeben, seine Abhängigkeit war nicht so gemeinschaftsschädigend wie manche anderen Süchte, die mir einfielen, doch hätte ich, besonders um vier Uhr morgens, lieber darauf verzichtet, ihm dabei zusehen zu müssen, wie er alle zwei Minuten aus dem Fenster spuckte und sich mit dem Hemdsärmel den Speichel vom Kinn wischte. Allerdings tröstete mich der Gedanke, dass irgendetwas in der Betelnuss ihn wach zu halten schien.

Nach indischen Maßstäben war Rudra ein guter Fahrer – was bedeutet, dass wir nur ein Mal in über sechs Stunden dem Tod nahe kamen. Aber die Stoßdämpfer seines Fahrzeugs waren defekt, und viele der Rücksitzfedern hatten sich gelockert, und so hatte ich bis Mitternacht, als Choudhury mich vom Rücksitz scheuchte und mir den Platz vorn neben Rudra zuwies, nur wenige Stunden fortwährend unterbrochenen Schlafs gefunden.

Jetzt war ich nicht mehr zum Plaudern aufgelegt. Ich wollte nur noch schlafen und versuchte, Rudra dies klar zu machen, doch selbst wenn ich die Augen schloss und so tat, als schnarchte ich, redete er unablässig auf mich ein. Sein Hauptinteresse im Leben galt, abgesehen von Betelnüssen und Mutproben mit entgegenkommenden Schwerlastern, den Körpermaßen der Hindi-Filmschauspielerinnen aus Bombay. Die neueste Göttin der indischen Leinwand, Karisma Kapoor, hatte sich einen besonderen Platz in seinem Herzen erobert – und zweifellos auch in seinen Fantasien.

»Sie ist die schönste Perle unseres Kontinents!«, prahlte er, während er den Ambassador in einer engen Kurve in den vierten Gang hochjagte.

Er schlug mir kräftig auf den Oberschenkel und lachte schallend, wobei er gleichzeitig durch Mund und Nase grunzte und schnaufte, was ich als beachtliches Kunststück hätte würdigen können, wäre es nicht so abstoßend gewesen.

»Sie sollten sie tanzen sehen! Ihre Beine sind *endlos* lang! Und ihre Brüste – sie sind riesig! Groß wie Mangos!«

Er seufzte, und einen Moment lang schienen seine Gedanken abzuschweifen. Dann versetzte er mir einen kräftigen Stoß gegen den Arm.

»Wer ist Ihre Lieblingsmieze?«, fragte er in konspirativem Ton.
»Ich hab keine, und ich versuche gerade, zu schlafen«, erwiderte ich mürrisch.
Doch Rudra gehörte nicht zu denen, die ein Nein als Antwort gelten lassen, und knuffte mich erneut. Ich wusste, dass ich einen Namen nennen musste, sonst würde er mich nie in Ruhe lassen.
»Madhuri Dixit«, sagte ich und hütete mich, zu erwähnen, dass ich einmal das Vergnügen gehabt hatte, diese wunderschöne Dame in Delhi zu interviewen.
»Madhuri! Ja, Sie haben Recht. Die ist *gut!*« Er spie einen weiteren Mund voll Betelnusssaft zum Fenster hinaus, grinste schelmisch und entblößte dabei sein verfärbtes Zahnfleisch. Etwas von dem Speichel flog durchs Fenster zurück und platschte auf seine Stirn. Er wischte es mit dem Ärmel ab, holte tief Luft und fügte entschlossen hinzu, wobei sich sein Lächeln zu einem irren Grinsen verbreiterte: »Madhuri Dixit ist *sehr* gut – sehr gut für SCHLIMME Sachen!«

Während das Brahmaputra-Tal immer noch in einen Mantel der Finsternis gehüllt war, fielen die ersten Sonnenstrahlen auf die Bergkette im Norden. Ihre schneebedeckten Gipfel schwebten über dem zähen, milchigen Dunst und leuchteten wie schimmernde Wolkenstädte. Im Laufe der nächsten Stunde schlich sich die Morgendämmerung heran, und die Landschaft begann sich zu enthüllen, als das Sonnenlicht den um uns wirbelnden Nebel auflöste. Bald konnte ich Dutzende von Reisfeldern ausmachen, die sich bis zum Horizont erstreckten. Hütten aus Lehmmauern, Bambusgerüsten und Strohdächern standen auf kleinen, von strömenden Wassermassen umgebenen Inseln. Knietief im Schlamm steckende Bauern trieben ihre schwarzen Wasserbüffel an, die hölzerne Pflüge durch den fruchtbaren, nassen Boden zogen.

In der Nähe eines Schreins am Straßenrand, der ein Bildnis der Göttin Durga barg, ernteten Frauen mit wunderschönen mandelförmigen Augen und hohen Wangenknochen Reis mit der Hand, die ich, wären sie nicht in Saris gehüllt gewesen, wohl für Vietnamesinnen oder Kambodschanerinnen gehalten hätte. Kinder auf dem Weg zur Schule spielten mit Kampfdrachen, deren Schnüre mit feingemahlenem Glas überzogen waren, und das Spiel bestand darin, die Schnur des Gegners zu kreuzen und an ihr zu reiben mit dem Ziel, sie durchzuschneiden. Wilde Luftkämpfe waren im Gange; vor dem Hintergrund eines makellosen blauen Himmels schoss ein halbes Dutzend roter, gelber und grüner Papiervögel, angreifend oder auf dem Rückzug, empor und hinab.

Seit ich vor zwei Jahren nach Indien gekommen war, hatte ich mir immer gewünscht, diesen Teil des Landes zu besuchen. Geografisch gesehen, ist er sehr reizvoll, ein falsch gelegtes Puzzleteil. Assam wird von fünf Ländern umschlossen: China, Bhutan und Tibet im Norden, Bangladesch im Süden und Myanmar oder Birma im Osten. Und in kultureller Hinsicht unterscheidet es sich grundlegend vom übrigen Subkontinent. Es ist die Heimat mannigfaltiger Stämme, und seine Bewohner haben mehr Gemeinsamkeiten mit den Völkern des Fernen Ostens als mit ihren arischen oder drawidischen Vettern. Der Bundesstaat ist mit dem übrigen Indien durch einen schmalen, »Hühnerhals« genannten Korridor zwischen Bhutan und Bangladesch verbunden, ein Vermächtnis der Kolonialdiplomatie.

Trotz seiner atemberaubenden Schönheit und reichen Folklore ist der Nordosten Indiens ein Teil der Erde, der selbst von den hartgesottensten Globetrottern gemieden wird. Daher gab mein Reiseführer auch nur spärlich Auskunft über Assam: Es war für Touristen jahrelang gesperrt gewesen. Doch wurde erwähnt, dass sich der Name Assam von dem Sanskritwort *as sama* herleitet, das »einzigartig« oder »ohnegleichen« bedeutet, und dass er von Thai- oder Schan-Invasoren geprägt wurde, den Ahom, die das Brahmaputra-Tal im dreizehnten Jahrhundert eroberten und es so liebten, dass sie es nie wieder verließen. Mir dämmerte langsam, warum. Wohin ich auch blickte, die Landschaft war üppig und grün. Wacklige Holzbrücken überspannten Flüsschen und Bäche, die über und über mit süß duftenden Seerosenblüten bedeckt waren. Die Zweige der Bobäume, die unsere Straße säumten, bogen sich unter Scharen weißer Vögel, die jäh in die Luft stoben, wenn sie das Geräusch unseres Wagens hörten. In der Ferne erhoben sich jenseits der Felder dschungelbedeckte Hügel, über die Nebel kroch und sich ins Tal ergoss wie Rauch, der über den Rand eines Hexenkessels emporsteigt.

Wir fuhren von der Fernstraße 37 ab und wandten uns nach Norden. Bald darauf überquerten wir den Brahmaputra auf einer hohen, kilometerlangen Brücke, die von einem Verband indischer Soldaten, bewaffnet mit Maschinengewehren, gesichert wurde. Der Fluss tief unter uns war mindestens drei Mal so breit wie in Guwahati. Ein Dutzend Kanus, die auf dem Wasser schaukelten, sahen aus wie Miniaturspielzeug. Stromaufwärts bauchte sich der Brahmaputra in nördlicher Richtung aus, sodass das andere Ufer von einem Schleier aus Dunst und hellem Sonnenlicht verhüllt wurde, während stromabwärts Tausende von Wasserhyazinthen glitzernde Sandbänke umgaben.

Kurz nach sechs verkündete mir ein Gähnen vom Rücksitz her, dass der Jäger am Aufwachen war. Endlich konnte ich mit jemandem über ein anderes Thema sprechen als über Bollywood-Bienen.

»Guten Morgen«, sagte ich, während ich mir überlegte, ob ich ihn mit seinem Vor- oder Nachnamen ansprechen sollte. Ich entschied mich für Letzteres. Schließlich war er alt genug, mein Vater zu sein, und in Indien hält man noch etwas auf Höflichkeit.

Choudhury streckte sich und warf einen kurzen Blick aus dem Fenster; er erkannte sofort, wo wir uns befanden.

»Als Kind bin ich immer hierher gekommen, um wilde Elefanten zu beobachten«, sagte er, während er sich die Augen rieb. »Damals erstreckte sich hier ein riesiger Dschungel, so weit das Auge reichte. Es gab kaum Menschen. Jetzt sind Millionen da.«

Seine Stimme hatte einen bitteren Unterton, und er wirkte bedrückt. Er kurbelte das Fenster herunter und entspannte sich ein wenig, als er die frische Luft einatmete und genüsslich den Geruch von feuchtem Moos und Kiefern einsog.

»Sehen Sie dort hinüber«, fuhr er fort und deutete auf eine breite Bodensenke, wo Zuckerrohr in üppiger Fülle wuchs. »Dieses Gebiet war einmal ein See. Ganze Herden aus Hunderten von Elefanten kamen aus den Bergen und fraßen das Wasserkraut. Das ist ihre Magenspeise. Ich saß oft auf einem Baum und beobachtete sie dort unten, wie sie trompeteten, spielten und im Wasser planschten. Es war herrlich.«

Seine Augen leuchteten, während er seinen Erinnerungen nachhing. Ich spürte, dass er in gesprächiger Stimmung war, und wollte mehr hören.

Ob er viel mit Elefanten zu tun gehabt habe?

»O ja. Ich bin mit ihnen aufgewachsen«, erwiderte er, und während wir unsere Fahrt auf Nebenstraßen fortsetzten, begann er zu erzählen. »Wir benutzten sie als Reittiere. Mein Vater besaß eine riesige Länderei, Tausende von Ar, und er holte sich die Abgaben unserer Pächter immer auf dem Rücken von Chamundi Prasad ab, seinem Lieblingsbullen.«

Damals waren Elefanten das höchste Statussymbol, so prestigeträchtig wie heute ein BMW oder Mercedes. Sie durften bei keinem wichtigen Anlass fehlen. Als Choudhurys älterer Bruder heiratete, kam er in einem silbernen Lotosblumensitz, einer *howdah,* auf einem Elefanten zu der Zeremonie, an der Spitze von zwanzig anderen Tieren, die alle mit edelsteinbesetzten De-

cken und prunkvollem, mit Goldtressen und Pfauenfedern verziertem Kopfschmuck herausgeputzt waren. Immer wenn der Familie ein Junge geboren wurde, trug man das Kind auf dem Rücken eines Elefantenbullen stolz auf dem ganzen Landgut zur Schau. Bei religiösen Festen waren die mit Schabracken bedeckten Tiere immer die Hauptattraktion.
Die Choudhurys beschäftigten mehr als ein Dutzend Mahouts, Spezialisten, die sowohl Führer als auch Reiter sind, sowie rund fünfzehn Lehrjungen und einige *phandis,* professionelle Fänger, deren Aufgabe es war, wild lebende Elefanten zu zähmen. Diese Männer zogen alljährlich mit großem Tamtam und Gepränge in den Dschungel und weiter auf die Ebenen, um vielversprechende Kälber aufzuspüren. Nach einer uralten, nur in Assam gebräuchlichen Methode, die als *mela-shikar* bezeichnet wird, fingen sie die Tiere auf ganz ähnliche Art mit dem Lasso ein wie amerikanische Cowboys ihre Rinder und richteten sie dann ab, entweder für den eigenen Stall oder zum Verkauf auf der *mela,* der jährlichen »Messe« in Sonpur an den Ufern des Gandak in Bihar, bis heute der größte Elefantenmarkt der Welt.
»Alle Mahouts und *phandis* lebten in einem Lager nicht weit von dem Hof, auf dem ich aufwuchs«, fuhr Choudhury fort. »Dort ging es unglaublich rege zu. Wohin man auch blickte, überall wurden Elefanten trainiert und Kunststücke beigebracht. Es war, als hätte ich einen Privatzirkus ganz für mich allein. Von klein auf hatte ich nur Elefanten im Kopf.«
Doch Dinesh Choudhurys Vater hielt nichts von dieser Begeisterung und der Verbundenheit seines Sohnes mit den Tieren und schickte ihn auf eine Schule in Shillong, der alten britischen Hauptstadt Assams, drei Stunden Fahrt von Guwahati entfernt.
»Er wollte, dass ich Ingenieur werde, und hatte vor, mich nach England zu schicken, damit ich bei Rolls Royce lernte. Aber

ich schlich mich dauernd von der Schule fort und verbrachte meine Zeit bei den Mahouts, ohne dass mein Vater davon wusste.«

Im Laufe der Jahre hätten diese Männer ihn alle Tricks ihres Standes gelehrt und auch ein paar ihrer bestgehüteten Geheimnisse. Doch schließlich seien die Choudhurys durch die von Indiens sozialistischen Regierungen eingeführten Landreformen gezwungen gewesen, ihren Besitz, und mit ihm die Elefanten, zu verkaufen, und auch der Kontakt zu seinen Mentoren sei abgebrochen.

»Mein ganzes Leben lang hatte ich mit diesen Tieren zu tun, und oft hab ich mit ihnen gearbeitet«, erzählte Choudhury. »Meine Familie bedeutet mir am meisten, aber gleich danach kommen die Elefanten.«

»Wie können Sie Elefanten lieben und sie trotzdem jagen?«, platzte es aus mir heraus, und ich bereute sofort, meine Gefühle gezeigt zu haben.

»Glauben Sie mir, es gibt auf der ganzen Welt nichts, was mich trauriger macht«, erwiderte er. »Es bricht mir das Herz, das können Sie mir glauben. Aber manchmal muss es einfach getan werden. Manchmal muss ich den Henker spielen. Vielleicht werden Sie im Laufe unserer Reise mein Dilemma besser verstehen lernen. Es ist alles sehr schmerzlich.«

Etwas in seiner Stimme schien vage unaufrichtig zu klingen. Ich konnte es nicht ganz genau ausmachen, doch ich war mir sicher, dass er etwas verheimlichte.

»Warum tun Sie es dann, wenn es so schmerzlich ist?«, fragte ich.

»Ich bin der Einzige in Assam, der dafür qualifiziert ist. Ich bin ein geübter Schütze und ein Elefantenkenner«, antwortete er. »Außerdem, wenn Sie einen tollwütigen Hund haben, dann können Sie ihn auch nicht frei herumlaufen lassen. Er muss getötet werden. Finden Sie nicht auch?«

Ich merkte, dass ihm das Gespräch immer unangenehmer wurde, und so ließ ich das Thema fallen. Doch nach unserer Plauderei war ich kein bisschen schlauer hinsichtlich seiner Absichten und Motive.

Die Hauptverwaltung der Forstbehörde, unser Ziel, lag nahe der Grenze zu dem gebirgigen Unionsterritorium Arunachal Pradesh, indischem Gebiet, auf das die Chinesen Anspruch erhoben hatten. Der Gebäudekomplex war auf einem niedrigen Hügel erbaut worden, der auch während des Monsuns aus dem Hochwasser führenden Brahmaputra ragte. Sieben Holzbungalows mit Teakverkleidung standen im Halbkreis um ein eingefriedetes Grundstück von mehreren hundert Metern Durchmesser. Hunderte von Baumstämmen, beschlagnahmtes Schmuggelgut, waren vor einem Zaun übereinandergestapelt, jeder Einzelne gekennzeichnet durch aufgesprühte Ziffern und Buchstaben. Viele davon lagen erkennbar schon geraume Zeit dort – zweifellos wurden sie als Beweisstücke für laufende Prozesse aufbewahrt – und begannen, langsam zu verrotten.

In der Mitte des Komplexes stand ein alter Banyanbaum mit einem Stamm von mindestens sechs Metern Durchmesser, an dessen Fuß ein Gewirr ineinander verschlungener Wurzeln gleich Strebebögen aus der Erde ragte. Wie es für diese Baumart typisch ist, hatten seine Äste Zweige getrieben, die bis auf den Boden hinabreichten. Einige hatten sich in die Erde gegraben und frische Sprosse entwickelt.

»ELEFANTEN ANBINDEN VERBOTEN!« stand auf einem an der Veranda des Hauptgebäudes befestigten Schild. Neben der Eingangstür lagen Büffelschädel auf einem Haufen, und darüber baumelte, völlig unpassend, eine rosafarbene Unterhose an einem Nagel.

Während wir unsere Taschen und Ausrüstung ausluden, kamen die Forstbeamten und -wachen, ein wüster Haufen, noch

halb im Schlaf, aus ihren Bungalows und begrüßten Choudhury, den sie mit »Shikari«, Jäger, ansprachen, mit herzlichem Lächeln und Umarmungen, als wäre er ein verschollen geglaubter Bruder.
»Ich nenne diese Männer Drecksbande, weil sie die dreckigsten Witze erzählen«, scherzte der Jäger, während ich allen die Hand gab.
Der leitende Beamte trug den Spitznamen Mole (Maulwurf), weil er als Kind immer durch seine Brille geblinzelt hatte, deren Gläser so dick waren wie der Boden einer Milchflasche.
Mole war der erfolgreichste junge Inspektor in der Behörde; er hatte im Laufe der Zeit eine Rekordzahl von Holzschmugglern hinter Gitter gebracht und Tausende illegal gefällter Bäume beschlagnahmt. Es verwunderte nicht, dass er sich damit viele Feinde gemacht hatte, vor allem beim mächtigen Holzschmuggelsyndikat, das sich, wie es hieß, der Protektion einer Reihe von Kommunalpolitikern erfreute. Auf Mole war ein Kopfgeld ausgesetzt worden.
»Der Preis ist 25 000 Rupien«, lachte er. »Mehr ist mein Leben nicht wert! Halb so viel wie das eines Elefanten!«
Mole war ungehobelt, großspurig und unberechenbar. Zudem hatte er die ärgerliche Angewohnheit, mich jedes Mal, wenn er mit mir sprach, »Mann« zu nennen. – »He, Mann!«, »Schön, dich zu sehen, Mann!«, »Wie geht's, Mann?« – das hatte er in den Vereinigten Staaten aufgeschnappt, als er dort Umweltschutz studiert hatte. Doch er war clever und wusste, wie die Dinge in Assam liefen.
»Die hiesige Polizei ist in alles verwickelt, Mann«, erzählte er mir einmal. »Wenn ich also jemanden festnehme, bleibt er bis zur Gerichtsverhandlung unter meiner Aufsicht, damit er nicht fliehen kann. Und dann sorge ich dafür, dass der Richter ihn schuldig spricht.«
Wenn er nicht gerade Teakholzschmuggler festnahm, musste

Mole sich mit den wild lebenden Elefantenherden der Gegend befassen. Wie er während des Frühstücks in der Kantine erklärte, war nur noch wenig Regenwald als Lebensraum für die Tiere übrig.
»Die Elefanten haben ihre Heimat und ihre traditionellen Wanderrouten verloren, Mann. Sie sind verstört und wütend.«
Ich fragte ihn, weshalb die Dschungel und Wälder nicht besser geschützt worden seien.
»Korruption, Mann! Das System ist durch und durch korrupt. Es sind vor allem Bangladeschis, die all die Bäume gefällt haben. Hunderttausende von ihnen haben sich hier angesiedelt. Und raten Sie mal, wer sie reingelassen hat!«
Ich hatte keine Ahnung.
»Unsere Politiker, Mann! Unsere assamesischen Politiker!«
»Weshalb sollten Ihre Führer es all diesen Bangladeschis erlauben, sich hier festzusetzen?«, fragte ich verwirrt.
»Stimmenfang!«, schrie der rebellische junge Mann, und seine Stimme klang, als reichte das als Erklärung vollkommen aus.
»Stimmenfang? Was meinen Sie damit?«
Mole lächelte über meine Naivität.
»Sie holen sie über die Grenze, bringen ihnen ein paar Worte Assamesisch bei, geben ihnen Lebensmittelmarken und weisen ihnen etwas Land zu, gewöhnlich ein Stückchen Wald«, erklärte er. »Wenn eine Wahl stattfindet, zeigen sie ihre Lebensmittelmarken an der Urne vor und sind damit wahlberechtigt. Jeder macht ein Kreuz bei dem Politiker, der ihm Zucker in den Hintern geblasen hat. So einfach ist das, Mann.«
»Sehr geschickt«, bemerkte ich, während ich alles in mein Notizbuch kritzelte, begierig auf weitere Details. Doch unser Gespräch wurde jäh durch einen der Stellvertreter Moles unterbrochen, der in die Kantine gerannt kam.
»Der Einzelgänger … der Einzelgänger. Er hat wieder getötet … er hat letzte Nacht wieder getötet. Mitten … in der

Nacht«, stammelte er. »Einen M… M… Mann. Er wurde aus seinem Haus herausgezerrt. Herausgezerrt und dann zu Tode getrampelt. Furchtbar zertrampelt.«
Choudhury, der neben mir am Kantinentisch saß, stellte seinen Becher ab.
»Wo ist das passiert?«, fragte er langsam.
»Bei Hathi Khal. Nur ein paar Kilometer von hier.«
»Ich kenne den Ort«, sagte der Jäger und erhob sich. Er setzte seine Kappe von der Guwahati Rifle Association auf und strebte zur Tür.
»Gehen wir.«
Unsicher folgte ich den anderen nach draußen auf den Hof und hoffte, man würde mich auffordern mitzukommen. Ich fühlte mich wie ein Hund, der ganz versessen auf einen Spaziergang war.
Choudhury blickte zu mir herüber.
»Tarquin. Okay, ja, ich denke, Sie können diesmal mitkommen.«
Flink griff ich nach meiner Kameratasche und sprang zusammen mit Choudhury, Mole und zwei bewaffneten Forstwachen in den Fond des Landrovers. Wir fuhren aus dem Hof hinaus und bogen links ab. Rudra saß am Steuer. Er drückte das Gaspedal durch und schoss mit Höchstgeschwindigkeit über den Feldweg. Ich hüpfte auf dem Sitz wie ein Gummiball.
»Ich bin Mister Grand Priiii! Oder?«, brüllte Rudra. »Genau wie Tom Cruuus!«

Unser Ziel war ein abgelegenes, von üppigen Reis- und Zuckerrohrfeldern umgebenes Dorf. Entlang der sandigen Feldwege reihten sich im Schatten von Kokospalmen Häuschen im Tudorlook aneinander, ein Baustil, der während der britischen Kolonialherrschaft eingeführt worden war und bis heute in Assam beliebt ist. Durch ihre weißen Mauern zogen sich ge-

kreuzte schwarze Balken. Einige Häuser hatten Stroh- oder Ziegeldächer, aus denen Kamine ragten, und zwei oder drei wiesen sogar Vordächer auf, die von Ranken des Indischen Flieders mit leuchtend roten Blüten überwachsen waren.
Wir parkten den Landrover mitten im Dorf und ließen Rudra als Wache zurück. Eine Menschenmenge hatte sich am Schauplatz des Unglücks versammelt. Als wir näher kamen, entdeckten uns ein paar der Dorfbewohner und flüsterten sich zu: »*Firang, firang*. Ausländer, Ausländer.«
Meine Ankunft sprach sich schnell herum, und mit einem Stupser hier und einem Blinzeln dort drehten sich die Dörfler einer nach dem anderen um und gafften erstaunt und neugierig.
Die Menge teilte sich, und wir gingen durch ein Tor in einen Garten mit einem Weg, der zu einem hübschen Häuschen führte. Es war ein wunderschöner Ort. Die Luft war erfüllt von Jasminduft. Lampenputzersträucher mit buschigen roten Blüten und herabhängenden Ästen standen zu beiden Seiten des Weges. Weiße Rosen wuchsen in sorgsam gepflegten Blumenbeeten. Alles machte einen friedlichen Eindruck.
Wir gingen weiter um das Häuschen herum zum Hinterhof, da blieb ich abrupt stehen. Auf dem Boden, nur gut einen Meter entfernt, zeichnete sich unter einer schmutzigen, fleckigen Karodecke der Körper des toten Mannes ab. Nur ein einzelner Fuß ragte unter dem unwürdigen Leichentuch hervor, und ich konnte die Venen sehen, die sich schwarz gegen die bläulichgraue Haut des Toten abzeichneten. Der Fußknöchel war aus unerfindlichem Grund verdreht, ebenso einige der Zehen. Stellenweise ragten Knochensplitter aus der Hautoberfläche.
Daneben, inmitten von Reihen zertrampelten Kohls, kauerte die klagende Witwe des Opfers mit leerem Gesichtsausdruck, die Augen gerötet, die Wangen tränenverschmiert. Die übrigen engsten Familienangehörigen standen, zutiefst verstört, in Gruppen dicht zusammen. Choudhury, Mole und ich

schritten nacheinander an ihnen vorbei, sprachen ihnen unser Beileid aus und erklärten den Zweck unseres Kommens. Dann näherten wir uns, mit Erlaubnis der Familie, dem Leichnam.
Der Jäger kniete sich hin und zog die obere Hälfte der Decke zurück. Der Forstinspektor blieb wie angewurzelt stehen, während ich beklommen über Choudhurys Schulter spähte. Was ich sah, sollte mich noch monatelang in meinen Träumen verfolgen.
Von dem Mann war kaum mehr übrig als Brei, und er war praktisch nicht mehr als menschliches Wesen zu erkennen: Sein Gesicht war in einem verzerrten Ausdruck der Qual erstarrt, der von einem grauenvollen Tod zeugte. Ich hatte schon früher in verschiedenen Kriegsgebieten Leichen gesehen, aber noch nie etwas derart Groteskes wie diese. Eine plötzliche Übelkeit stieg in mir hoch, und instinktiv wollte ich zuerst den Blick abwenden. Doch schließlich gewann meine Neugier die Oberhand, und ich fasste mir ein Herz, den zerschlagenen, blutverkrusteten Körper genauer zu betrachten, wobei ich spürte, dass sich mein Gesicht beim Anblick des wie von einer Dampfwalze zerschmetterten Kopfes unwillkürlich in eine Grimasse verwandelte.
Behutsam zog Mr. Choudhury die Decke noch weiter herunter, sodass die Arme des Mannes zum Vorschein kamen. Sie waren aus den Gelenkpfannen gerissen und hingen nur noch an dünnen Hautfäden.
Der Jäger ließ die Decke wieder fallen.
»Genauso haben wir die anderen Leichen gefunden«, flüsterte Mole mit bangem Unterton. »Dieser Elefant ist böse. In ihm steckt ein Dämon, sag ich Ihnen. Er reißt Arme und Beine heraus und zerschmettert den Körper. Er ist ein Ungeheuer.«
»Sind Sie sicher, dass es sich nur um *einen* Elefanten handelt?«, fragte Choudhury.
Mole nickte energisch.

»Ja. Alle Augenzeugen haben nur einen und immer denselben gesehen. Sie beschreiben ihn als Riesen. Einige sagen, seine Stoßzähne seien fünfzehn Meter lang. Sie haben fürchterliche Angst.«

Choudhury wirkte interessiert, aber seltsam unbeeindruckt von diesen Details.

»Sie wissen doch genau, dass das nicht stimmen kann. Also los – lassen Sie uns herausfinden, was zum Teufel hier genau passiert ist.«

Er stand auf, wandte sich der Familie zu und fragte, ob irgendjemand gesehen habe, was geschehen sei. Ein alter Mann, der sich schwer auf seinen Stock stützte, erklärte sich zaghaft bereit, die Geschichte zu erzählen.

»Der Elefant kam, als wir gerade beim Essen waren«, begann er mit krächzender Stimme zu erzählen. »Wir hörten ihn trompeten, und dann brach er durch den Zaun und kam auf die Hütte zu.«

Er deutete auf einen Bau aus Stroh und Lehm auf der rechten Seite des Hofes.

»Wir spürten, wie der Boden zitterte, als er sich näherte. Wumm! Wumm! Wumm!«

Der alte Mann schlug mit geballten Fäusten auf seine runzligen Oberschenkel, um seine Schilderung mit nachgeahmten Elefantengeräuschen dramatisch zu untermalen.

»Er stieß gegen unsere Hütte. Sie wackelte wie bei einem Erdbeben. Wir waren zu siebt drinnen. Wir hatten alle schreckliche Angst. Waren wie vom Donner gerührt. Keiner gab einen Ton von sich. Ich war sicher, der Elefant würde uns im nächsten Augenblick alle töten. Aber er machte kehrt und griff die andere Hütte an.«

Der alte Mann beobachtete durch ein Fenster, wie das Tier über das Gebäude nebenan herfiel.

»Er packte das Dach, riss es mit einem Ruck ab und schleuderte es zu Boden«, fuhr er fort. »Er drückte die Mauer ein, als wäre sie aus Papier. Mein Sohn war drinnen. Er lag auf den Knien und betete. Die Bestie packte ihn mit ihrem Rüssel. Sie schwang ihn hoch in die Luft. Mein Sohn schrie: ›Hilfe, Vater, der Elefant bringt mich um! Der Elefant bringt mich um!‹ Dann wurde er zu Boden geschmettert. Er flehte um Erbarmen. Da schleuderte das Tier ihn noch einmal auf den Boden. Mein Sohn schrie die ganze Zeit. Ich konnte nichts tun.«

Der Vater presste die Hände vors Gesicht, und durch die Lücken zwischen seinen Fingern rollten Tränen. Seine Schultern hoben und senkten sich. Choudhury legte den Arm um ihn und flüsterte ihm ein paar freundliche Worte zu, während andere Familienmitglieder herbeieilten, um ihn zu trösten. Es dauerte einige Zeit, bis der Alte sich wieder gefasst hatte.

»Der Elefant knallte ihn gegen den Baum dort, bis fast nichts mehr von ihm übrig war«, fuhr er mit kaum hörbarer Stimme fort. »Schließlich ließ er ihn einfach fallen …« Der Mann machte eine kurze Pause, um die Tränen zurückzudrängen, und sprach dann weiter. »Das Tier hob einen Fuß und zerdrückte den Kopf meines Sohnes.«

Plötzlich trat eine tiefe Stille ein, die nur von regelmäßigen Schluchzern unterbrochen wurde. Ich hielt meine Augen starr zu Boden gerichtet, bemüht, diese schwer verdauliche Geschichte zu fassen und das Bild des wahnsinnigen, mordenden Einzelgängers mit meiner eigenen Vorstellung von friedlich grasenden, an Wasserstellen badenden Elefanten in Einklang zu bringen.

Bis auf wenige Einzelheiten stimmte die Geschichte des alten Mannes mit dem überein, was Monimoy in Das' Büro in Guwahati erzählt hatte. Offenbar hatte der Bauer die Wahrheit gesagt.

Choudhury kniete sich erneut nieder und untersuchte die Fußabdrücke im Boden.

»Der Einzelgänger ist in diese Richtung entkommen«, sagte er zu mir, nach Norden weisend. »Sehen Sie, dort drüben, wo der Zaun ein weiteres Mal niedergerissen ist. Da hat er sich eine Weile aufgehalten, bevor er davongezogen ist. Seine Spuren führen dort hin.«

Er folgte der Fährte um den Hof wie Sherlock Holmes, der einem viel versprechenden Hinweis nachspürt. Mole und ich trotteten hinter ihm her wie zwei verwirrte Watsons, die sich nicht auskannten. Schließlich blieb er vor einem umgeworfenen Plastikfass stehen, das neben einem Zaun lag.

»Na, was haben wir denn hier? Hmm, sehen wir uns das mal an.« Er bedeutete uns, näher zu kommen.

Ich half ihm, das Fass aufzurichten. Wir konnten sehen, dass der dicke Kunststoff nahe am Boden ein großes, rundes Loch hatte.

»Ja, genau wie ich es mir gedacht habe«, sagte der Jäger. »Kein Zweifel. Dies hier zeigt uns, dass der Elefant Alkoholiker ist.«

»Alkoholiker? Was um alles in der Welt meinen Sie damit?«, fragte ich.

Choudhury überlegte, dann strich ein Lächeln über sein Gesicht. Geduldig erklärte er, die Dorfbewohner hätten illegal Schnaps gebrannt.

»Der war in dem Fass. Seht euch das Loch an. Er hat es mit seinem Stoßzahn gebohrt.«

Mole und ich untersuchten den Behälter erneut mit mehr Sorgfalt.

»Dieser Elefant ist unter anderem ein echter Säufer«, folgerte Choudhury. »Elefanten lieben Alkohol, besonders den Reiswein, den die Leute hier herstellen. Sie können ihn kilometerweit riechen und reißen oft Häuser nieder, um ihn zu klauen.«

Später erfuhr ich, dass solche Überfälle sehr oft vorkommen. Jedes Jahr gehen plündernde Elefanten in ganz Indien regelmäßig nachts auf die Sause und erbeuten Hunderte von Litern des begehrten Stoffs. In Bengalen drang vor kurzem ein wildes Rudel in einen militärischen Stützpunkt ein und riss elektrisch geladene Zäune nieder, um an die Rumvorräte der Besatzung zu gelangen. Die verzweifelten Soldaten mussten zusehen, wie die Elefanten die Verschlüsse Dutzender von Flaschen aufbrachen und deren Inhalt in sich hineinschütteten. In Südindien griff ein wilder Elefant einen Spirituosenladen an und verschwand mit einer Kiste Whisky, die er unter seinen Rüssel geklemmt hatte, im Dschungel.

Wie bei Menschen scheint der Konsum von Alkohol auch bei Tieren die unterschiedlichsten Auswirkungen zu haben, je nach Charakter. Manche beginnen zu randalieren, die meisten torkeln einfach umher und rülpsen ungeniert, und man hat schon viele gesehen, die an einem erbärmlichen Kater litten. Experten können nicht sagen, ob Elefanten Alkohol wegen des Geschmacks oder wegen seiner Wirkung schätzen. Doch illegal hergestellter Schnaps, der oft mit Methylalkohol versetzt ist, tut den Tieren nicht gut und schädigt ihre inneren Organe schwer.

Dinesh Choudhury war jetzt wieder bei der Spur, rekonstruierte den Tathergang und murmelte in sich hinein, während er den Boden nach Indizien absuchte.

»Er hat das Fass festgehalten, mit einem Stoßzahn ein Loch hineingebohrt und den Inhalt ausgetrunken. Dies ist ein sehr kluger und gefährlicher Elefant. Aber warum hat er den Mann getötet? Da muss noch mehr dahinterstecken.« Ehe ich irgendetwas sagen konnte, war er schon wieder aufgesprungen und nahm wieselflink die Fährte des Elefanten auf. Er stieg, den Blick auf den Boden geheftet, über den niedergerissenen Zaun in das dahinter liegende Reisfeld. Mole und ich folgten ihm. Nach knapp zwei Kilometern blieb er plötzlich stehen.

»Ja, schaut euch seine Trittspuren an. Seht ihr?«

Die Erde war weich, und die riesigen runden Fußabdrücke zeichneten sich deutlich ab.
»Sicher, wir sehen sie«, sagte Mole.
»Nein, schauen Sie ganz genau hin«, beharrte Choudhury. »Normalerweise treten bei einem Elefanten die Hinterfüße in die Trittspuren der Vorderfüße. Sehen Sie sich seine Abdrücke an. Sein Hinterfuß reißt seitlich aus.«
»Er lahmt also«, riet Mole.
»Vielleicht«, entgegnete der Jäger. »Höchstwahrscheinlich wurde er verwundet, möglicherweise durch einen Pfeil. Das könnte erklären, warum er so wütend ist.«
»Das alles können Sie tatsächlich aus ein paar Fußabdrücken ablesen?«, fragte ich.
Mole schien in gleichem Maße von den deduktiven Fähigkeiten seines Kollegen beeindruckt zu sein. Doch der Jäger ging nicht auf meine Frage ein. Stattdessen murmelte er: »Eins muss ich noch überprüfen« und kniete sich vor einer der tiefsten Fährten auf den Boden. Er zog ein Maßband aus seiner Jacke und legte es um das Trittsiegel herum.
»Man kann die Höhe eines Elefanten bestimmen, indem man den Umfang seines Fußes mit zwei multipliziert, Mann«, erklärte Mole, froh, mit seinem Wissen glänzen zu können.
Choudhury las das Maßband ab. Die Länge betrug fast anderthalb Meter, was bedeutete, dass das Tier knapp drei Meter groß war. Er zog die amtliche Abschussverfügung mit der Beschreibung des Elefanten aus seiner Hemdtasche. Ein kurzer Blick bestätigte, dass die Größe mit der des gesuchten Einzelgängers übereinstimmte.
»Das scheint mir hinlänglich zu beweisen, dass dies unser Mann ist, besser gesagt unser Elefant«, verkündete er, während er mit den Augen der Fährte folgte, die über die Felder zum fernen Dschungel führte. »Und ich glaube, ich habe eine sehr gute Idee, wo wir ihn wahrscheinlich finden werden.«

Damit drehte er sich um und ging gedankenversunken zurück zum Ort des Geschehens. Ich eilte ihm nach.

»Was ist das für ein Elefant?«, fragte ich. »Weshalb hat er all diese schrecklichen Dinge getan?«

»Er ist mit Sicherheit gefährlich. Das steht außer Frage. Aber wir müssen herausfinden, ob er wirklich bösartig ist oder nicht«, sagte Choudhury. »Manche der Elefanten, die von der Regierung zum Abschuss freigegeben werden, sind nur übel gelaunte, kranke oder verletzte Tiere. Wenn man ihnen Zeit lässt, kommen sie schließlich wieder zur Ruhe und gehen zurück in den Dschungel.«

Der Jäger erläuterte, Elefanten würden in regelmäßigen Abständen unter einem sonderbaren, wenig erforschten Syndrom leiden, der *musth*, einer Phase innerer Unruhe und gesteigerter Reizbarkeit, die mit der Geschlechtsreife und dem Sexualtrieb verbunden sei. In dieser Zeit sonderten ihre Schläfendrüsen eine klebrige Substanz ab, die ihnen über die Wangen laufe.

»Viele Elefanten werden dann gefährlich und aufsässig«, erklärte Choudhury. »Das Ganze dauert etwa drei Monate. Dann beruhigen sie sich und werden wieder ganz friedlich.«

Ein wirklich bösartiger Einzelgänger dagegen sei ein Elefant, der sich zum notorischen Menschenmörder entwickelt habe. Obwohl das selten vorkomme, gebe es ein Wort für ein solches Tier: *goonda* – Gauner, Gangster.

»Ab und zu taucht ein richtiger Goonda auf«, sagte er. »Falls wir es mit so einem Elefanten zu tun haben, können wir nichts für ihn tun.«

»Man könnte ihn doch sicher in einen Zoo oder in ein Wildreservat bringen«, wandte ich ein.

»Nein, ich fürchte nicht«, sagte der Jäger. »Er wäre zu gefährlich für die Allgemeinheit. Das einzig Menschliche wäre, ihn zu töten.«

Alsbald waren die Vorbereitungen für die Bestattung des Opfers im Gange. Der Leichnam wurde in das Häuschen gebracht, wo man ihn wusch und für die Einäscherung herrichtete. Etwa eine Stunde später wurde er, in weißes Baumwolltuch gewickelt, auf eine Bambusbahre gehoben und in den Vorgarten getragen, wo die Zeremonie begann. Ich stand vor dem Häuschen am Tor und beobachtete einen *pandit,* einen Hindupriester, beim Aufsagen heiliger Mantras, während die Familie Rosenblütenblätter über den vom Leichentuch verhüllten Körper streute. Dann ergriffen sechs männliche Verwandte die Bahre, hoben sie auf ihre Schultern und trugen sie hinaus auf den Weg. Mit dem Priester an der Spitze schlängelte sich die feierliche Prozession durch das Dorf, vorbei an freundlichen Nachbarn, die den Weg säumten und den Hinterbliebenen ihr Beileid aussprachen.

Es dauerte eine halbe Stunde, bis der Trauerzug die Einäscherungsstätte erreichte, die sich am Ufer eines Flüsschens auf der windabgekehrten Seite des Dorfes befand. Dort wurde die Bahre auf gut anderthalb Meter hoch geschichtetem Holz, das mit Ghee bestrichen war, abgesetzt. An die hundert Menschen hatten sich in einem Halbkreis um diesen Aufbau versammelt, und während der Priester weitere Gebete sprach und die Familie weitere Tränen vergoss, ging der älteste Sohn mit einer brennenden Fackel in der Hand um die Pyramide herum. Dann beugte er sich hinab und entfachte mit zitternder Hand die Späne am Fuße des Scheiterhaufens seines Vaters.

Rauch stieg rund um den Leichnam auf und hüllte ihn in einen gespenstischen Schleier, während Flammen über die Äste nach oben züngelten und die geklärte Butter zischte und fauchte wie eine Grube voller Schlangen. Die Bambusbahre wurde schwarz, die Blüten schrumpften, und bald brannte das Leichentuch lichterloh. Funken sprühten in die Luft, Flammen schlugen zum Himmel, und während das jüngste Opfer des

Einzelgängers von der Feuersbrunst verzehrt wurde, schluchzte und jammerte seine Witwe, doch ihr Wehklagen wurde vom Prasseln des Feuers übertönt.
Als letzten Akt ergriff der Älteste mit beiden Händen einen Holzknüppel, hob ihn hoch über seinen Kopf und ließ ihn auf den Schädel seines Vaters niedersausen. Ein lautes Krachen war zu hören, und jetzt, und erst jetzt, war der Geist des Mannes endlich erlöst.

Zurück in der Zentrale der Forstbehörde, holte ich im Gästebungalow etwas Schlaf nach, während Mr. Choudhury und Mole in die Stadt fuhren, um sich mit Vorräten einzudecken. Etwa eine Stunde später weckte mich ein seltsames Geräusch, das von draußen dicht vor der Tür in mein Zimmer drang. Es hörte sich an wie ein kleiner Junge, der Trompete spielen lernte. Die Laute, die zum größten Teil aus Gezische und Geblase bestanden, klangen dissonant. Noch halb im Schlaf, zog ich meine Hose an und öffnete die Tür. Vorsichtig hinaus auf den Rasen tretend und mir dabei den Schlaf aus den Augen reibend, ging ich einen Schritt vorwärts und stieß geradewegs gegen das Hinterteil eines Elefanten.
Nach allem, was ich in den letzten vierundzwanzig Stunden gesehen und gehört hatte, reagierte ich instinktiv: Ich stürzte zurück in den Bungalow, knallte die Tür zu, schob den Riegel vor und versteckte mich im Badezimmer in der Gewissheit, das Tier würde jeden Moment die Mauer niederbrechen und mich in Stücke reißen. Mehrere Minuten vergingen. Nichts passierte. Selbst das Trompeten hörte auf. Ich schlich mich aus dem Badezimmer hinüber zum Fenster und zog ganz langsam die Vorhänge zurück, um zu sehen, ob die Luft rein war.
Die Elefantenkuh stand immer noch bei meiner Tür. Nun, da ich meinen anfänglichen Schock überwunden hatte, sah ich, dass sie mir nichts Böses wollte. Vielmehr hielt sie einen er-

bärmlich aussehenden Fußball, aus dem alle Luft entwichen war, in ihrem Rüssel, und ich hatte ganz deutlich den Eindruck, dass sie einen Spielkameraden suchte.

Sie war ein schönes, anmutiges, wohlproportioniertes Geschöpf. Kein Zweifel, dass sie die Blicke aller Elefantenbullen auf sich zog, wenn sie durch den Dschungel lief. Sie hatte schimmernde braune Augen und lange schwarze Wimpern, mit denen sie klimperte wie ein Model auf dem Laufsteg. Ihre Stirn und ihre Ohren waren mit rosafarbenen Sommersprossen gesprenkelt. Auch hatte die Natur sie mit einem zierlichen Schwänzchen versehen, das kokett hin und her tanzte, mit vollkommenen Ohren, geformt wie Indien, und einem kleinen Büschel kess gelockter Haare, das ihre gemeißelte Stirn krönte.

Da dies der erste Elefant war, dem ich persönlich begegnete, war ich natürlich nervös. Meiner neuen Bekannten hingegen fehlte es nicht an Selbstvertrauen. Als sie mich aus dem Bungalow auftauchen sah, kam sie mit großen Schritten direkt an die Tür und streckte mir, ohne einen Moment zu zögern, den Rüssel entgegen, als wolle sie mir die Hand schütteln. Die Spitze ihres Rüssels hing vor mir, und ich sah die weichen Nüstern zucken. Dann bewegte sie den Rüssel über meine Brust, meinen Bauch und meinen Oberschenkel. Ich spürte, wie er mein Bein streifte, und ehe ich mich versah, hatte sie mir in die Hosentasche gegriffen und ein Päckchen Fruitella-Drops mit Erdbeergeschmack herausgeangelt, die ich mir für später aufgehoben hatte. Schnell wie der Blitz schüttete sie sich alles mitsamt dem Einwickelpapier ins Maul und begann zu kauen, wobei sie mir zublinzelte und zufrieden glucksende Geräusche von sich gab.

»Wie ich sehe, haben Sie Jasmine kennen gelernt«, sagte Mr. Choudhury, der, soeben von der Einkaufstour zurückgekehrt, von der anderen Seite des Hofes auf uns zukam.

Ich lächelte.

»Ja, sie hat mich gerade ausgeraubt und das Beweisstück verzehrt!«
Choudhury ließ seine Hände an Jasmines Rüssel herabgleiten. Sie stampfte leicht mit den Füßen, offensichtlich erfreut, ihn zu sehen. Der Jäger tätschelte ihr die Wangen, und sie schwang ihren Rüssel zärtlich über seine Schulter und drückte ihn an sich. Er wühlte in seinen Taschen und brachte eine Hand voll Erdnüsse zum Vorschein, die Jasmine mit der Rüsselspitze aufnahm und sich ins Maul steckte.
»Manchmal ist sie sehr frech, besonders, wenn sie einem Fremden begegnet und dies gekonnt ausnutzt«, sagte Choudhury.
»Ist sie abgerichtet?«
»Ja, sie ist ein *kunki,* ein domestizierter Elefant.«
»Domestiziert?« Bei ihm klang das so, als sei Jasmine in der Lage, die Hausarbeit zu verrichten und mit Messer und Gabel zu essen.
»Sie wurde als Kalb in der Wildnis eingefangen«, erklärte er und tätschelte ihr die Stirn. »Jetzt ist sie bei der Forstbehörde im Dienst.«
Jasmine rülpste stillvergnügt in sich hinein, als ihre Verdauungssäfte auf meine Fruitellas und die Erdnüsse einzuwirken begannen.
»Fassen Sie sie ruhig an«, sagte Choudhury. »Keine Angst, sie beißt nicht.«
Ich streckte meine rechte Hand aus und fuhr, wie einer der Besucher in »Der Elefant im dunklen Haus«, einer Geschichte des Sufi-Mystikers Rumi, mit der Handflache über ihren Rüssel. Ich hatte erwartet, dass die Haut glatt sei, doch sie war derb und von stachligen schwarzen Härchen bedeckt. Jasmine schien die menschliche Berührung zu genießen, und sie erzeugte in den Tiefen ihrer Brust ein zufriedenes Rollen, das wie das Schnurren einer Katze klang. »Sie ist ein neues Mitglied meines Elefantenkommandos«, sagte der Jäger. »Kommen Sie,

lernen Sie die anderen kennen. Sie sind gerade vom Futtersammeln zurückgekommen. Da drüben sind sie.«
Er zeigte zu dem Banyanbaum, wo zwei, drei Gestalten damit beschäftigt waren, auf Feuerscheiten zu kochen.
»Was ist das Elefantenkommando?«
»Das ist die Spezialeinheit der Elefantenwelt.«
»Die Spezialeinheit?«
»Mein speziell geschultes Team. Wir arbeiten während des Winters zusammen, wenn die Herden von den Bergen herunterkommen und Nahrung suchen.«
Das Elefantenkommando, erklärte er, werde von der Forstbehörde eingesetzt, um durch den Bezirk zu patrouillieren und zu verhindern, dass wilde Elefanten sich auf die Felder verirrten und die Ernte der Bauern vernichteten.
»Die Herden kommen jedes Jahr, und wir müssen sie zurücktreiben«, sagte er. »Es gibt nicht mehr genug Nahrung für sie oben in den Bergen und im Dschungel. Hier unten ist der Tisch reich gedeckt. Für die Elefanten ist es wie in einem Supermarkt – nur dass das Essen keinen Pfennig kostet.«
Choudhury hielt Jasmine an einem Ohr fest und führte sie zu der Stelle, wo das Elefantenkommando um den Banyanbaum lagerte. Während ich ihm folgte und dabei Jasmines hängendes Hinterteil auf- und abwippen sah, trabte ein weiterer Elefant, beladen mit frisch gehauenen Bananenstauden, durch den Haupteingang des Geländes. Es war ein riesiges Tier, fast doppelt so groß wie Jasmine, mit einem hohen gekrümmten Rücken und einem gewaltigen Schädel, den zwei vorgewölbte Stirnlappen krönten. Seine Ohren, die ihm fortwährend um die Flanken flatterten, waren ausgefranst und an den Rändern eingerissen wie abgegriffene Lederstücke. Sein mit stachelschweinartigen Borsten bedeckter Schwanz schwang wie das Pendel einer Uhr rhythmisch von einer Seite zur anderen.
»Das ist Raja«, sagte Choudhury.

Ich stand wie angewurzelt da, starrte den Elefanten an und kam mir plötzlich winzig vor.
»Er ist ein *makhna,* ein Bulle ohne Stoßzähne. Ist er nicht prächtig?«
Ein Mahout saß rittlings auf Rajas dickem Hals und schaukelte mit aufgerichtetem Rücken im Takt des Elefantenschritts sanft hin und her. Seine Füße steckten hinter den Ohren des Tiers. Er war ein kleinwüchsiger Mann mit eisernen Muskeln. Über seine Arme zogen sich dicke blaue Venen, die Wurzeln einer wohlgenährten Pflanze glichen. Mit seinem aprikosenfarbenen Teint, den schräg stehenden Augen und seinem dünnen Bart hätte man ihn leicht für einen Turkmenen aus Zentralasien halten können. Seine Kleidung – ein grober Kasack, ein altes Hemd und Arbeitshosen – war schmuddelig und von Schmutz- und Fettflecken übersät. Er trug keine Schuhe, und seine Zehen sahen aus wie knorrige Ingwerstücke. Seine Hände waren völlig verdreckt, und die Handflächen erinnerten an Schmirgelpapier. Und doch – trotz der schludrigen Erscheinung dieses Mannes strahlte sein Gesicht Persönlichkeit aus. Gleich einem antiken Möbelstück hatte es eine abgewetzte, weiche Oberfläche, der die Narben und Falten Tiefe und Substanz verliehen.
Raja näherte sich dem Banyanbaum, und der Mahout bellte einen Befehl. Der Elefant blieb abrupt stehen. Der Reiter brüllte erneut etwas, und diesmal sank das Tier auf die Knie, sodass sein Herr über seine massige Flanke bequem zu Boden gleiten konnte.
Während wir den beiden bei der Arbeit zusahen, erzählte Choudhury mir etwas über Mahouts.
»Viele verehren sie, weil sie Macht über die Elefanten haben«, sagte er. »Manche glauben, sie wendeten dabei Magie an, *jadoo.* Aber das ist Unsinn. Sie kennen und verstehen die Elefanten eben und fühlen sich ihnen in besonderer Weise verbunden.«

Mahouts und ihre *kunkis* seien unzertrennlich und verbrächten jede wache Minute miteinander.
»Früher kam es oft vor, dass bald nach dem Tod eines Elefanten der Mahout an gebrochenem Herzen starb und umgekehrt«, erzählte Choudhury.
»Sind Ihnen schon mal weibliche Mahouts untergekommen?«, fragte ich.
»Ich habe nur von einer einzigen gehört. Die Mahouts glauben, dass Elefanten es nicht mögen, wenn Frauen auf ihnen reiten, weil sie menstruieren. Aber ich bin sicher, das ist nur ein Vorwand, um ihre Frauen im Haus zu halten.«
Der Chefmahout kam zu uns herüber und umklammerte meine Hand mit schraubstockartigem Griff.
»Tarquin, das ist Churchill«, sagte Choudhury, bevor er uns allein ließ.
»Churchill? Das ist ja ein interessanter Name.«
Der Mahout grinste, wobei sich die Falten um seinen Mund über das ganze Gesicht zogen.
»Ja. Ich bin mit Namen Churchill Nongrang getauft«, gab er zur Antwort. »Bei meinem Stamm sind ausgefallene Namen üblich, nein? Mein Cousin heißt Elvis, wie Elvis Presley. Meine Nichte heißt Dolly, wie Dolly Parton. Mein jüngerer Bruder heißt Nasser.«
»Wie der ägyptische Präsident?«
»Nein, nein. Wie NASA. Amerikanische Leute in Weltall.«
Ich versuchte meine Belustigung zu verbergen.
»Sie sagten, Sie seien getauft. Sie sind also Christ?«, fragte ich.
»Ja, Presbyterianer durch und durch«, antwortete der Mahout. »Ich wurde von walisischen Missionaren unterrichtet, nein?«
Er erklärte, dass viele der Bergstämme in den Nordostprovinzen, darunter die berüchtigten Naga, nie von den Ariern zum Hinduismus bekehrt worden seien und stattdessen an ihren animistischen Religionen festhielten. Als im neunzehnten Jahr-

hundert europäische Missionare verschiedener Konfessionen in das Gebiet strömten und sowohl Schulbildung als auch die Lehre vom alleinigen Gott anboten, konvertierten viele. In Churchills Stamm, den Khasi, die eine Bergkette in Meghalaya bewohnen, einem anderen indischen Bundesstaat, der an Bangladesch grenzt, hatte sich eine Mischung aus römisch-katholischen, anglikanischen, methodistischen und presbyterianischen Christen ergeben. Und dennoch blieb viel von ihrer Kultur erhalten, zum Beispiel ein matrilineales System, welches sicherstellt, dass der gesamte Besitz in den Händen der Frauen des Stammes verbleibt. Diese Tradition finden viele Khasi-Männer ärgerlich, und das galt auch für Churchill.

»Wir Männer, wir haben nichts! Wir können aus Haus geworfen werden!«, beklagte er sich. »Frauen. Sie bestimmen. Frauen Albtraum. Deshalb ich bin Mahout geworden. Ich bin freier Mann!« Erneut verzog er sein Gesicht zu einem ansteckenden Lächeln.

»Was Sie tun hier?«, fragte er neugierig.

Ich erklärte, dass ich hergekommen sei, um ein Buch über den Einzelgänger und Mr. Choudhury zu schreiben.

»Was Sie wollen mit Buch? Buch langweilig, nein?«

»Vielleicht.«

»Sie lernen über *hathi?«*

»Hathi?«

»Das ist Elefant in meiner Sprache«, erklärte er. »Sie bleiben hier. Lernen viele Dinge.« Er schüttelte zum Scherz meine Schulter. »Ich Sie machen Mahout. Okay?«

»Klar.«

Er zeigte seine Aufregung, indem er einen Freudentanz vollführte.

»Kommen Sie, lernen Elefantenkommando kennen. Sie nie *firang* gesehen. Was für *firang* sind Sie? Sie nicht weiß. Sie rot. Warum so rot?«

Es stimmte – bei der Beerdigung hatte ich mir einen leichten Sonnenbrand zugezogen.
»Ich bin Brite.«
In den meisten Teilen der Welt hätte das als Erklärung genügt. Bei Churchill war mehr Überzeugungsarbeit nötig. »Briten nicht rot.«
»Manche von uns sind es, wenn wir zu lange in der Sonne bleiben.«
»Ja, ja. Ihr Land Wetter sehr schlecht. Schlechter als Himalajas, nein?«
Dem musste ich zustimmen.
Die übrigen Mitglieder des Kommandos waren verwegen aussehende Männer, unrasiert, schmutzig und raubeinig wie eine Bande entlaufener Sträflinge. Chander, »Mahout Nummer zwei«, zierte eine tiefe Narbe, die sich über seine rechte Wange bis zum Hals zog, ein Andenken, wie er behauptete, an ein Gerangel mit einem wilden Bären. Bodo, der ältere Lehrjunge, hatte eine gebrochene Nase, die spitzwinklig aus seinem Gesicht ragte. Und die beiden anderen Lehrjungen, Prat und Sanjay, die am ganzen Körper tätowiert waren, sahen aus, als seien sie geradezu geschaffen für eine handfeste Schlägerei in der Kneipe.
Als wir einander vorgestellt wurden, gafften die vier mich an, während sie mir vorsichtig die Hand gaben. Noch nie zuvor – ich konnte es kaum glauben – hatte einer von ihnen einen Weißen gesehen, der verwirrenderweise nun auch noch – ja, rot war. Mehr noch, keiner von ihnen, außer Churchill, war je nach Guwahati gereist, ganz zu schweigen von Neu-Delhi, und sie alle hatten so gut wie nichts von der Welt gesehen, nicht einmal im Fernsehen. Wir kauerten uns um das Lagerfeuer, und sie brachten mir »Fertigtee«, zubereitet aus Blättern und Milch, die zusammen in einem fauchenden Stahlkessel aufgekocht wurden. Zunächst herrschte betretenes Schweigen, dann tu-

schelten die Männer eifrig miteinander, wobei sie sich zweifellos über meine Anwesenheit den Kopf zerbrachen.
Schließlich brachte Chander den Mut auf, sich nach meiner Herkunft zu erkundigen, und kurz darauf schossen sie alle in rascher Folge wahllos Fragen auf mich ab.
Wie alt ich sei. Wo mein Heimatland sei. Ob es bei Amerika liege. Ob es stimme, dass wir Rinder aßen. Was ich von den Punjabis hielte. Ob es Elefanten in Großbritannien gebe. Ob mir Indien gefalle. Ob ich Kinder hätte. Wie die Briten ihren Tee tränken. Ob mir je Prinzessin Diana begegnet sei. Ob ich das Meer gesehen hätte.
Schließlich sorgte Churchill für eine Unterbrechung.
»Ich war London«, berichtete er stolz. »Ich hab Big Ben und den Buckingham-Palast gesehen. Und Zoo auch. Dort viele *hathis,* nein?«
Ich war überrascht zu erfahren, dass Churchill ein weitgereister Mann war, der in Zoos auf der ganzen Welt gearbeitet hatte.
»Wie viele Länder Sie besucht?«, fragte er mit gespannt blitzenden Augen.
»Ungefähr fünfundzwanzig«, antwortete ich.
Der Mahout stieß einen Freudenschrei aus.
»Ich dreißig Länder – ja«, sprach er. »Ich überall in Asien, überall in Europa – überall.«
Churchill hatte mehrere Jahre in einem Zoo in Malaysia gearbeitet und seine Ersparnisse dazu verwendet, den gesamten Fernen Osten zu bereisen. In den siebziger Jahren, als die indische Regierung beschlossen hatte, dem Irak einen Elefanten zu schenken, war er dazu ausersehen worden, das Tier nach Bagdad zu begleiten.
»Ich *hathi* in Euphrat baden. Iraker kommen und schauen. Sehr nette Leute. Einmal Saddam er kommen und gibt mir Schwert. Ich mache viele Freunde, nein?«

Nach einem Aufenthalt in Europa, wo er sich als Schwerarbeiter verdingt hatte, war Churchill in sein geliebtes Assam zurückgekehrt und in den Dienst der Forstbehörde getreten.
»Jetzt ich bin hier, nein? Hier gehör ich hin.«
Als mir der Mahout seine Lebensgeschichte zu Ende erzählt hatte, war Fütterungszeit.
»Kommen Sie«, sagte Churchill. »Um Mahout zu sein, Sie lernen viele Dinge.«
Chander, Bodo, Prat und Sanjay leerten ihre Gläser, luden die Bananenstauden von Rajas Rücken und begannen die wellige Außenrinde in etwa dreißig Zentimeter breite Vierecke zu schneiden. Diese knickten sie in der Mitte ein, sodass Taschen entstanden – oder »Rollen«, wie sie sie nannten –, die sie mit ungekochtem Reis füllten und mit Ranken von Kletterpflanzen zu kleinen Päckchen schnürten. Nachdem wir etwa vierzig davon fertiggestellt hatten, wurden sie auf zwei ungleiche Haufen verteilt.
»Jetzt schau«, wies Churchill mich an.
Er drehte sich mit dem Rücken zu den *kunkis,* zog einen kleinen Behälter aus einer seiner Hosentaschen und nahm eine Tablette, ein Antibiotikum, heraus. Diese zerkrümelte er zwischen Daumen und Zeigefinger und streute das Pulver in eines der Päckchen.
»Medizin. Sehen wir, ob Jasmine frisst«, sagte er, während er das Päckchen zu den anderen zurücklegte.
Prat verteilte die Taschen auf dem Boden vor den Tieren.
Rajas und Jasmines Rüssel glitten hin und her, berührten, befühlten, zerrten und rochen wie Kiplings Elefantenkind mit seiner unstillbaren Neugier. Sie nahmen die Taschen eine nach der anderen auf und steckten sie sich ins Maul, und ihre kräftigen Backenzähne machten mit dem knackigen Bananenfleisch kurzen Prozess.
Bald waren alle Taschen verschlungen, das heißt, alle bis auf

die mit dem Antibiotikum, die Jasmine argwöhnisch stupste und von einer Seite zur anderen schob.
»Wie konnte sie das wissen?«, fragte ich Churchill.
»Sie hat gerochen«, sagte er, sichtlich frustriert. »Seit Tagen versuch ich sie zu tricksen, aber nein, sie ist zu schlau für alt Mahout.«

Das Kommando hielt mich den Rest des Tages auf Trab. Mir, dem Neuen, wurden alle niedrigen Arbeiten zugeteilt. Es galt, Töpfe und Pfannen zu spülen, Kleidungsstücke zu waschen, Zelte auszufegen und Feuerholz zu sammeln. Das war harte Arbeit, aber körperlich befriedigender als alles, was ich seit Monaten getan hatte. Wichtiger noch: Es war der ideale Weg, die Mitglieder des Elefantenkommandos kennen zu lernen und ihr Vertrauen zu gewinnen. Prat und Sanjay waren hocherfreut, einen Helfer zu haben, und trotz der Sprachbarriere kamen wir bald gut miteinander zurecht.
Bei Einbruch der Dunkelheit führten wir die *kunkis* an den Rand des Geländes in die Nähe des Haupttors, wo sie mit Kuchen aus Rohweizen, *ragi,* versorgt wurden, dem *jaggery* beigemischt war, eine Art aus Zuckerrohrsaft gewonnene Melasse. An ihren Beinen wurden Ketten angebracht und diese wiederum an zwei Bäumen befestigt. Als die Sonne hinter den Bergen versank und zarte Schattierungen am Himmel zurückließ, zeigte Prat mir, wie man die Elefanten mit einem groben Besen abbürstete. Danach bestrich er eine wunde Stelle auf Rajas Rücken mit Salbe, um einer Entzündung vorzubeugen.
Nachdem wir unsere Pflichten erledigt hatten, setzten wir uns auf Baumstämme und beobachteten das Schauspiel, das sich um uns her entfaltete. Die *kunkis* schälten die Bananenstauden ab und schoben sich die Stücke ins Maul. Raja warf in regelmäßigen Abständen seinen Kopf zurück und brüllte wie ein Löwe, und Jasmine antwortete darauf mit einem leichten Glucksen,

indem sie Luft durch den Rüssel sog und dabei ein Geräusch erzeugte wie von Wasser, das einen Schlauch hinunterläuft.
Helle Lichtblitze flackerten über das Gelände; sie kamen aus der Garage, wo ein Forsthüter mit dem Verschweißen zweier Metallstücke beschäftigt war. Am Eingang schritt ein bewaffneter Wachposten, über dessen Kopf eine Wolke von Insekten kreiste, gelangweilt auf und ab. Vom Hauptgebäude, wo Mole und sein Stellvertreter bei einem Drink zusammensaßen, schallte Gelächter herüber.
Um acht Uhr rief uns ein Gongschlag zum Abendessen. Churchill rieb sich die Hände. »Ran an die Brünetten!«, rief er.
»Weißt du, Churchill, das Wort ist Buletten, nicht Brünetten«, meinte ich.
»Bist du sicher? Ich hab gelernt Brünetten.«
»Ganz sicher«, erwiderte ich so diplomatisch wie möglich. »Eine Brünette wirst du nicht essen wollen.«
Churchill verzog die Unterlippe.
»Das ist komisch. So hat man mich diesen Spruch gelernt. Vor zwanzig Jahren hat man mich gelernt«, beteuerte der Mahout. »Und seitdem benutz ich ihn.«
Als wir in den Speisesaal gingen und uns die Hände wuschen, sagte ich nichts mehr zu dem Thema. Doch im Stillen lächelte ich in der Gewissheit, jemand habe Churchill einen Streich gespielt.

Mr. Choudhury hatte den Nachmittag damit verbracht, Vorbereitungen für einen nächtlichen Einsatz zu treffen. Nach dem Abendessen hatte er alle zu einer Besprechung zusammengetrommelt. Wir standen um eine Landkarte des Bezirks Sonitpur herum, die er auf einem Tisch im Speisesaal ausgebreitet hatte, und folgten seinen Ausführungen.
Regionalen Nachrichten zufolge, berichtete der Jäger, habe der Einzelgänger in der letzten Woche jede Nacht dasselbe Dorf

heimgesucht und drei Menschen getötet. Die Wahrscheinlichkeit, dass er dort erneut auftauchen werde, sei daher hoch. Doch es gebe ein schwerwiegendes Hindernis. Eine wild lebende Herde habe sich in der unmittelbaren Umgebung niedergelassen, und die müsse zunächst in den Regenwald und die Berge im Norden zurückgetrieben werden. Choudhury, Rudra, Mole und die Wachen sollten die Vorhut bilden und Beobachtungsposten aufstellen, während das Elefantenkommando nachkomme. Die *kunkis* würden etwa zwei Stunden brauchen, um die Strecke zurückzulegen.

Jeder wurde gebraucht, nur ich nicht. Die Vereinbarung, die ich mit Choudhury getroffen hatte, lautete schlicht, dass ich im Lager bleiben musste. Doch ich war mir sicher, dass ich ihn, sobald sich die Gelegenheit bot, würde überreden können, mich mitkommen zu lassen. In diesem Fall sollte ich mich jedoch irren.

»Ich fürchte, Sie müssen hier bleiben«, meinte der Jäger. »Es könnte ganz schön brenzlig werden. Nachts treiben sich dort viele Aufständische herum. Außerdem läuft in der Gegend ein Elefant Amok.«

Er verstaute sein Gewehr und seine Munition im Fond des Landrover und stieg mit Mole und den Wachen ein. Rudra ließ den Motor aufheulen, legte den Gang ein, und alle miteinander brausten sie aus dem Camp. Tief enttäuscht blieb ich im Dämmerlicht mit dem Elefantenkommando zurück.

3 Die Elefantenkriege

Denn jeder Mensch unterliegt dem Geschick, und auch die Tiere unterliegen dem Geschick. Sie haben ein und dasselbe Geschick. Wie diese sterben, so sterben jene. Beide haben ein und denselben Atem. Einen Vorteil des Menschen gegenüber dem Tier gibt es da nicht. Beide sind Windhauch.

Kohelet, 3,19

Als Churchill vor dem Schrein des Anwesens kniete und seine Gebete anzustimmen begann, schossen Zungen warmen orangefarbenen Lichts über sein Gesicht. In seiner rechten Hand hielt er eine grüne Kokosnuss, die linke hatte er mit Blütenblättern von Ringelblumen gefüllt. Diese legte er in der Mitte eines Halbkreises aus brennenden Kerzen auf den Boden, wobei er darauf achtete, sich nicht die Hand zu versengen. In frommer Ergebenheit verneigte sich der Mahout und zündete mehrere Weihrauchstäbchen an, deren Enden er in die weiche Erde drückte. Mit vor der Brust zusammengepressten Handflächen starrte er ehrfürchtig auf die Figur der Gottheit vor ihm. Süß riechende Rauchschwaden zogen in die kalte Nachtluft. Die übrigen Mitglieder des Elefantenkommandos knieten hinter ihm, neigten huldigend den Kopf und begannen die Gebete zu sprechen, die nach altem Brauch zu Beginn einer Reise aufgesagt werden.

Ich stand nur wenige Meter entfernt, da ich unbedingt ihre Anbetung beobachten wollte, doch gleichzeitig achtete ich darauf, sie nicht zu stören. Der Schrein befand sich am Fuße einer hoch gewachsenen Eiche, nicht weit von der vorderen Toreinfahrt zum Gelände der Forstbehörde. Im Licht der Kerzen erhaschte ich einen flüchtigen Blick auf das Götterbild aus Ton, das in einem niedrigen muschelförmigen Alkoven untergebracht war. Es war Ganesha, der elefantenköpfige Gott, eine der populärsten Gottheiten Indiens. In knallrosa und purpurroter Bemalung, die an ein Spielkasino in Las Vegas erinnerte, rekelte er sich auf der schwarzen Ratte, die ihm traditionell als Dienerin und Vehikel zur Seite steht. Vom Hals des Gottes hing eine Blumengirlande herab, und auf seinem Kopf saß eine goldene Krone. Sein Rüssel rollte sich über den für ihn charakteristischen Spitzbauch, und in seinen vier Händen hielt er eine Schale, einen Diskus, eine Keule und ein *modaka,* ein süßes Reisbällchen, bekannt als seine Lieblingsspeise.

Nacheinander boten Churchill und die anderen ihre Opfergaben dar. Beschwörungen flüsternd, gossen sie Kokosnussmilch über die Statue. Die Flüssigkeit rann den Leib des Gottes hinunter, tropfte von seinem Bauch und bildete zu seinen Füßen eine Lache.

»König aller Geschöpfe, Ewiger«, murmelten sie, »blutrot Gefärbter, dessen Stirn vom Neumond erleuchtet wird, der aller Mühsal ein Ende macht …«

Ihr andächtiges Raunen vermischte sich mit dem Zirpen eines Grillenorchesters und dem schrillen Gequake von Kröten – als würden sie alle, Tiere wie Menschen, gemeinsam dem elefantenköpfigen Gott huldigen. Ein Windstoß fuhr in die Eiche und ließ ihre Zweige in einem sanften, hypnotischen Rhythmus knacken. Über uns funkelten Tausende von Sternen in der Finsternis wie Juwelen in einer unermesslichen himmlischen Schatzgrube. Ein Satellit zog in weitem Bogen über das Himmelszelt, ein unbedeutendes Pünktchen inmitten zahlloser Galaxien.

Ich begann mit offenen Augen zu träumen und dachte zurück an die Zeit vor einigen Jahren, als ich den alljährlichen Feierlichkeiten zu Ganeshas Geburtstag in Bombay beigewohnt

hatte. Unter einem ähnlichen Himmel hatte ein ältlicher Guru mir die Legende des elefantenköpfigen Gottes erzählt.
Ursprünglich war Ganesha, Sohn der Göttin Parvati, ein ganz normaler kleiner Junge gewesen. Doch eines Tages schlug sein Vater Shiva ihm aufgrund eines Missverständnisses den Kopf ab. Ganeshas Mutter, die natürlich vor Verzweiflung außer sich war, flehte die anderen Götter an, ihren Sohn ins Leben zurückzurufen. Dazu benötigten die Gottheiten einen neuen Kopf, und so zogen sie in die Welt hinaus, um einen solchen zu suchen. Das erste Lebewesen, das sie unterwegs trafen, war zufällig ein Asiatischer Elefantenbulle. Die Götter rissen dem unglücklichen Tier gleich den Kopf ab und setzten ihn ordnungsgemäß auf die Schultern des Jungen. Wie durch ein Wunder wurde dieser augenblicklich als Ganesha, die beleibte, oft boshafte Gottheit, zu neuem Leben erweckt.
Bis zum siebten Jahrhundert fürchtete man Ganesha als Gott, der nichts als Unheil brachte, doch um das Jahr 650 entstand plötzlich eine mächtige Sekte, die Ganapatyas, die Ganesha als höchste Gottheit ansahen und in großer Zahl Tempel erbauten, die ausschließlich seiner Anbetung geweiht waren. Da der Kult keine Kastenunterschiede anerkannte, wurde er immer populärer, und im Laufe der folgenden dreihundert Jahre vollzog sich mit dem spitzbäuchigen Gott eine tief greifende Wandlung. Heute wird Ganesha von den Hindus als Gott der Weisheit und als Beseitiger von Hindernissen verehrt. Geschäftsleute bringen Ganapati, wie er auch genannt wird, zu Beginn eines neuen Unternehmens stets eine Opfergabe dar, und bevor Hindus eine Reise antreten, rufen sie seinen Namen an. Auch glaubt man, dass jedem, der allmorgendlich seine zwölf heiligen Titel aufzählt, das Glück hold sein wird.
Die Gebete endeten, und die Mitglieder des Elefantenkommandos erhoben sich aus ihrer knienden Haltung. Bodo, der Lehrjunge mit der gebrochenen Nase, zündete eine Paraffin-

Campinglaterne an. Zuerst fauchte und zischte sie, und hohe Flammen schossen aus ihr heraus, doch bald begann der Seidendocht glühend hell zu brennen, leuchtete das halbe Anwesen aus und warf dämonisch aussehende Schatten hinter den verschlungenen Ästen des Banyanbaums. Die Gläubigen sammelten ihre Opfergaben vom Fuße der Götterstatue ein, die nun nach hinduistischer Sitte als gesegnet galten und als *prasad,* als heilige Nahrung verteilt und verzehrt werden mussten.
Churchill reichte mir ein großes Stück Kokosnuss und ließ zwei gelbe Zuckerbällchen, so genannte *ladoos,* in meine hohlen Hände gleiten. Obwohl ich auf trockene indische Süßigkeiten nicht besonders erpicht bin, wusste ich, dass es unhöflich wäre, sie abzulehnen, und etwas davon wegzuwerfen hätte sogar als Beleidigung ausgelegt werden können, sodass ich alles aufaß. Auch die *kunkis* erhielten ihren Anteil an der *Puja*-Ausbeute. Jasmine brauchte nur wenige Sekunden, bis sie den größten Teil der Bananen in ihren gierigen kleinen Schlund gestopft und in einem Zug verschlungen hatte. Kaum hatte sie alles hinuntergeschluckt, machte sich ihr Rüssel wie ein ferngesteuertes Geschoss auf die Suche nach weiteren Freuden. Sie fand ihr Ziel in einer Schale mit Zuckerbällchen, und ehe irgendjemand sie bremsen konnte, hatte sie alle in ihren Rüssel hochgesogen und pustete sie dann schnell in ihr Maul. Anscheinend war sie ungeachtet der Proteste der Mahouts mit sich zufrieden, wackelte mit ihrem Hinterteil hin und her und quiekte aufgeregt.
Bodo und Sanjay zogen Nylonbeutel hervor, die mit rostfarbener Sandelholzpaste gefüllt waren, und rieben mit dieser zwei Flecken oder Tupfen auf die Stirn der Elefanten. »Diese Dinge, sie heißen *tilaka*«, erklärte Churchill, als ich das Werk der Lehrlinge bewunderte. »Es ist für Glück, nein?«
Ich wusste, dass sich Hindus traditionell einen Punkt oder ein Symbol auf die Stirnmitte malen, um zu markieren, wo nach ihrem Glauben das spirituelle Zentrum des Menschen liegt.

Der *tilak* dient auch als Unterscheidungszeichen für die Kaste oder Sekte, wenn er auch im Indien des zwanzigsten Jahrhunderts von vielen jungen Städterinnen nur noch als modische Zierde getragen wird. Doch dies war das erste Mal, dass ich ein Tier damit herumlaufen sah. Außerdem fragte ich mich, wieso Churchill, der nach eigenem Bekunden doch ein Presbyterianer war, an solchen Ritualen teilnahm und gar vor einer Hindugottheit betete. Für einen Christen war ein derartiges Verhalten doch gewiss blasphemisch?

»Doppelt hält besser, nein?«, sagte er, als ich ihn danach fragte.

»Wie meinst du das?«

Churchill zog mich zur Seite, außerhalb der Hörweite der anderen.

»Ein, zwei Gebete, ein paar *puja,* schadet nicht«, flüsterte er. »Außerdem, *hathi* verehren ist nicht nur Hindusache. Stammesleute, sie beten zu *hathi*. Geht weit, weit zurück in Vergangenheit.«

Später las ich in meiner Fundgrube *Elephant Gold*, dass die Ureinwohner Indiens schon lange vor der Ankunft der Arier und dem Aufstieg des elefantenköpfigen Gottes in den Hindupantheon Gottheiten und Totems in Gestalt von Dickhäutern verehrt hatten. Bis zum heutigen Tag glauben die meisten indischen Dorfbewohner, lebende Elefanten seien Inkarnationen des Gottes.

»Ganesha ist wie Vater. Wir bitten ihn um Sicherheit. Auch um Schutz«, fuhr Churchill fort. »Wir fragen, ob okay, wenn wir bösen Einzelgänger töten, sonst Ganesha wird zornig. Dann großes Problem für Mahout.«

»Wirklich? Glaubst du etwas davon, wo du doch Christ bist? Ist das nicht einfach Aberglauben?«

Der Mahout sagte nichts, während er über meine Frage nachdachte, doch er hob ein Blatt vom Boden auf. Er ließ es zurück auf die Erde fallen.

»Ich glaube.«
Er hob warnend einen Finger, und plötzlich verschwanden sein freundlicher Ton und sein gutmütiger Gesichtsausdruck. Er wurde todernst.
»Du glaubst nicht. Okay, aber pass auf. *Hathi* ist allwissendes Tier. Er schaut in Geist von Mensch und liest wie Buch. Er hört und sieht alles. Böser *hathi* wissen, wir kommen. Er wissen.«
»Falls das stimmt, heißt das dann nicht, dass er einfach weglaufen wird und ihr ihn nicht finden könnt?«
Churchill kaute immer noch an einer Scheibe Kokosnuss. Er biss ein Stück davon ab und spuckte es aus. Hinter ihm stand Raja, starrte mich an und blinzelte, als verstünde er jedes Wort.
»Wenn wütiger *hathi* weglaufen, ist Schicksal. Wenn er getötet, ist Schicksal. Wenn wir getötet, ist Schicksal«, erwiderte der Mahout weise. »Alles ist Schicksal, nein?«

Das Feuer im Lager des Elefantenkommandos war gelöscht. Zelte wurden abgebaut und aufgerollt, Schlafsäcke mit Bändern verschnürt, Töpfe und Pfannen, Kellen und Löffel in Kartoffelsäcke gepackt, ebenso Kanister mit Speiseöl und Büchsen mit Salz und Mangopickles. Das Ganze wurde hinten in einem Jeep verstaut, der später an einem vereinbarten Treffpunkt zum Kommando stoßen sollte.
Als Nächstes bereiteten die Lehrjungen die *kunkis* für den Abmarsch vor. Bodo und Sanjay gaben ihnen zahlreiche Eimer Wasser zu trinken. Chander und Prat legten Kartoffelsackleinwand über den Rücken der Tiere und befestigten sie mit Seilen, die sie um den Hals der *kunkis* und dann unter ihren Bäuchen und Schwänzen durchzogen, sodass primitive Sättel entstanden.
Schließlich wurden mit dem Allernotwendigsten wie Tee, Zucker und Blechbechern bepackte Weidenkörbe auf die *kunkis* geladen, zudem zwei Kerosinlampen, vier Taschenlampen

und ein halbes Dutzend Ersatzbatterien. Derart ausstaffiert, sahen die Tiere aus wie Hannibals Elefanten beim Aufbruch zu ihrem langen, abenteuerlichen Zug über die Alpen.

Als das Kommando zum Abmarsch bereit stand, war es nach elf Uhr und mittlerweile bitterkalt geworden. Um sich warm zu halten, hüllten sich Chander und die anderen in Decken, die sie sich mit einem Strick um die Brust banden. Churchill zog eine pelzbesetzte Weste des Grenzschutzes über, die ihm, so behauptete er, von einem Offizier als Geschenk überreicht worden war, dem er vor einigen Jahren das Leben gerettet hatte. Er löste die Kette um Rajas Fuß und schickte sich an, ihn zu besteigen.

»Ganapati, schütze uns«, rief er zu seinem Kommando und fügte, halb vor sich hin murmelnd, hinzu: »Und unser Herr Jesus Christus.«

Seitlich neben seinem Elefanten stehend, rief er ein einziges Wort auf Assamesisch. Der *kunki* reagierte sofort und streckte seinen Rüssel vor. Churchill trat darauf, hielt sich an den Ohren fest, zog sich nach oben und nahm geschwind seine Stellung rittlings auf Rajas Nacken ein. Der Mahout schrie ein weiteres Wort, und der Dickhäuter drehte sich mit der Geschicklichkeit und Anmut eines Balletttänzers um hundertachtzig Grad. Ich beobachtete, wie hinter ihm Chander in gleicher Weise auf Jasmine aufsaß. Dann ritt der jüngere Mahout auf der Elefantenkuh um das Gelände der Forstbehörde, drehte sich dabei immer wieder um und kontrollierte, wie sie sich führen ließ.

»Baith! Baith!«, brüllte Churchill. *»Baith!«*

Erneut reagierte Raja ohne Zögern und ohne ein Zeichen von Widerstand auf die Stimme seines Herrn, indem er auf die Knie sank, seine Hinterbeine unter seinen gewaltigen Körper schlug und seinen Rüssel wie eine Anakonda über den Boden schlängeln ließ.

Derweil saß ich auf einem Ast des Banyanbaums, beobachtete das Kommando und schmollte. Zwar hatte ich mit dem Gedanken gespielt, mich über Mr. Choudhurys Anweisungen hinwegzusetzen, doch schien das zu riskant zu sein. Ich kannte die Gegend nicht, beherrschte keine der örtlichen Sprachen und hatte keinen Führer. Wahrscheinlich trieben sich gefährliche Aufständische in dem Gebiet herum, die überglücklich wären, wenn sie mich kidnappen und Lösegeld erpressen könnten. Und dann musste ich auch den Einzelgänger auf die Liste der Bedenken setzen. Das Letzte, was ich mir wünschte, war, ihm im Dunkeln vor den Rüssel zu laufen.
Ich hatte kaum eine andere Wahl, als auf dem Gelände der Forstbehörde zu bleiben, aber das hieß nicht, dass ich mich darüber freute. Tatsächlich war ich wütend. Es war gut möglich, dass Choudhury den Elefanten mitten in der Nacht aufspürte und das arme Wesen erschoss, und das brächte mich dann um die ganze Geschichte. Ich rutschte am Baumstamm herunter, verfluchte mein Schicksal und fragte mich, ob ich nicht meine Zeit vergeudet hatte.
In Wirklichkeit hätte ich mir keine Sorgen zu machen brauchen.
»Tar-win«, schrie Churchill. »Komm. Komm, auf Raja steigen.«
Ich rappelte mich vom Fuß des Baumes auf. Hatte ich den Mahout richtig verstanden? Forderte er mich auf, mitzukommen? War es ihm entgangen, dass Choudhury mir gesagt hatte, ich solle im Lager bleiben?
»Man hat mich angewiesen, hier zu bleiben«, erwiderte ich, um auf Nummer sicher zu gehen.
Der Mahout schüttelte den Kopf.
»Nein, nein. Du Teil von Elefantenkommando. Wir passen auf dich auf. Du kommen. Du musst.«
»Aber Mr. Choudhury wird böse sein. Er will, dass ich hier bleibe«, sagte ich, besorgt, ich könnte doch noch unsere Ab-

machung gefährden und wieder zurück nach Guwahati geschickt werden.

»Keine Sorge. Ich spreche mit Shikari. Mache alles okay, nein?«, erwiderte Churchill. »Ich pass auf dich auf, Tarwin. Kein Problem. Ja, ja. Komm.«

Der Mahout bedeutete mir, auf den *kunki* zu steigen. Ich schwankte genau eine Sekunde lang, dann entschied ich mich. Falls Mr. Choudhury ungehalten wäre, dachte ich, würden Churchill und die anderen mir den Rücken stärken. Und selbst wenn sie es nicht täten … nun, es war das Risiko wert. Ich rannte in den Bungalow, schnappte mir meine Taschen, verstaute sie hinten im Jeep – und nun brauchte ich nur noch auf den Elefanten zu klettern.

Ich hatte in Texas wilde Pferde geritten, *Buz-kashi*-Hengste in Afghanistan, Kamele in Nordkenia und zwei, drei Esel in Wales. Bei einem Rodeo in Arizona war ich sogar auf dem Rücken von ein paar Rindern über die Koppel getobt. Doch einen Elefanten hatte ich noch nie bestiegen. Nun, da endlich der Moment der Wahrheit gekommen war, zauderte ich. Raja war ein Riese. Selbst wenn er auf seinen Knien kauerte, überragte er mich noch immer deutlich. Allein sein Bauch war zehn Mal so groß wie ich. Wie um alles in der Welt sollte ich auf dieses Ungetüm gelangen? Es gab keine Steigbügel, es gab nicht einmal eine Leiter. Ich blickte verzweifelt zu Churchill auf.

»Äh, wie soll ich das machen?«

»Du kommst über Seite rauf. Einen Fuß auf Bein setzen, Seil packen, ziehen«, wies Churchill mich an.

Ich stieg auf Rajas Oberschenkel. Das Fleisch wackelte gallertartig unter meinen Stiefeln. Ich hielt mich mit beiden Händen an einem der Seile fest und machte mich daran, auf den Rücken des Elefanten zu klettern. Doch genau in diesem Moment entschloss sich Raja aufzustehen. Mit einer einzigen, überraschend schnellen und behänden Bewegung erhob er sich. Das Seil klemmte meine Finger ein, die Stütze unter mir verschwand mit einem Ruck, und ich hing an der Flanke des Elefanten herunter wie ein abgestürzter Bergsteiger in den Seilen. Verzweifelt versuchte ich meine eingeklemmten Finger freizubekommen, während die raue Haut des Elefanten wie grobes Schmirgelpapier an meinen Knöcheln scheuerte. Wimmernd vor Schmerz trat ich hilflos um mich. Ich hatte das Gefühl, meine Finger würden aus den Gelenken gerissen.

»Baith! Baith!«, brüllte Churchill, holte aus und schlug Raja hart aufs Hinterteil. »Runter! Runter!«

Widerwillig sank der Elefant mit einem irritierten Trompetenstakkato erneut auf die Knie. Das Seil wurde schlaff, und ich konnte meine Hände befreien. Ich sprang auf den Boden, hüpfte in kleinen Kreisen herum und hielt meine verletzten Finger. Die Lehrjungen lachten so herzlich, dass ihnen Tränen aus den Augen traten.

»Firang! Auf *hathi* steigen!«, schimpfte Churchill. »Raja mag das nicht! Ich mag das nicht! Los!«

»Was ist mit meinen Händen?«

»Du wie alte Frau! Kein Jammern!«

Da ich nicht zurückgelassen werden wollte, versuchte ich es erneut, stieg auf Rajas Bein hinauf und hielt mich am Seil fest. Diesmal schaffte ich es, den Gipfel zu erklimmen, wenn auch nur mit Prats Hilfe, der mich von hinten anschieben musste, worunter meine Würde ganz erheblich litt. Ich hatte gerade genug Zeit, meine Beine in den Flanken des Elefanten zu verkeilen und mich am »Sattel« festzuhalten, als Raja nach oben schnellte, wobei sich seine kräftigen Muskeln wie große Kolben unter mir bewegten.

»Hathi spielt. Er macht Spaß«, lachten Prat und Bodo, die jetzt hinter mir saßen. *»Hathi* macht Spaß.«

»Ja, sehr komisch«, sagte ich und hielt meine blutenden Knöchel.

Einer meiner kleinen Finger pochte schrecklich und sah aus, als habe man ihn durch die Mangel gedreht. Doch Churchill tat meine Verletzungen mit einer raschen Handbewegung ab.

»Nicht schlimm. Wird Schlimmeres kommen. Mahout brauchen dicke Haut, nein?«

Darauf ließ er Raja einen Schwenk machen und hielt auf das Haupttor zu. Jasmine, die Chander und Sanjay trug, folgte nach. Zwei bewaffnete Forsthüter schritten neben uns her; die Maschinenpistolen ragten deutlich über ihre Schultern hinaus.

So berauschend es war, auf meinem ersten Elefanten zu reiten, so war es andererseits doch äußerst unbequem. Abgesehen von dem Sackleinen gab es keinerlei Sitz oder Kissen, und die gewaltigen Schulterblätter des Tiers schaukelten hin und her und weckten in mir das Gefühl, auf hoher See zu sein. Der raue Stoff rieb an meinen Oberschenkeln wie Stahlwolle, und Rajas stachlige Härchen und seine saurierartige Haut scheuerten gegen Wadenmuskeln und Knöchel und rasierten mir bald die Haare weg und auch etwas von meiner Haut. Zu allem Unglück roch der *kunki* nach Dung, und die Ausdünstung ging rasch auf meine Kleidung über, sodass ich wie ein Misthaufen stank.

»Habt ihr keine Elefantensitze?«, fragte ich.

Mein Pate Charles war immer in einem *howdah* geritten. So stand es in seinen Briefen. Doch Churchill spottete über den bloßen Gedanken. *Howdahs,* meinte er, seien etwas für Waschlappen.

»Kein Sitz. Kein Kissen. Das ist beste Art. Man muss locker sein«, empfahl Churchill. »Nicht Beine verkrampfen, nein?«

»Gut.«

Ich schaute mir an, wie er saß. Sein Rücken war ganz gerade, seine Beine hingen zu beiden Seiten von Rajas Hals herunter, und seine Hände lagen oben auf dem Kopf des Tiers.

»Und wie lenkt man nun dieses Vieh?«, fragte ich.
»*Hathi* best abgerichtetes Tier«, sagte der Mahout stolz. »Er vergessen nie.«
»Stimmt es wirklich, dass Elefanten nichts vergessen?«, fragte ich.
»*Hathi* nichts vergessen. Wenn ich heute gehe, in zehn Jahren zurückkomme, er erinnern.«
Wir bogen von dem Sandweg ab und nahmen eine Abkürzung durch wasserbedeckte Reisfelder. Jasmine folgte uns: Ihre Füße erzeugten schlürfende Geräusche, als sie durch den zähen Schlamm platschten. Mit ihrem Rüssel schlug sie ein Büschel Gras gegen ihre Vorderbeine, um den Schmutz abzuklopfen, und schob es sich dann ins Maul. Irgendwo in der Finsternis ertönte plötzlich ein Kreischen und Quietschen. Bodo schaltete eine Taschenlampe an und hielt sie in Richtung einiger Büsche zu unserer Rechten. Aus dem Dickicht starrten uns Schakale an; Reihen fluoreszierender Augen fingen das Licht auf wie Minireflektoren an Fahrrädern. Insekten zirpten im Gras. Leuchtkäfer blinkten, als sie im Zickzack vorbeiflogen wie mikroskopisch kleine Raumschiffe.
Ich beugte mich vor und sah auf Rajas Beine. Die Haut hing in schlaffen Falten hinunter wie ausgebeulte graue Hosen. Während seine Beine in gleichmäßigem Takt weiterstapften, schwang sein Rüssel hin und her, reckte sich zuweilen vor und riss ein Büschel Gras aus. An dem Seil um seinen Hals baumelte ein Gegenstand aus Metall. Es war eine bedrohlich aussehende Waffe, die im Wesentlichen aus einer Metallstange mit einer scharfen Spitze an einem Ende und einem an das andere Ende angeschweißten Haken bestand, die Art von Gegenstand, mit der ein Gladiator in einer römischen Arena seine Gegner aufgeschlitzt haben mag. Churchill bezeichnete ihn als *ankush,* ein Gerät, das indische Mahouts seit Tausenden von Jahren mit sich führten. »Das nur für Notfall. Viele Mahouts,

sie benutzen immer. Nicht richtig, nein? Diese Männer nicht gut«, sagte Churchill abschätzig.
Er demonstrierte, wie heutzutage viele Elefantentreiber mit dem metallenen Dorn auf einen empfindlichen Punkt oben am Kopf einstechen, um einem Befehl Nachdruck zu verleihen. Desgleichen, erklärte er, setzten sie den Haken hinter den Ohren ein, um den Elefanten abrupt zum Stehen zu bringen. Dies bereite dem Tier erhebliche Schmerzen und erkläre, weshalb Elefanten zunehmend auf ihre Mahouts losgingen und sie häufig töteten.
»*Hathi* wie Kamel«, fuhr mein selbst ernannter Guru fort. »Wenn schlecht behandelt, er weglaufen. Eine Sache anders. *Hathi* tötet Mahout. Kamel tut das nicht.«
Dinesh Choudhury erzählte mir später, man habe bis vor relativ kurzer Zeit in ganz Indien überall dort, wo Elefanten gelebt hätten, Mahoutgemeinschaften finden können. Selbst Bundesstaaten wie Rajasthan, die heute nur noch Wüste sind, hätten einst über große Elefantenpopulationen verfügt. Doch im Gefolge der rapiden Abnahme des Wald- und Dschungelbestands sei die Zahl der Elefanten in Indien um siebzig Prozent zurückgegangen. Mit ihnen stürben die Mahouts und vieles von ihrem Wissen und ihrer Erfahrung aus. Die Lehrjungen von heute übernähmen häufig üble Methoden von ihren Ausbildern, und die Arbeitselefanten in Indien würden zu oft schlecht behandelt oder gar misshandelt.
»*Ankush* nicht nötig. *Hathi* intelligentes Tier«, sagte Churchill und tätschelte die Ohren seines Elefanten. »Er weiß viele Sachen.«
Raja war als Kalb nicht weit von Guwahati entfernt eingefangen worden. Seine Fänger wollten ihn an Holzfäller verkaufen, und dann hätte er höchstwahrscheinlich sein Leben lang gefällte Bäume hochstemmen und schleppen müssen. Doch der *markhna* erwies sich als zu intelligent für eine solch

triviale Arbeit, und so wurde er an die Forstbehörde Assams verkauft.

Er reagiere auf mehr als dreiundvierzig Wörter, die alle aus dem Sanskrit stammten und traditionsgemäß von den Mahouts in ganz Indien benutzt würden, außer im fernen Kerala und in den Westghats, erklärte Churchill. In diesem Wortschatz heiße stehen bleiben *»mile«*, vorwärts gehen *»ageit«* und hinlegen *»terre«*. Man könne ihm die Anweisung erteilen, etwas aufzuheben und im Rüssel zu halten. Und es gebe sogar einen Befehl, der das Tier dazu bringe, Wasser aufzusaugen und es sich über den Rücken zu spritzen.

Normalerweise gehorche Raja diesen Befehlen aufs Wort. Wenn er aber, was vorkomme, doch einmal störrisch sei, übe er, Churchill, Druck auf bestimmte Punkte auf der Hinterseite der *Kunki*-Ohren aus, um ihn wieder zur Räson zu bringen. Nur in einem Notfall, wenn der Elefant abrupt loslaufen oder stehen bleiben müsse, würde er den *ankush* benutzen, und auch dann nur äußerst widerwillig.

Während wir weiter durch die Nacht ritten, fragte ich Churchill, wie er Choudhury als Elefantenkenner einschätze.

»Er ist Nummer eins«, sagte der Mahout, ohne zu zögern. »Er alles wissen über *hathi*. Alles.«

Das war in der Tat ein hohes Lob, denn die Mahouts machten oft bissige Bemerkungen über andere halbgare »Experten«, mit denen sie von Zeit zu Zeit arbeiten mussten.

»Er hat besondere Fähigkeit«, fuhr Churchill fort. »Er hat besonderen Sinn, nein? Er kennt *hathis* Geist. Böser *hathi* hat viel Angst vor Shikari.«

Der Mahout glaubte, Choudhury sei in einem früheren Leben ein Elefant gewesen. Jedenfalls erklärte er so dessen Verbundenheit mit den Tieren.

Ich fragte den Mahout, welche Gestalt er selbst in seinem früheren Leben angenommen hatte.

»Ich Filmstar. Sehr berühmt, nein? Alle Frauen, sie mochten mich zu viel!«

Wir waren seit fast zwei Stunden unterwegs, als Churchill bei einem Bach, wo die Elefanten trinken konnten, das Zeichen zum Absitzen gab. Die Lehrlinge stellten einen Campingkocher auf und kochten einen Topf Wasser, um Tee zuzubereiten, während ich von Raja herunterkletterte und meine wunden Beine rieb. Bodo und Prat schnitten mit ihren Macheten ein paar Bananenstauden als Futter für die *kunkis*. Die anderen rückten die »Sättel« zurecht und prüften die Fußballen der Tiere auf Schnitte oder Wunden.
Churchill und ich standen vor dem Campingkocher, während der Mahout mit meiner Initiation fortfuhr. Elefanten, sagte er, unterschieden sich von den meisten Tieren insofern, als ihr Gehirn sich im Laufe ihres Lebens ausdehne, gewöhnlich um fünfundsechzig Prozent. Das mache sie neugierig und verleihe ihnen eine natürliche Lernfähigkeit.
»*Hathi* machen so viele Tricks, nein? Spielen Klavier, benutzen Rechenmaschine, jonglieren Bälle, alles«, führte er aus.
Nach Ansicht von Experten seien dies lediglich primitive Beipiele für die tiefere, verborgene Intelligenz der Elefanten. Es gebe zahlreiche Geschichten von außergewöhnlichen, »beinahe menschlichen« Leistungen, die diese Tiere zeigten. Viele in Gefangenschaft gehaltene Elefanten reagierten auf ganze Sätze und nicht nur auf wichtige Kommandoworte. Ein Asiatischer Elefant namens Ruby, der im Zoo von Phoenix, Arizona, lebe, male auf Leinwand und könne Farben unterscheiden. Ein anderer Elefant stehe in Assam am Straßenrand, blockiere den Verkehr und nötige den vorbeikommenden Fahrern etwas zu essen ab. Forscher an der Cornell University hätten herausgefunden, dass Herden über Entfernungen von bis zu zwanzig Kilometern kommunizierten, indem sie Niederfrequenzrufe er-

zeugten, die das menschliche Ohr nicht wahrzunehmen vermöge.

Während meines Aufenthalts in Assam sollte ich Dutzende von Geschichten hören, in denen geschildert wurde, wie schlau und intuitiv – und wie rachsüchtig – Elefanten sein können. Churchills Lieblingsgeschichte, die er mir mehr als ein Mal erzählte, handelte von einem Elefantenbullen, der 1996 von Wilderern verwundet worden war.

»Er war intelligenter *hathi*«, hob der Mahout an. »Er weglaufen von Jägern. Sie wollen Stoßzähne. Also er verstecken in Hof von Haus von alter Frau. *Hathi* weiß, sie ist gute Frau.«

Als die Frau morgens erwachte, fand sie den Elefanten, der im Hof ihres Hauses lag. Er blutete furchtbar aus einer Wunde am Bein. Vorsichtig näherte sich die Frau dem Elefanten. Zu ihrer Überraschung ließ es der Bulle zu, dass sie sich um seine Wunde kümmerte, die sie säuberte und verband. Mehrere Tage vergingen, in denen sie das Tier wieder gesund pflegte. Dann erhob sich der Elefant eines Nachts, und als er merkte, dass er gehen konnte, humpelte er in den Wald hinaus.

»Und was passierte dann mit ihm?«, fragte ich, während wir Anstalten trafen, wieder aufzubrechen.

»Frau sehen *hathi* nicht wieder«, antwortete Churchill. »Die Wilderer-Männer, sie wurden beide getötet.«

»Wer hat das getan?«

Churchill traten die Augen aus den Höhlen.

»Beide Männer getötet von einem wilden *hathi*«, sagte er mit plötzlich geheimnisvoll flüsternder Stimme. »Ein Mann von Dorf, er hat *hathi* gesehen. Erzählte seltsame Dinge. Hat gesagt, *hathi* hat großen Verband um Bein gehabt!«

Stille herrschte über dem Brahmaputra-Tal, als die *kunkis* durch die Nacht weiterstapften. Wir kamen durch verschlafene Dörfchen, wo die Hoftiere vor sich hin dösten, durch Felder, wo

Wasserbüffel lagen und schnarchten, und vorbei an Ziegelfabriken, wo die Brennöfen schon lange erkaltet waren und die geknechteten Arbeiter, in abgewetzte Decken gewickelt, auf Charpoys ruhten.

Nur die Schakale sahen uns zu, als wir über brache Felder und verlassene Wege weiterzogen, vorbei an Reihen von Betelnuss- und Mangobäumen. Churchill war verstummt, und hinter mir schliefen die Lehrjungen, deren Köpfe im Takt von Rajas Schritten auf und ab wippten. Auch ich wurde schläfrig, und trotz des beständigen Scheuerns an meinen Beinen drohte mich der Schlaf zu übermannen, während ich dem hypnotisierenden Trott von Rajas Füßen lauschte.

Dann wurde die Stille plötzlich irgendwo in der Finsternis von einer ohrenbetäubenden Explosion und einem grellen Lichtblitz zerrissen. Raja bäumte sich erschrocken auf und trompetete mit wachsam ausgebreiteten Ohren. Voller Angst fuhr ich hoch. Mein Herz klopfte so stark, dass ich glaubte, es würde zerspringen. Auch die Lehrjungen schreckten aus dem Schlaf. Vögel erhoben sich unter großem Geflatter aus dem Geäst.

»Was zum Teufel war das?«, schrie ich.

Doch ehe jemand antworten konnte, dröhnte erneut donnernder Lärm durch das Tal, der von den Hügeln im Norden widerhallte. In der Ferne zuckten Blitze durch die Nacht, begleitet, wie es schien, von Maschinengewehrsalven. Danach vollkommene Stille. Die *kunkis* blieben stehen. Ihre Rüssel witterten unruhig. In ihrer Brust grollte es, und ihre Ohren flatterten wie riesige Schmetterlingsflügel. Ich konnte spüren, wie Rajas Herz unter mir hämmerte. Er schnaubte durch seinen Rüssel und erzeugte dabei Töne wie ein Didgeridoo. Jasmine, die nur ein paar Meter hinter uns stand, heulte vor Furcht.

Churchill saß wachsam aufrecht und starrte gespannt in die Dunkelheit. Hinter mir schaltete Prat seine Taschenlampe ein, doch ihr schwacher Strahl leuchtete nur wenige Meter weit und enthüllte nichts Interessantes, außer einem Büschel Federn unter einer Hecke, wo ein Lebewesen offensichtlich von seinem Schicksal ereilt worden war. Ein paar Minuten verstrichen. Nichts rührte sich. Trotzdem machte ich mich auf weitere Explosionen gefasst und klammerte mich an dem Sackleinen unter mir fest. Der nächste Knall war sogar noch lauter, und ich erschrak unwillkürlich.

»Was ist denn los?«, raunte ich Churchill zu. »Das hört sich wie ein Schusswechsel an. Wo ist Mr. Choudhury?«

Der Mahout hob die Hand, um mich zum Schweigen zu bringen, während eine Serie dumpfer Geräusche – ich musste an Flakfeuer denken – durch die Nacht grollte. Als Nächstes drang das gewaltige Zischen zweier Raketen zu uns herüber, die über den Himmel rasten und Schwärme purpurrot strahlender Sterne hinter sich herzogen, während sie in einen Wald hineinflogen und inmitten der Baumwipfel explodierten. Ein Schwall hell leuchtender Grün- und Rottöne stob in die Luft und verwandelte sich in weiß glühende Funken, die auf die Erde regneten, wo sie harmlos erloschen. Eine Leuchtrakete schoss empor, hing an ihrem Fallschirm über uns, fauchte und trudelte wieder zu Boden und ließ dabei in ihrem Schein das Gelände unter sich stellenweise in sternklarem Licht aufleuchten. Auf den Feldern in der Nähe erspähte ich wild durcheinander rennende Gestalten. Männer riefen sich mit panischer Stimme gegenseitig etwas zu. Knallkörper tanzten zu ihren Füßen.

»Die Bauernmänner, sie schießen Feuerwerk«, erklärte Churchill schließlich. »Komm. Wir müssen gehen, nein?« Der Mahout trieb Raja auf das Kampfgebiet zu. Raketen und indische Kracher, passenderweise »Bomben« genannt, explodierten weiterhin in den Feldern etwa einen Kilometer vor uns und zu unserer Linken. Als wir näher kamen, entzündeten einige der Bauern Brandfackeln und schwangen sie wie Ku-Klux-Klan-

Mitglieder beim Verbrennen von Kreuzen; andere bliesen Pfeifen und schlugen Trommeln. Ein Horn stieß eine Reihe greller Töne aus.

Wir näherten uns gerade dem Mittelpunkt des Geschehens, als ein gewaltiger Lichtkegel über die Felder strich wie ein Suchscheinwerfer in einem Gefängnis. Er erhellte Bäume, Gesichter, Hütten, Sträucher und Gruppen hoch aufragender Bambusgewächse. Wolken von Feuerwerksrauch hingen in der Luft. Schließlich verweilte der Kegel auf etwa zwei Dutzend grauen Erhebungen, die sich auf einem zertrampelten Zuckerrohrfeld aneinander drängten. In der Dunkelheit warfen verängstigte kleine silbrige Augen das Licht zurück.

»Da! Da drüben! Siehst du?«, schrie Churchill und zeigte auf die Stelle, an der die Elefanten zusammenstanden und Zuckerrohr aus dem Boden rissen. »Wilde *hathis*. Ernteräuber. Schau. Sind mindestens dreißig, nein?«

Der Lichtkegel ruckte auf und nieder, und ich erhaschte flüchtige Blicke auf Rüssel, Schwänze und Ohren. Zwei, drei junge Kälber duckten sich zwischen den Beinen ihrer Mütter. Eine trotzige Matriarchin stand davor Wache und zollte den Angriffen der Bauern nur geringe Beachtung, während in der Nähe Raketen explodierten. Hinter ihr blitzte ein Paar Stoßzähne im Fackellicht auf. Ich fragte mich, ob sie dem Einzelgänger gehörten.

Churchill griff nach seinem Walkie-Talkie, drehte an ein paar Knöpfen und sprach in den Hörer. Choudhurys Stimme tönte zurück, zerrissen von dem Rauschen, Pfeifen und Surren atmosphärischer Störungen. Der Mahout hörte aufmerksam zu, schaltete dann aus und gab den übrigen Mitgliedern seines Kommandos neue Anweisungen.

»Was ist los? Hat Mr. Choudhury den Einzelgänger gesehen?«

»Nein. Einzelgänger nicht da. Bauernmänner trinken und werfen Raketen.«

»Weshalb? Was bezwecken sie damit?«
»*Hathi* essen Ernte. Bauernmänner wollen Ernte retten, aber alle zu betrunken und dumm. *Hathi* machen Krieg.«
Während der Erntezeit toben fast jede Nacht Kämpfe zwischen Assams wilden Elefanten und den Bauern. Die Herden schleichen sich im Schutze der Dunkelheit aufs Ackerland, und wenn sie unbehelligt bleiben, fressen sie bis zum Morgengrauen. Oft brechen sie auch in die Vorratskammern der Bauern ein, reißen Leinensäcke auf und zerschmettern Tongefäße, um an die geernteten Feldfrüchte zu kommen. Das alles kann eine Katastrophe für die Einheimischen bedeuten. Ein wilder Elefant kann bis zu achthundert Pfund am Tag fressen und einen Bauern in einer einzigen Nacht zugrunde richten; eine Herde kann in wenigen Tagen ein ganzes Dorf in den Ruin treiben.
Doch wie Mole zuvor im Lager ausgeführt hatte, ist den Tieren daraus kaum ein Vorwurf zu machen. Ihr Lebensraum – die Wälder und Dschungel – ist abgeholzt, ihre angestammten Wanderrouten, denen sie jahrtausendelang gefolgt waren, sind von zahllosen neuen Häusern, Fabriken, Entwässerungsgräben, Straßen, Eisenbahnlinien und Tausenden anderer Eingriffe des Menschen in die Landschaft durchschnitten oder zerstört worden. Assams schwindende Dickhäuterpopulation ist verwirrt, desorientiert und aggressiv. Doch vor allem ist sie einfach hungrig. Die Tiere haben im Laufe der Jahre gelernt, die Knallkörper und Brandfackeln der Bauern zu ignorieren. Wird ein Graben ausgehoben, um ihnen den Zugang zu einem bestimmten Gebiet zu verwehren, stürzen sie Bäume um und schaffen damit Brücken für sich. Errichtet ein Bauer einen Elektrozaun, führen die Elefanten einen Kurzschluss herbei, indem sie die Drähte mit Wasser bespritzen. Doch der Aberglaube hält Assams Bauern davon ab, Elefanten zu töten. Nur gelegentlich schießen sie in die Luft, um die Tiere zu vertreiben.

»Viele denken, sie würden verflucht, wenn sie einen Elefanten töten«, erzählte Mole mir später. »Sie sind sehr abergläubisch, Mann.«

Auch glaubten sie als Hindus an *ahimsa,* die Gewaltlosigkeit gegenüber Lebewesen.

»Das hat den Elefanten in Indien bisher gerettet«, sagte er. »Keiner möchte das Blut von einem Tier an seinen Händen haben.«

Weitere zehn Minuten vergingen, bis wir zu unserem Landrover kamen. Er war am anderen Ende des Dorfes geparkt, in dem sich der Einzelgänger sein letztes Opfer gesucht hatte. Chondhury und Mole standen in der Nähe des Wagens, umringt von einer Gruppe wütender Einheimischer, von denen ich einige von der Beerdigung her wieder erkannte. Allesamt waren sie betrunken, alle schrien, reckten die Fäuste und zeigten mit den Fingern anklagend auf unsere beiden Freunde. Anscheinend hatten sie das Gefühl, die Forstbehörde habe nicht genug getan, um die wilden Elefanten von ihren Feldern fern zu halten, und sie wollten wissen, was Mole zu unternehmen gedachte.

Der Forstinspektor versuchte die Lage zu erläutern, wobei er, vergeblich bemüht, die Menge zu beruhigen, die Hände beschwichtigend in die Höhe hielt. Doch seine Stimme ging in dem Tumult unter, und er war gezwungen, rasch ein paar Schritte zurückzuweichen.

Die Bauern schoben sich langsam auf ihn zu. Choudhary und Mole wirkten verängstigt. Wütende Mengen wie diese hier hatten auch früher schon Beamte gelyncht. Doch beim Eintreffen des Kommandos verharrten die Bauern und murrten kleinlaut.

»Ihr seid gerade rechtzeitig gekommen«, sagte Mr. Choudhury zu Churchill, während er auf Raja zuging.

Er hielt den Elefanten am rechten Ohr fest, und dann entdeckte er mich und runzelte die Stirn.

»Was machen Sie denn hier?«, fragte er streng. »Ich habe Ihnen doch gesagt, Sie sollen im Lager bleiben.«
Ich öffnete den Mund, um eine Erklärung abzugeben, doch ehe ich etwas sagen konnte, antwortete Churchill mit ein paar schnell gesprochenen Sätzen auf Assamesisch. Choudhury schüttelte den Kopf.
»Gut, ich denke, vorerst bleiben Sie besser«, sagte er. »Der Einzelgänger ist nicht hier, sodass keine Gefahr im Verzug ist, aber ich hab später noch ein Wörtchen mit Ihnen zu reden.«
Das klang gar nicht gut, doch Churchill blinzelte mir beruhigend zu.
»Keine Sorge, Tar-win. Alles okay, nein?«
Mole, Mr. Choudhury und Churchill steckten die Köpfe zusammen, um einen Plan auszuhecken, wie sich die Herde am besten vertreiben ließe, während ich mich hinter ein Gebüsch verzog, um zu pinkeln. In der Dunkelheit lief ich beinahe in Rudra hinein.
»Keine Biene weit und breit«, sagte er enttäuscht. »Dorfmädchen hässlich.« Er griff in seine Dose und holte ein Stück Betelnuss heraus. »Wollen Sie auch?«
»Ach, nein danke«, erwiderte ich. »Vielleicht später.«
»Ja, später. Kommen Sie zum Landrover. Ich habe Bild von Raveena Tandon. Ganz große Mangos!«
Als ich zu dem Kommando zurückkam, schritt einer der Bauern auf Raja zu und gaffte ihn an wie ein neugieriges Kind im Zoo. Scheu versammelten sich die anderen Einheimischen hinter ihm zu einem Halbkreis. Dann knieten sie zu meinem Erstaunen alle vor dem *kunki* nieder und begannen zu beten und den Elefanten anzuflehen, er möge die wilde Herde davon abhalten, ihre Ernte zu fressen.
Der Elefant blickte verächtlich wie ein hochmütiger Monarch auf die unterwürfigen Dorfbewohner. Als sie unisono in einen monotonen Singsang verfielen, hob er salutierend den Rüssel

und gab ein Geräusch von sich, das als Heulen begann und als Brüllen endete. Später erfuhr ich, dass sich Raja so verhielt, wenn er verärgert war oder Angst hatte. Doch die Bauern sahen darin ein positives Zeichen und beteten noch inbrünstiger. Zwei oder drei von ihnen warfen sich zu Boden, ein paar fingen an zu weinen und hoben die Hände gen Himmel, während ein Entrückter hysterisch schrie und sich, wild mit den Augen rollend, die Haare raufte.
Die Bauern machten fast zehn Minuten lang so weiter, bis Churchill, der langsam die Geduld verlor, ihnen befahl, seinen Elefanten in Ruhe zu lassen. Widerstrebend erhoben sie sich, versammelten sich ein paar Meter weiter erneut, ließen Reisweinflaschen kreisen und rauchten Stumpen.
»Diese Männer sind nicht sehr intelligent«, meinte Choudhury mit unübertrefflichem Understatement.

Für das Elefantenkommando war es Zeit einzugreifen. Churchill und ich kletterten auf Rajas Rücken, und Chander ritt auf Jasmine, während Mr. Choudhury, Mole, die Lehrjungen und die Forstwachen zu Fuß gingen. Das Ziel der Operation *Hathi,* wie Choudhury unseren Einsatz nannte, bestand darin, die Herde in den Regenwald am Fuße der Berge im Nordwesten zu treiben. Wir brachen aus östlicher Richtung auf und achteten darauf, dass wir den Wind im Rücken hatten.
»Die wilden Elefanten fürchten sich vor den *kunkis,* weil sie bei der Jagd auf wilde Kälber eingesetzt werden. Die Herden haben gelernt, den Geruch der *kunkis* zu erkennen. Sie wissen, dass er eine Bedrohung ankündigt«, erklärte Choudhury, während er neben Raja einherschritt. »Normalerweise vertreibt er sie.«
Den Rändern der Felder folgend, darauf bedacht, kein Getreide zu zertrampeln, hatten wir bald die Strecke zurückgelegt, die das Dorf von dem Gebiet trennte, in dem die wild lebenden

Elefanten zuletzt gesichtet worden waren. Mit militärischer Präzision schwärmten die Mitglieder des Kommandos auf einer Front aus, die sich über knapp zweihundert Meter erstreckte. Die *kunkis* blieben in der Mitte, während Dinesh Choudhury ein paar Meter vor uns ging. Keiner von uns gab einen Ton von sich. Leuchten wurden gelöscht und Taschenlampen ausgeschaltet. In der Finsternis sah ich flüchtig Gestalten, die zu beiden Seiten von mir gingen; ihre Gesichter waren nicht zu erkennen. Rechts von mir knackte ein Zweig, ganz in der Nähe klimperten Schlüssel, links von mir stolperte, strauchelte und fluchte jemand. Ich strengte meine Augen aufs Äußerste an, um ein paar Silhouetten weiter vorn zu identifizieren. Direkt vor uns war etwas, das aussah, als könnte es ein Elefant sein. Es war groß und grau und schien einen Rüssel zu haben. Vielleicht war es der Einzelgänger, dachte ich eine Schrecksekunde lang. Als wir näher kamen, konnte ich sehen, dass es ein Pumpenhaus war. Was ich für einen Rüssel gehalten hatte, war in Wirklichkeit ein dicker Schlauch. Genau in diesem Moment rief Choudhury ohne Vorwarnung ein einziges Wort auf Assamesisch. Als Raja es vernahm, blieb er abrupt stehen; links von mir tat Jasmine das Gleiche. In gespannter Erwartung verharrte das Elefantenkommando reglos. Keiner gab einen Laut von sich. Aufrecht saß ich da, aufmerksam wie ein Wachhund. Direkt vor uns bewegte sich etwas in den Feldern.

Mr. Choudhury gab ein lautes Bellen von sich. Das war das abgesprochene Signal für alle, so viel Lärm wie nur möglich zu machen. Die Lehrjungen begannen alle auf einmal heftig auf Plastikpfeifen zu blasen, Choudhury läutete eine klirrende Schelle, die Wachen trommelten mit Kochtöpfen, die sie wie Becken gegeneinander schlugen, Churchill blies ein Kazoo, Mole rasselte mit einem Tamburin, ich knetete wie besessen eine Fahrradhupe, und Prat schüttelte eine Drehrassel, die aus

Blechbüchsen mit Kieselsteinen im Innern bestand. Und alle schrien und brüllten und hörten sich an wie eine Horde Fußballfans, die ihre Mannschaft anfeuerte.
Mr. Choudhury bellte ein zweites Mal und gab uns damit das Zeichen, die Taschenlampen einzuschalten. Etwa ein Dutzend Lichtkegel huschten kreuz und quer über das Gelände, nach der Herde suchend. Gleichzeitig bewegten wir uns vorwärts, über Felder mit niedergetrampeltem Zuckerrohr. Die Erde war übersät mit Fußstapfen von Elefanten. Wir kamen an zerbrochenen Deichen vorbei, an zersplitterten Bambuszäunen und an einem aus der Verankerung gerissenen Telegrafenmast, der halb in der Luft hing.
Alsbald entdeckten wir die Herde. Sie drängte sich, knapp hundertfünfzig Meter entfernt, vor einer Wand aus Zuckerrohr, geblendet und verängstigt, die Rüssel wie Periskope witternd nach oben gereckt. In ihrer Mitte stand ein Bulle mit prachtvollen Stoßzähnen, die sich wie bei einer verbogenen Schere überkreuzten. Sein Kopf war von einem Wust buschiger Haare bedeckt. Er schritt wütend auf und ab, hob dabei mit seinem Rüssel Erdklumpen auf und schleuderte sie über seine Schulter. Hinter ihm erspähte ich ein dürres Weibchen mit vernarbtem Rüssel. Verängstigte Kälber drängten sich gegen die Beine ihrer Mütter und versteckten sich hinter den grauen Säulen. Jene Elefanten, die noch Stücke von Zuckerrohr in ihren Rüsseln hielten, warfen sie nun auf den Boden wie Kinder, die im Süßwarenladen beim Klauen ertappt worden waren. Augen blinzelten nervös im Licht. Ohren richteten sich auf. Schwänze peitschten.
Die Matriarchin ging mit großen Schritten um die Herde herum und stellte sich uns entgegen. Sie war nicht das größte unter den Tieren, doch war leicht zu erkennen, weshalb sie die Leitkuh war. Stark und entschlossen war sie, und ihre herausfordernde Haltung und die Narben auf ihrem Rüssel ließen da-

rauf schließen, dass sie auch großen Mut besaß. Einen Moment lang schien es, als würde sie gleich auf Raja und Jasmine losgehen. Doch als wir näher kamen – wobei wir nach wie vor so viel Lärm wie auf einem Schulhof während der Pause erzeugten –, schnellte ihr ausgestreckter Rüssel nach vorn, und sie blies das Elefantensignal zum Rückzug.

Alle Mitglieder der Herde drehten sich gleichzeitig um und trabten, blindlings fliehend, in die entgegengesetzte Richtung auf den Regenwald zu. Schwänze und Hinterbeine, Hinterteile und flatternde Ohren verschwanden in einer Staubwolke. Kälber rannten, so schnell ihre kurzen Beine sie tragen konnten, und versuchten verzweifelt, mit ihren Müttern Schritt zu halten. Mächtige Füße donnerten über das Land, die Existenzgrundlage der Bauern, und schlugen eine sechs Meter breite Schneise.

»Vorwärts! Vorwärts!«, brüllte Churchill und bearbeitete die Rückseite von Rajas Ohren mit seinen Füßen, damit der *kunki* Tempo zulegte.

»Pass auf, dass sie nicht umdrehen und zurückkommen!«, schrie Choudhury.

Die Mitglieder des Elefantenkommandos begannen zu laufen, und die Forstwachen stießen gellende Schreie aus, als zögen sie in die Schlacht. Lichtkegel von Taschenlampen huschten umher wie Laserstrahlen in einer Diskothek. Rajas Schulterblätter schossen auf und nieder und warfen mich von einer Seite zur anderen. Zuckerrohr klatschte gegen mich, und ich musste mich mit Händen und Beinen festklammern, um nicht vom Elefantenrücken gefegt zu werden.

Raja überholte bald die übrigen Mitglieder des Kommandos und ließ alle weit hinter sich. Wir kamen wieder aus den Feldern heraus, brachen durch einen Zaun, setzten über einen Weg und fanden uns schließlich an einem breiten, seichten Wasserlauf. Dort zügelte Churchill seinen Elefanten und brachte ihn am Ufer zum Stehen. Der Mahout schaltete seine Taschenlampe an und richtete sie auf das schnell fließende Wasser.

Es war nicht schwer, die Stelle auszumachen, an der die Elefanten durchgewatet waren, denn der Bach war noch durch aufgewirbelten Schlamm getrübt. Der Lichtkegel der Taschenlampe folgte ihrem Weg und traf bald auf das gegenüberliegende Ufer, wo der Regenwald begann. Ich sah die Fußstapfen der Elefanten in dem schlammigen Boden auf der anderen Seite.

Von der Herde selbst war nichts mehr zu sehen und zu hören. Sie war im Innern der Festung aus Stämmen und Laubwerk verschwunden, die sich vor uns erhob. Hier, in einem der letzten verbliebenen Wald- und Dschungelgebiete in Assam, würden sie unbehelligt bleiben, zumindest vorerst.

Doch während wir von Raja kletterten, um unsere Beine zu strecken, fragte ich mich, wie lange diese letzte Bastion wohl unversehrt erhalten bliebe, wann auch hier die Bauern das Areal mit ihren Äxten, Sägen und Pflügen stürmen und die letzten Zufluchtsstätten der Elefanten zerstören würden.

Dieselben Einheimischen, die nur eine Stunde zuvor gedroht hatten, Mole und Mr. Choudhury zu lynchen, kamen uns bald aufgeregt brüllend hinterhergelaufen. Unter Freudenschreien entzündeten sie weitere Knallkörper und beglückwünschten die Mitglieder des Kommandos, die sie wie siegreiche Helden feierten. Flaschen selbst gebrannten Alkohols wurden hervorgeholt, und die Bauern vollführten einen Freudentanz vor Raja und Jasmine und luden die Mahouts und ihre Gehilfen zum Mitmachen ein. Doch trotz seines scheinbaren »Siegs« war das Elefantenkommando nicht in Festlaune. Alle wirkten bedrückt.

»Wir sind nicht hier, um diesen Leuten zu helfen«, sagte Choudhury. »Sie verursachen diese Probleme, indem sie den

Dschungel abholzen. Wir versuchen die Elefanten zu ihrem eigenen Schutz von den Feldern zu treiben. Das ist alles.«

Statt mitzufeiern, machten wir uns auf den Rückweg zum Dorf, wo wir das Lager für die Nacht aufschlugen und um ein loderndes Holzfeuer herum unsere Zelte aufstellten. Die Lehrjungen und Forsthüter hielten abwechselnd Wache, doch die Nacht verstrich ohne Zwischenfälle. Erst am nächsten Morgen gegen sieben erfuhren wir, dass ein Elefant eine andere Siedlung ein paar Kilometer östlich angegriffen hatte. Es war niemand getötet worden, doch die Beschreibung des Übeltäters passte zu der des Goondas, nach dem wir suchten.

Kurz nachdem wir dies gehört hatten, packten wir unsere Ausrüstung zusammen und brachen erneut auf in der Hoffnung, seine Fährte aufzunehmen. Der Einzelgänger war nur wenige Stunden zuvor auf einer Teepflanzung gesichtet worden. Mit hoher Wahrscheinlichkeit würden wir ihn erwischen – wenn wir nur schnell genug vor Ort wären.

4 Raubein Harry

Einem Elefanten mag unser Funken Bewusstsein so belanglos erscheinen wie ein flüchtiges Aufleuchten beim Space-Invader-Spiel.
Heathcote Williams, *Sacred Elephant*

So ein Scheißkerl von Elefant ist mal ins medizinische Zentrum eingebrochen, wissen Sie«, erzählte mir Harry Baker, als wir auf der Veranda seines riesigen Bungalows saßen. »Ziemlich wild, der Kerl. Hat das ganze Gebäude niedergerissen, bevor er kriegte, was er suchte – oder zumindest zu suchen glaubte ...«

Mein Gastgeber war der letzte britische Teeplantagenbesitzer in Assam und gleichzeitig der Verwalter der Teepflanzung, auf der der Einzelgänger gesichtet worden war. Choudhury und ich hatten ihn aufgesucht und um Erlaubnis gebeten, den Elefanten über seinen Grund und Boden zu verfolgen. Harry hatte sich freudig einverstanden erklärt und uns gestattet, am Rande seiner Gärten unser Lager aufzuschlagen. Er hatte mich auch zum Mittagessen in sein Haus eingeladen, und so war ich mit Choudhurys Einwilligung für eine gute Stunde von dannen gezogen.

Harry oder »Raubein«, wie sein Spitzname lautete, hatte einen Schnauzbart und einen trägen Blick. In regelmäßigen Abständen zog er mit schwungvoller Gebärde wie ein Zauberer auf der Bühne ein getupftes Tuch aus seiner Hosentasche und schnaubte hinein, bis seine Knollnase sich rötete. Er hatte eine gesunde Gesichtsfarbe und würdevolles silbernes Haar, und sein Doppelkinn und Spitzbauch verrieten eine Schwäche für Sherry-Trifle.

Man merkte, dass dieser alte Herr aus Harrow jemand war, der gern im Mittelpunkt stand. Auch erwies er sich als wahre Fundgrube für Geschichten über das Leben in den indischen Nordostprovinzen. Ich hatte das Gefühl, auf eine reiche Mine gestoßen zu sein, auch wenn Harry beim Erzählen seiner Anekdoten ständig vom Thema abschweifte.
»Wissen Sie, Elefanten lieben Salz«, fuhr er fort. »Und dieser alte Junge, ein Riesenbulle, wie ich mich erinnere, hat den Geruch davon aus dem medizinischen Zentrum aufgeschnappt – das Lustige daran ist nur, dass es gar kein Salz war. Es war ein Sack mit … wie ma's Zeug halt nennt.«
Er sah mich fragend an, als wüsste ich möglicherweise, wovon er sprach.
»Wie-ma's-Zeug-halt-nennt?«, fragte ich.
Harry verzog seine Lippen und kraulte sich am Kinn.
»Verdammt, ich erinner mich nicht«, klagte er. »Ich bin nicht mehr derselbe, seit ich von Gregory gefallen bin.«
»Gregory?«
»Meinem Pferd. Bin jeden Tag mit ihm über das Gut geritten. Jetzt kann ich nicht mehr, wissen Sie. Arthritis. Verdammte Schande.«
Er rief nach seiner Frau, die ins Haus gegangen war, um die Familienalben aus den Schränken zu fischen.
»Marj«, brüllte er, »wie, zum Teufel, heißt das Zeug, das du nimmst, wenn du total verstopft bist?«
»Total verstopft, Schatz?«
»Ja, du weißt schon, wenn's bei dir nicht *geht*.«
»Nicht *geht?*«
»Wenn du zugekorkt bist wie eine Flasche Schampus.«
»Meinst du Abführmittel, Schatz?«, fragte Marj gutgelaunt. »Ja, das ist es«, schloss Harry. »Abführmittel. Der Bursche hat alles gefressen – einen großen Sack voll!«
»Und was passierte dann mit ihm?«

»Tja, dieser Trottel von Arzt war absolut überzeugt, der Bulle würde das nicht überleben. Wie war sein Name gleich wieder? Adams oder Arkwright, oder war es Williams …? Jedenfalls – wo war ich stehen geblieben?«

»Der Elefant«, half ich ihm auf die Sprünge.

»Ach ja. Nun, natürlich hat das alles dem Tier unwahrscheinlich gut getan. Hat ihm im Handumdrehen den Magen ausgeräumt. Das einzige Problem: er hat alles über meinen Teesträuchern ausgeleert. Es war, als hätte man eine von diesen mechanischen Düngemaschinen in Betrieb. Verdammte Schande.«

Harry läutete eine Glocke, die auf dem Tisch lag, und unverzüglich erschien am anderen Ende der Veranda ein Bediensteter in einer glänzenden weißen Uniform. Seine Schuhsohlen klapperten über die Steinfliesen, als er sich den alten Rohrmöbeln näherte, auf denen wir saßen. Dann stand er still wie ein Soldat beim Exerzieren, sein Kinn so steif wie sein gestärkter Kragen. Mein Gastgeber blickte auf seine Uhr, die auf »Gartenzeit« gestellt war, eine Stunde nach der indischen Normalzeit.

»Zeit für mein zweites Frühstück, Ravi. Einen Whisky mit Soda, wenn ich bitten darf.«

Es sei Sonntag und damit, so führte Harry aus, während sein »Mann« abmarschierte, um den Drink für den Sahib zu holen, derjenige Wochentag, an dem er gern vor dem Mittagessen einen »lüpfte«.

»Hab in vierzig Jahren keinen einzigen Tag krank im Bett gelegen, abgesehen von einem Malariaanfall dann und wann. Whisky ist *das* Mittel für ein gesundes Leben, wenn Sie mich fragen.«

Der Bedienstete kam alsbald zurück und brachte eine Kristallkaraffe, die neben einer Siphonflasche mit Soda auf einem Silbertablett stand.

Harry mixte sich einen Drink.

»Sie wollen ganz sicher keinen?«

»Ich kann nicht«, erklärte ich. »Ich habe Mr. Choudhury das Versprechen gegeben, keinen Alkohol zu trinken.«
»Schade. Das ist das letzte von dem ausländischen Zeug.« Harry erhob sein Glas.
»Tja, prost.«

Ein halbes Jahrhundert nach der Unabhängigkeitserklärung Indiens hatte es etwas Unwirkliches, auf ein britisches Ehepaar zu stoßen, das noch immer so tat, als bestünde die britische Oberherrschaft über das Land unangefochten weiter. Ich wusste, dass manche Kolonialisten nach 1947 geblieben waren, doch hätte ich nicht geglaubt, dass fünfzig Jahre später noch einer davon übrig wäre, besonders nicht in einem so abgelegenen Teil des Landes. Aber Harry war in Assam geboren worden, und obwohl er seine prägenden Jahre in Harrow verbracht hatte, betrachtete er die Nordostprovinzen als seine Heimat. Auch wenn seine Polo spielenden Kameraden seit langem das Zeitliche gesegnet haben mochten, war er doch entschlossen, seinen Lebensabend in dem von ihm gewählten Land zu verbringen.
»Ich mag das Land und die Leute. Könnte nie weggehen«, erzählte er mir. »Außerdem, was, zum Teufel, sollte man denn in der Heimat tun? In einem kleinen Reihenhaus herumsitzen? Nichts für mich!«
Seinem Charakter getreu lebte Harry immer noch so, wie er es gewohnt war. Sein Bungalow stand inmitten eines Meers perfekter Rasenflächen, die mit Rosenbeeten, einer Krocketanlage und einer Voliere, in der grüne Papageien hockten, aufgelockert waren. Er unterhielt auch einen Schießstand, an dem er jeden Morgen auf Tontauben schoss, und es gab eine Gartenlaube, ausgestattet mit Liegestühlen aus Teakholz und einem großen Fächer aus Korbgeflecht an der Decke, der von einem *punkah-wallah* – einem Fächler – betätigt wurde.

Ein paar hundert Meter weiter die gekieste Zufahrt hinunter lag der Privatklub des Guts, der einen eigenen Golfplatz, Squash-Courts und eine Bibliothek vorzuweisen hatte. In seiner Glanzzeit waren hier die weißen Familien, die in der Gegend lebten, ein und aus gegangen.

»Wir hatten fantastische Partys. Smokings, Ballkleider – das ganze Drum und Dran. Hatten sogar unsere eigene Rennbahn, wo wir Ponys laufen ließen. Meine haben auch ein paar Mal gesiegt«, erging sich Harry begeistert in Erinnerungen.

Marjorie, seit vierzig Jahren Harrys Ehefrau, kam aus dem Bungalow und brachte einen Turm abgewetzter Fotoalben. Sie hatte den größten Teil ihres Lebens in den Tropen verbracht, war jedoch immer noch so blass wie an dem Tag, als sie 1936 ihre Heimatstadt Hastings verlassen hatte. Dennoch steckte unter ihrem zarten Äußeren eine ganz gehörige Portion Stärke und Entschlossenheit. Marjorie hatte öfter die Malaria überstanden, als sie sich erinnern konnte, hatte den Chinesen, die 1961 in Assam einmarschiert waren, getrotzt, indem sie in ihrem Haus blieb, und war Kidnappern entflohen, die sie 1988 entführt hatten.

Sie war als Kind nach Assam gebracht worden und hatte es nur wenige Male verlassen, um Europa zu besuchen.

»In der Abenddämmerung des Empire haben wir ein zauberhaftes Leben geführt«, erklärte sie. »Es war ein wunderwunderschönes Leben, besonders für ein junges Mädchen wie mich. An Romanzen herrschte kein Mangel, da es jede Menge junge Männer gab, aus denen man wählen konnte, und wir bekamen das Beste vom Besten.«

Plantagenbesitzer und ihre Familien erfreuten sich damals eines regen gesellschaftlichen Lebens und vielfältiger sportlicher Aktivitäten, und obwohl sie in einem der isoliertesten Flecken des Empire wohnten, fehlte es ihnen nie an Luxus. Allmonatlich landete auf der privaten Rollbahn des Gutes ein Flugzeug aus

Kalkutta, beladen mit Importware aus den besten Geschäften in Knightsbridge und Piccadilly.

»Es gab nichts, was wir nicht bekommen konnten«, sagte Marjorie, während sie mir einen Katalog von 1938 zeigte, der wahrhaftig alles annoncierte, von Tropenhelmen über Grammophone bis zu zinnernen Bierkesseln, »Präparaten gegen Fettleibigkeit«, Ankern, Zylindern, Templer-Uniformen und Promenadenschuhe für die Dame – nicht zu vergessen Union Jacks und galvanisierte Stahlboote, die als »HERVORRAGEND GEEIGNET FÜR DIE ENTENJAGD« gepriesen wurden. Es gab sogar eine Anzeige eines Präparators mit aufgelisteten Preisen für das Ausstopfen von Elefanten, Rhinozerossen und Tigern.

Wenn die Plantagenbesitzer in jenen Jahren Urlaub machten, reisten sie auf luxuriösen Ozeandampfern und logierten in Fünf-Sterne-Hotels. Ihre Kinder wurden an den besten Privatschulen unterrichtet, die England zu bieten hatte. Und beim Ausscheiden aus dem Arbeitsleben konnten die Gutsverwalter und ihre Frauen sich auf ein großzügiges Ruhegeld freuen.

»So war es natürlich nicht immer«, warf Harry ein, während er sich seinen zweiten Whisky mit Soda kredenzte. »Nicht für die ersten Burschen hier.«

Harrys Urgroßvater gehörte zu den ersten britischen Pionieren, die nach Assam reisten. Er kam in den fünfziger Jahren des neunzehnten Jahrhunderts, kurz nachdem in dem Tal wilder Tee entdeckt worden war und die britische Regierung Abenteurer anwarb, die in jenem entlegenen, von feindlichen Stämmen bewohnten Regenwaldareal Plantagen gründen sollten.*

* Tee wurde in Assam 1823 von C. A. Bruce entdeckt. Verschiedene historische Darstellungen vermitteln den Eindruck, dass er bei den einheimischen Stämmen keine Verwendung fand, da sie ihn niemals anbauten. Tatsächlich hatten viele von ihnen seit Jahrhunderten Tee konsumiert, in erster Linie als Mittel zur Behandlung von Erkältungen und Fieber.

Im Gefolge dieses »Teerausches« brachen Tausende junger Männer in das neue Grenzland auf, viele davon mit nur wenigen Pfund in der Tasche, aber entschlossen, ihr Glück zu machen.
Diese Pioniere brauchten zehn Wochen, um mit dem Raddampfer von Kalkutta aus den Brahmaputra hinaufzufahren, einen Fluss, der wegen seiner wandernden Sandbänke und seiner tobenden Monsun-Hochwasser berüchtigt war. Während der Reise konnten sie wenig tun, außer auf Krokodile am Flussufer zu schießen. Bei ihrer Ankunft im gelobten Land fanden sie unwirtliche, gefährliche Lebensbedingungen vor. Das Tal war von wilden Tieren bevölkert, der größte Teil des Bodens war drei Monate im Jahr überflutet, sauberes Wasser war knapp, und Krankheiten grassierten. Und da es kaum Steine zum Bauen gab, mussten die Pflanzer in dürftigen Bambushütten hausen, während sie vom Morgengrauen bis zur Abenddämmerung schufteten, um ihren kostbaren Tee anzubauen.
Die Plantagenbesitzer hatten monatelang, manchmal sogar Jahre hindurch so gut wie keinen Kontakt zur Außenwelt. Besuche von Europäern – selbst von anderen Plantagenbesitzern – waren selten, und in ihrer Einsamkeit wurden viele zu Alkoholikern, und manche nahmen sich das Leben.
»Ziemlich viele haben sich aufgehängt«, sagte Harry, als Marjorie zurück in den Bungalow ging, um nach dem Mittagessen zu sehen. »Daran war natürlich die Abgeschiedenheit schuld. Die und der Mangel an Mädchen. Damals war eine weiße Frau genauso selten wie ein weißer Elefant.«
Doch manche überlebten, wie auch Harrys Großvater, und sie drängten den Regenwald allmählich zurück und legten die Sümpfe trocken. Im Laufe der Jahre machten sie Assam zum größten Teeanbaugebiet der Welt.
»Heute ist das Verwalterleben natürlich bequem«, sagte Harry.

»Aber es ist immer noch harte Schufterei. Man darf sein Auge nie abwenden, keine Sekunde lang.«
Harry, der achtundsechzig Jahre alt war, sprach fließend Assamesisch und Bengali. Er stand nach wie vor um fünf Uhr auf und arbeitete mindestens zehn Stunden täglich, sechs Tage die Woche. Einen Großteil seiner Zeit verbrachte er damit, die fünftausend Beschäftigten zu leiten, die in verschiedenen Dörfern auf dem Gut lebten. Sein Hauptinteresse galt jedoch dem Tee selbst. Er konnte sich seiner Qualität rühmen, und mit Hilfe seines hochempfindlichen Gaumens überprüfte er sorgfältig jeden frischen Ballen. Alle paar Stunden bereitete er ein Gebräu aus den verschiedenen Teesorten, die in seinen Gärten wuchsen. Wie ein Weinkenner sog er die Flüssigkeit schlürfend in den Mund, verkostete sie fachmännisch und spie sie dann in einen Spucknapf. »Habe zu meiner Zeit ein paar Preise gewonnen«, sagte er stolz, bevor wir zum Mittagessen ins Haus gingen. »Tee ist mein Leben. War es schon immer. Denke, man wird mich in den Gärten begraben. Ganz einfach.«

Der Bungalow, der über sieben Schlafzimmer verfügte, war wie ein gemütliches Häuschen in Sussex eingerichtet und verströmte eine Atmosphäre britischer Vornehmheit und heimeliger Ruhe. Die lavendelfarbenen Vorhänge passten zur Farbe der Möbel, die mit feinsten englischen Stoffen von Warner aus Chelsea bezogen waren. Porzellanfiguren von Peter Rabbit und seinen Freunden standen auf dem Sims über dem breiten Kamin. An der gegenüberliegenden Wand hing ein Porträt von Harrys Urgroßvater, der sein Leben als einfacher Fußsoldat bei der Indian Army begonnen und es schließlich im Teegeschäft zu einem Vermögen gebracht hatte.
Es gab nur weniges, was daran erinnerte, dass wir in Indien waren: die Geckos an den Wänden, die über unseren Köpfen surrenden Ventilatoren, der aus der Küche strömende

Geruch nach einheimischen Gewürzen und die Hindi sprechende Stimme eines Nachrichtensprechers, die aus einem irgendwo in dem Bungalow eingeschalteten Fernseher zu uns herüberdrang.

»Wussten Sie, dass Bungalow ein Hindi-Wort ist?«, fragte Harry, als wir ins Esszimmer gingen. »Tatsächlich gibt es im Englischen Dutzende von indischen Wörtern. War so was wie ein Hobby von mir, sie zusammenzutragen. Kedgeree* ist auch eins. Und Blighty** ist natürlich eine Entartung von *bilayaty,* was ausländisch bedeutet oder europäisch. Die britischen Truppen begannen es während des Ersten Weltkriegs zu benutzen, und bald nahm es die Bedeutung von ›England‹ an. Das hat sich dann durchgesetzt.«

Wir speisten an einem polierten, mit Silber gedeckten Mahagonitisch. Eine Reihe präparierter Leoparden- und Bärenköpfe starrten von den Wänden auf uns herab. Bedienstete brachten Tabletts und servierten verschiedene nordindische Currys, denen eine Auswahl britischer Desserts folgte.

»Ich habe den Koch im Oberoi-Hotel in Kalkutta ausbilden lassen«, sagte mein Gastgeber, als ich das Essen lobte. »Dort haben sie ihn im Handumdrehen zurechtgeschliffen.«

Harrys letzter Koch war in Marjories Entführung verwickelt gewesen und verbüßte gerade eine zehnjährige Strafe in einem Gefängnis bei Guwahati. Er hatte von innen heraus für eine Gruppe Naga-Dakoits agiert, sie über das Kommen und Gehen im Haushalt auf dem Laufenden gehalten.

»Sie haben mich an einem Donnerstag entführt, als Harry sich zu seinem Bridgeabend begeben hatte«, erzählte Marjorie. »Es war nicht sehr schön, gefesselt und hinten in einen Jeep geworfen zu werden.«

* Reisgericht mit Fisch und Eiern.

** Heimat.

»Was haben sie mit Ihnen gemacht?«, fragte ich.
»Ach, sie haben mich in die Berge hinaufgebracht. Zum Glück haben sie mir nichts getan. Es waren einfach junge Rabauken. Alles, was sie wollten, war ein bisschen Geld von Harry. Sie kidnappen immer wieder Leute. Diese so genannten Freiheitskämpfer erpressen die gesamte Teeindustrie.«
Später las ich, dass alle großen Teefirmen viele Millionen Pfund als Schutzgeld an die verschiedenen Rebellengruppen wie zum Beispiel die ULFA bezahlt hatten, die über riesige Bankguthaben in Bangladesch verfügen soll. Die Kämpfer seien ein rücksichtsloser, mit Maschinengewehren und Granaten bewaffneter Haufen, und die Teegutverwalter seien mehr oder minder machtlos und könnten sich nicht selbst schützen. Diejenigen, die versucht hatten, sich ihnen zu widersetzen, seien handgreiflich zur Räson gebracht worden.
»Wissen Sie, Harry weigerte sich, die Zwangsgelder zu zahlen, und deswegen haben sie mich geholt«, fuhr Marjorie fort, während die Bediensteten den Tisch abräumten und für den Tee neu deckten. »Am Schluss musste er Tausende von Pfund aufbringen und sie übergeben. Armer alter Harry. Er wusste damals nicht, dass ich bereits entkommen war.«
»Wie haben Sie das geschafft?«
»Als die Bewacher schliefen, streifte ich mir die Fesseln ab und konnte entwischen. Dann bin ich von den Hügeln heruntergelaufen und war rechtzeitig zum Frühstück wieder zu Hause«, berichtete Marjorie.
In dem Moment wurde eine Kanne Tee hereingebracht, und Harry goss mir eine Tasse ein. Ich trank einen Schluck. Er schmeckte weich und voll, nicht im Geringsten nach Säure.
Harry trank seinen Tee ohne Milch.
»Brauche ich nicht. Das ist was anderes als der Mist, den man in England kriegt, wo alte, minderwertige Blätter druntergemischt sind«, bemerkte Harry abschätzig. »Das hier ist der Echte.«

Harry behauptete, das Geheimrezept für die Zubereitung des perfekten Tees entdeckt zu haben. Wann und wie man das kochende Wasser zufüge, sei eine rein akademische Frage, betonte er. Es komme allein darauf an, genau die richtige Auslese an Blättern zu mischen. Die Blätter, die an den südlichen, steileren Hängen seines Gartens gepflückt würden, erzeugten ein mildes Aroma, während die von den nach Norden liegenden Hängen für intensiveren Geschmack sorgten und der Mischung Pfiff gäben.

»Der Dilettant sagt, Darjeeling ist der Beste, aber das ist Blödsinn.«

Er nippte an seiner Tasse und verkostete den Tee, bevor er ihn hinunterschluckte.

»Menschenskind«, rief er und griff nach seinem dritten Teller mit Sherry-Trifle, »das ist wirklich eine verdammt gute Tasse Tee, was?«

Da Harry nicht mehr reiten konnte und Gregory sein Gnadenbrot bekam, war er auf die indische Version des Jeeps, den Maruti Gypsy, angewiesen, um sich durch seine Pflanzungen zu bewegen. Wir machten gemächlich eine große Rundfahrt durch sein Gut – Teegärten, die sich über Tausende von Hektar erstreckten und einem wohl geordneten smaragdgrünen Meer glichen. Dunkelhäutige Frauen mit kegelförmigen Strohhüten und Kleidern in hellen Rot-, Rosa- und Gelbtönen pflückten im Stehen die neu sprießenden Blätter und sangen bei der Arbeit.

Mitten in den Gärten befand sich die Fabrik. Harry stand vielen Produktionsverfahren kritisch gegenüber und hatte seine Anlage seit fast dreißig Jahren nicht mehr modernisiert. Die Maschinen im Innern sahen vorsintflutlich aus, und die Luft war erfüllt vom Tuckern der Bolzen und Kolben und vom Zischen der Blasebälge und Pumpen. Harry behauptete, seine al-

ten Methoden, die ihn sein Vater gelehrt hatte, würden immer noch die besten Aromen erzeugen, und er war einer der wenigen, der sein Produkte weiterhin in Teekisten aus Holz verpackte.
Von der Fabrik fahr Harry auf die andere Seite des Anwesens, wo die Sträucher sich nordwärts in Richtung des Vorgebirges erstreckten. Die ganze Zeit über suchten wir das Gelände nach dem Einzelgänger ab, der sich, so vermuteten wir, irgendwo auf dem Gut versteckt hielt. Harry fuhr einen Pfad hinunter und brachte den Wagen an einem Fußweg zum Stehen.
»Möchte Ihnen was zeigen«, sagte er.
Er öffnete die Tür, und sein Dalmatiner Roger lief den Fußweg entlang. Wir folgten ihm; mein Gastgeber watschelte wie eine Gans, den Stock in der Hand. Eine Gruppe hintereinander gehender Arbeiterinnen, die ihre Körbe randvoll mit Blättern gefüllt hatten, kam uns entgegen. Alle wandten die Augen ab, als wir an ihnen vorbeikamen, und kicherten schüchtern.
»Zierliche Dinger, aber sie leisten verdammt viel«, bemerkte Harry. »Ohne sie wäre man aufgeschmissen.«
Einen knappen Kilometer weiter führte er mich querfeldein durch die Teesträucher und blieb bei einem alten Grab stehen, das nur durch einen flachen Granitstein gekennzeichnet war.
»Dachte, das könnte Sie interessieren. Steckt ’ne nette Geschichte dahinter.«
Ich suchte vergeblich nach einem Namen auf dem Grabstein und blickte Harry fragend an.
»Ich nenne es ›Das Grab des unbekannten Pflanzers‹«, sagte er. »Vater hat mir erzählt, hier ruhe ein britischer Bursche, der starb, nachdem er eine Wildente gegessen hatte. War wohl nicht mehr ganz frisch.«
Harry nahm seinen Panamahut ab und wischte sich den Schweiß von der Stirn.

»Man erzählt sich, er habe mindestens eine Woche lang unentdeckt herumgelegen, nachdem er ins Gras gebissen hatte. Keiner wusste, wer zum Teufel er war, und so begruben sie ihn dort, wo er umgefallen war. Saupech.«
Wir blieben ein paar Sekunden lang schweigend stehen. Ich dachte über den Toten nach. Höchstwahrscheinlich war er in meinem Alter gewesen und hatte auf dem weiten Weg von England unsägliche Härten und Gefahren auf sich genommen, nur um dann einsam zu sterben.
»Armer Kerl«, sagte ich laut.
»Ja, schon«, stimmte Harry zu. »Denke, wir sollten ein Gebet für ihn sprechen, wirklich. Wo wir doch Landsleute sind und so weiter.«
»Ja, ich denke, das sollten wir«, sagte ich.
Harry hielt den Hut über sein Herz, neigte den Kopf und räusperte sich.
»Hm. Ja, gut. Herr, wir anbefehlen die Seele dieses Burschen demütig Deiner Obhut. Hm. Jetzt und für immerdar. Denn Dein ist die Kraft und die Herrlichkeit. Hm … Aaa-men.«
»Amen«, schloss ich mich an.
Harry setzte seinen Hut wieder auf.
»Bin nie sehr religiös gewesen. Was Besseres ist mir nicht eingefallen«, erklärte er.
»Was zählt, ist der Gedanke«, sagte ich.
»Ja, genau«, erwiderte Harry.
Wir machten kehrt und gingen zurück zum Maruti Gypsy; vor uns schoss Roger den Pfad entlang.

Es war früher Nachmittag, als Harry mich wieder im Lager absetzte.
»Ich gehe besser nach Hause«, sagte er, obwohl er offenbar versucht war zu bleiben. »Sonst macht mich meine Frau zur Schnecke.«

Mit einem »Viel Glück« wendete der alte Knabe sein Gefährt und fuhr davon, mit seinem Panamahut aus dem Fenster winkend. Ich sah ihm nach, bis er meinem Blick entschwand.

Das Elefantenkommando lagerte am Ufer eines Flusses am Rande der Teepflanzungen. Raja und Jasmine, die sich gegenüber standen und wie ein Liebespaar ihre Rüssel umeinander geschlungen hatten, waren an einen Baum gekettet. Die Lehrjungen spielten an einem schwelenden Holzfeuer Karten. Churchill saß im Lotossitz auf dem Boden, schnitzte mit seinem Messer an einem Stück Holz und lauschte dabei auf seinem Kurzwellenradio dem BBC World Service. »Tarwin, du viel Zeit brauchen, nein? Auf dich warten«, schimpfte er und sprang auf.

»Tut mir Leid. Ich habe mit dem Besitzer einer Teeplantage zu Mittag gegessen.«

»Ja, ich weiß. Du gut Buletten futtern?«, fragte er.

Als ich den Topf mit klebrigem schwarzem Dhal bemerkte, der wie Rohöl auf dem Feuer brodelte und zweifellos das Mittagessen des Mahouts gewesen war, dachte ich, es wäre taktvoll, so zu tun, als sei meine Mahlzeit wenig schmackhaft gewesen.

»Furchtbares englisches Essen«, stieß ich hervor. »Widerlich.«

»Oh, verstehe«, erwiderte Churchill. »Englisch Leute sehr schlechte Buletten, nein? Mieser Fraß. So wie Naga-Leute. Essen alles. Hunde, Katzen, sogar Schlangen.«

»Das ist kein Fraß«, protestierte ich. »Und außerdem essen wir keine Katzen und Hunde. Im Übrigen«, fügte ich hinzu, darauf erpicht, das Thema zu wechseln, »gibt es etwas Neues von dem Elefanten?«

»Nichts Neues. Shikari und Mole suchen«, erklärte der Mahout. Anscheinend war der Einzelgänger am Morgen beim Betreten der Teepflanzungen gesichtet worden, seitdem jedoch verschwunden.

»Wie kann ein Elefant einfach verschwinden?«, fragte ich. Der Mahout zuckte mit den Schultern. »*Hathi* schlau«, lautete seine Erklärung.
Im Moment konnte man, wie es schien, nichts weiter tun als warten, bis die anderen zurückkamen. Dann würde ich Mr. Choudhury Rede und Antwort stehen müssen, der wegen meines Ungehorsams am Abend zuvor noch ein Hühnchen mit mir zu rupfen hatte. Ich fürchtete, er könnte mich in Moles Hauptquartier verbannen.
»Jetzt Zeit zum Waschen«, verkündete Churchill plötzlich.
»Aber ich habe schon geduscht«, protestierte ich und erklärte, ich hätte nach dem Mittagessen Gebrauch von Harrys und Marjories Badezimmer gemacht.
»Nicht du. *Hathi* baden, nein?«
»Wo?«, fragte ich.
»Im Fluss. Komm!«
Der Mahout klatschte in die Hände, und die übrigen Mitglieder des Kommandos ließen die Karten fallen und machten sich an die Arbeit: Sie lösten schnell die Ketten der *kunkis* und führten die Tiere zum Ufer hinunter. Jasmine trompetete freudig, als sie in das kühle Nass watete und sich auf die Seite legte, wobei sie halb in den trüben Strudeln verschwand und eine Flutwelle zum gegenüberliegenden Ufer sandte. Raja trottete nach ihr hinein und ließ sich langsam ins Wasser gleiten, bis sein Bauch eine Insel mitten im Fluss bildete und die Strömung sich an der Krümmung seines großen Rückgrats brach.
Wie Churchill erklärte, sind Elefanten am verwundbarsten, wenn sie sich hinlegen, und es zeugte von dem uneingeschränkten Vertrauen, das Raja und Jasmine ihren menschlichen Hütern entgegenbrachten, dass sie sich so bereitwillig waschen ließen. Für die Mahouts und besonders für die Lehrjungen war das Waschen der Dickhäuter die wichtigste ihrer täglichen Aufgaben. Dabei hatten sie besonders engen Kontakt zu den Ele-

fanten – ein tägliches Ritual, das dazu beitrug, die Bindung zwischen ihnen zu festigen. Doch es war auch schlicht ein großer Spaß für Mensch und Tier gleichermaßen.

»Jeans aufrollen«, wies Churchill mich an. Er war damit beschäftigt, Büschel trockenen Grases vom Ufer abzureißen und es dann zu etwas zusammenzudrehen, das einem Luffaschwamm ähnelte. Diesen tränkte er mit Wasser und schrubbte dann Rajas Flanke; er rubbelte die rauen Hautfalten ab und ließ dabei keinen Winkel aus.

»Insekten, sie siedeln auf *hathi.* Machen Probleme, nein?«

»Benutzt ihr keine Seife?«, fragte ich. »Dann würden sie besser riechen.«

»Kein Seife. *Hathi* nicht mögen. Hier, probier's.«

Der Mahout reichte mir das Gras, und ich nahm mir eines von Rajas Hinterbeinen vor. Als ich fertig war, bellte Churchill einen Befehl, und der *kunki* hob seinen Fuß, sodass ich ihn auch von unten reinigen konnte. Die Ohren des Elefanten trieben wie zwei riesige Seerosen auf der Wasseroberfläche, sein Rüssel kringelte sich und wand sich im Wasser, und mit der Spitze pustete er Blasen und erzeugte Blubbergeräusche wie ein Abflussrohr.

Als Nächstes befahl der Mahout Raja, sich aufzusetzen und auf die Knie zu hocken, damit wir seine Zehennägel bearbeiten konnten, die wir mit mehreren Handvoll Kieselsteinen scheuerten, um Parasiten und Schmutz zu lösen. Bald war der *kunki* von Kopf bis Fuß gewaschen, und seine dunkle Haut glänzte in der späten Nachmittagssonne.

»Jetzt ich«, verkündete Churchill.

Der Mahout zog sich bis auf die Unterwäsche aus, tauchte ins Wasser und schäumte sich mit Seifenlauge ein. Als er damit fertig war, befahl er Raja, Wasser mit dem Rüssel einzusaugen, das der *kunki* dann über den Mahout spritzte; so wurde die Seife mit kurzen, scharfen Fontänen weggespült. »Wie Dusche, nein?«, schrie der Mahout, während Raja ihm die Haare spülte. »*Hathi* ist bestes Tier!«

Ich lief ins Lager zurück, um meine Kamera zu holen. Auf dem Weg kam ich an einem Fremden vorbei, der Richtung Fluss ging. Er sah aus wie ein Nepalese oder vielleicht Tibeter und trug schwarze Armeestiefel und einen Arbeitsanzug. Als ich zurückkam, scharten die anderen sich gerade um ihn und umarmten ihn einer nach dem anderen. »Tarwin, das ist mein bester, bester, *bester* Freund. Das ist CP. Er ist Gurkha. Sehr gefährlich Mann, nein?«, scherzte Churchill.

CP, der eine weiche gelbe Haut und hohe Wangenknochen hatte, sah aus wie ein harmloser, anderthalb Meter großer Mini-Indianer ohne Kriegsbemalung. Ich hielt ihm die Hand hin.

»Guten Tag. Freut mich, Sie kennen zu lernen. Sprechen Sie Englisch?«, fragte ich.

»'türlich«, sagte er, »was glauben Sie denn, wer ich bin?«

Ich blinzelte, nicht sicher, ob ich meinen Ohren trauen konnte. Er hörte sich an wie ein waschechter Brite.

»Woher stammen Sie?«, fragte ich ungläubig.

»Darjeeling is meine 'eimat«, antwortete er.

»Aber Ihr Akzent. Er ist …«

»… Britische Armee. Zweiundzwanzig Jahre. Außerdem war ich sechs Jahre in UK«, sagte er und gab mir die Hand »Diese Typen hier nennen mich CP, aber mir ist Badger* lieber, mein Spitzname bei den Streitkräften.«

Badger war als Teenager rekrutiert und in Großbritannien ausgebildet worden. Er war Experte für Dschungelkrieg und hatte auf den Falkland-Inseln, am Golf und später in Hongkong gedient, wo er an der Grenze zu China patrouilliert und illegale Einwanderer abgefangen hatte. Zu seinem Bedauern war der

* »Dachs«.

Gurkha bei der Übergabe der Kolonie an China zusammen mit den meisten seiner Kameraden »in den Ruhestand versetzt« worden. Danach hatte er sechs Monate als Leibwächter für einen chinesischen »Geschäftsmann« gearbeitet, der mehrere dubiose Unternehmen besaß. Doch wegen seiner Kleinwüchsigkeit und seinem unschuldigen Aussehen war der Gurkha von niemandem ernst genommen worden.

»Immer, wenn es Scherereien gab, gingen alle auf mich los«, erklärte Badger, der den schwarzen Gürtel in Aikido besaß und mit der japanischen Bereitschaftspolizei trainiert hatte. »Ein Leibwächter soll Tätlichkeiten verhindern, nicht fördern, also hat das nicht geklappt – auch wenn ich ein paar Leute ins Krankenhaus gebracht habe.«

Danach hatte der Veteran noch einmal sein Glück in Großbritannien versucht, doch er war mit dem Leben dort nicht zurechtgekommen und kürzlich nach Darjeeling zurückgekehrt, ausgerüstet lediglich mit seinem *kukri,* dem traditionellen Krummdolch, der von allen Gurkhas getragen wird, und seiner britischen Pension.

»Die Pension ist rein gar nichts wert«, sagte Badger, als wir ums Lagerfeuer saßen und uns trockneten.

Die Gurkhas, so behauptete er, seien die leistungsfähigste und loyalste Fußtruppe der Welt und hätten eine Rekordzahl an Viktoriakreuzen errungen. Dennoch würden sie nicht als ebenbürtig behandelt.

»Wir fangen für sie die Kugeln ein, und so danken sie es uns«, beklagte Badger sich bitter.

Der ehemalige Soldat wollte ein neues Leben anfangen und war zu Churchill gekommen, einem Freund aus Kindertagen, um ihn um Hilfe und Rat zu bitten.

»Vom Kämpfen versteh ich am meisten«, erzählte er. »Ich hatte jede Menge Angebote, mich Terroristengruppen anzuschließen, aber mit denen will ich nichts zu tun haben.«

Während wir Tee tranken, berichtete Churchill ihm von dem Einzelgänger. Ob er helfen könne, den Elefanten aufzuspüren?
»Wenn er hier ist, dann find ich ihn«, meinte der Gurkha, während er seinen *kukri* schärfte. »Er kann nicht allzu weit gekommen sein, oder?«

Wir verbrachten den Rest des Nachmittags mit dem Versuch, die Fährte des Einzelgängers aufzunehmen, doch obwohl wir uns allergrößte Mühe gaben, wurden wir durch die »heimische Beschränktheit«, wie sich Badger ausdrückte, behindert. Jedes Mal, wenn wir anhielten, um jemanden zu fragen, ob er den Elefanten gesehen habe, erhielten wir widersprüchliche Auskünfte. Manche behaupteten, sie hätten ihn gen Süden ziehen sehen, andere verwiesen uns Richtung Norden. Nicht wenige schworen, sie hätten beobachtet, wie er die Teepflanzungen verlassen habe, und ein reisender Sadhu, ein hinduistischer Heiliger, versuchte uns einzureden, der Elefant besitze die Gabe, sich unsichtbar zu machen. Das einzige zuverlässige Gegenmittel sei der Kauf einer seiner Talismane, der uns dazu befähigen würde, das verzauberte Tier zu sehen.
Bis zum Einbruch der Dunkelheit war weder unsere Gruppe noch die von Choudhury auf die Fährte des Elefanten gestoßen, und als wir uns um kurz nach sieben alle wieder im Lager trafen, saß ein niedergeschlagener Trupp um das Feuer herum und verzehrte das obligatorische Gericht aus Reis, Dhal und rohen Zwiebeln. Selbst Mole wirkte entmutigt.
»Was soll ich den Einheimischen erzählen?«, fragte er mich. »Wenn der Einzelgänger wieder tötet, muss ich den Kopf dafür hinhalten. Wir müssen ihn finden, und wir müssen ihn schnell finden, Mann.«
Nur Choudhury glaubte noch an den Erfolg unserer Mission. Tatsächlich wirkte er für jemanden, der den Tag damit verbracht hatte, Phantomen nachzujagen, bemerkenswert unver-

zagt und optimistisch. Nach der Rückkehr ins Lager hatte er sich in dem kleinen Fluss gewaschen und ein sauberes Hemd und ein Paar abgetragene Jeans angezogen. Zum ersten Mal, seit ich ihn kennen gelernt hatte, trug er keine Brille. Ohne sie blinzelte er und sah weniger streng aus.
»Er wird herauskommen und sich zeigen – es ist nur eine Frage der Zeit«, sagte er.
Statt bis zum Morgengrauen zu warten und dann die Suche fortzusetzen, schlug Choudhury vor, Posten an verschiedenen strategischen Punkten entlang der Routen aufzustellen, die der Elefant bei den letzten Überfällen genommen hatte. Dazu teilte er die Mitglieder des Elefantenkommandos und die Forstwachen in vier Teams ein, die jeweils mit Taschenlampen und einem Walkie-Talkie ausgerüstet wurden. Kurz nach zehn Uhr schickte er sie in unterschiedliche Richtungen los. Sichtlich noch immer verärgert darüber, dass ich seine Anweisungen ignoriert hatte, rügte mich der Jäger scharf. Einen Moment lang dachte ich, mir drohe Lagerarrest, doch er war offenbar versöhnlich aufgelegt.
»Sie können mit mir kommen, Tarquin. Ich möchte Sie im Auge behalten. Sie dürfen sich nicht wieder mit Churchill davonstehlen.«
Insgeheim freute ich mich. Den Jäger zu begleiten war genau das, was ich wollte. Nur dann würde ich sein Vertrauen gewinnen, und nur dann wäre ich sicher dabei, wenn er den Elefanten stellte.
Mr. Choudhury, Mole, Rudra und ich brachen mit dem Landrover auf. Fünf Kilometer weiter nördlich fuhr Rudra quer durch brachliegende Felder und hielt dann unter einem *masang*, einer Plattform aus Holz, die in sechs Meter Höhe in einem Baum verankert war. Die wacklige Konstruktion wurde von Bauern, die die Elefanten von ihren Feldern fernhalten wollten, als Ausguck benutzt. Choudhury hatte eigens diesen *masang*

ausgewählt, da man von dort aus das ganze Land überblicken konnte, das zwischen dem Regenwald weiter vorn und dem Dorf hinter uns lag. Der *masang* war auch mit einer Glocke ausgerüstet, mit der man die Dorfbewohner gegebenenfalls warnen konnte.

Nur eine Woche zuvor hatte der Besitzer des *masang,* ein junger Bauer aus Bangladesch namens Latif, die Glocke mit aller Kraft geläutet, als er den Einzelgänger durch die Felder anrücken sah. Die Familien hörten den Alarm und suchten alle in einem sicheren Backsteingebäude Zuflucht. Nur eine Person blieb im Freien zurück, der Dorfsäufer, der zu benebelt war, um die drohende Gefahr zu erkennen.

Latif, der offenbar noch immer unter Schock stand, hatte von seinem *masang* aus beobachtet, wie der Elefant über den Trunkenbold hergefallen war. Als der Bauer schilderte, was sich ereignet hatte, verrieten die Mienen von Choudhury und Mole Abscheu und schiere Ungläubigkeit.

»Was hat er gesagt?«, fragte ich und knuffte den Forstinspektor in den Arm.

Mole ignorierte mich und fuhr mit Latifs Verhör fort. Ich bedrängte ihn erneut. »Was hat er gesagt?«

»Unmöglich!«, äußerte der Forstinspektor.

»Was ist unmöglich?«

»Kein Elefant tut so etwas, Mann!«

»Was tut kein Elefant?«

Choudhury erklärte: »Dieser Mann hier sagt, der Elefant habe dem armen Kerl mit seinen Stoßzähnen die Eingeweide herausgerissen und sie dann aufgefressen.«

Nun verzog ich das Gesicht.

»Das ist ja grauenhaft!«, rief ich.

»Genau das hab ich auch gesagt. Aber er schwört, es gesehen zu haben.«

Ich fragte Choudhury, was er davon halte.

»Ich habe schon früher Berichte über Elefanten gehört, die angeblich so etwas getan haben«, antwortete er. »Es ist merkwürdig, dass unser Elefant immer Betrunkene anzugreifen scheint. Aber höchstwahrscheinlich ist die Fantasie mit diesem Mann durchgegangen.«
Choudhury blickte finster drein, steckte die Hände in die Taschen und wandte sich ab.

Es war eine bitterkalte, dunkle Nacht. Das einzige Licht kilometerweit kam vom Leuchtfeuer eines Fernsehturms hoch oben in den fernen Bergen. Riesige Fledermäuse flatterten mit ihren elastischen Schwingen um uns herum. Die Landschaft vor uns war ein Mosaik blasser Schatten von Wolkenschwaden, die vor dem Mond vorbeizogen. Ich hörte das unheimliche Raunen von Mantras, das aus einem hinduistischen Tempel drang.
Kurz nach Mitternacht drehte der Wind und blies uns nun in den Rücken. Genau darauf hatte Mr. Choudhury gewartet. Ehe er zum *masang* hinaufstieg, stellte er ein Fass des örtlichen Reisweins an den Fuß des Baums in der Hoffnung, der Wind würde den Geruch in den Regenwald tragen und sein Opfer hervorlocken.
Sollte sich der Köder als wirksam erweisen, so war Choudhury gut gerüstet. Sein geladenes Magnum-Gewehr lag quer über seinem Schoß. Rudra saß im Landrover, bereit, sofort die Scheinwerfer einzuschalten sowie zwei zusätzliche Suchscheinwerfer, die in kürzester Zeit auf der Motorhaube befestigt worden waren. Ich beneidete ihn nicht um seine exponierte Stellung.
»Einen Elefanten zu erschießen ist schon zur besten Tageszeit ein schwieriges Unterfangen, aber nachts ist es praktisch Selbstmord«, erklärte Choudhury. »Um einen Elefanten zu töten, muss man nahe dran sein. Man muss ihn mit einem Schuss niederstrecken. Man braucht daher ein äußerst leistungsfähiges

Gewehr und muss auf das Herz oder auf das Gehirn zielen. Nur so kann man ihn stoppen.«
Jeder Fehlschuss könne dazu führen, dass der Bulle in wilder Flucht in das benachbarte Dorf stürme und dort verheerend wüte.
»Er könnte viele Menschen töten, und man würde mir die Schuld geben«, fügte er hinzu.
Auch die eigene Sicherheit des Jägers stand auf dem Spiel. Um den Elefanten zu erschießen, würde er stehen oder auf dem Boden knien müssen und daher Gefahr laufen, niedergetrampelt zu werden. *Elephant Gold* und Charles' Tagebücher waren voll von Geschichten über Jäger, die angreifende Elefanten lediglich verwundet hatten und daraufhin umgekommen waren. Choudhury hatte nicht die Absicht, in die Todesstatistik einzugehen.
»Wenn ich keinen sauberen Schuss hinbekomme, schieße ich nicht auf ihn. Ich werde über seinen Kopf feuern, um ihn zu verscheuchen. Dann verfolge ich ihn, bis es hell wird«, sagte der Jäger. »Das werden die Bauern auch besser finden. Sie glauben nämlich, böse Elefanten kehrten als Geister wieder. Wenn ich den Einzelgänger hier erschieße, werden sie sagen, dass er ihre Felder und Häuser heimsucht, und eine Entschädigung verlangen. Ein paar von ihnen würden uns möglicherweise sogar lynchen.«
Während wir warteten, bat ich den Jäger, sein Gewehr in Augenschein nehmen zu dürfen. Ich hatte immer gedacht, eine Magnum sei eine Handfeuerwaffe, so wie die von Dirty Harry, von der er behauptete, sie würde einem »den Kopf sauber von den Schultern blasen«.
»Magnum ist eine Typenbezeichnung für Handfeuerwaffen und Gewehre«, erklärte Mr. Choudhury. »Meine stammt von Winchester. Es ist eine .458, eins der durchschlagsstärksten Gewehre auf dem Markt.«

»Und wie ist es mit den Patronen? Verwenden Sie Dumdum-Geschosse?«, fragte ich, da mir einfiel, dass diese von den Briten in Kalkutta erfunden worden waren.
Er schüttelte den Kopf. »Reden Sie keinen Unsinn. Sie sind nach der Genfer Konvention verboten. Ich benutze Hochgeschwindigkeitsgeschosse von Remington mit einem 500er Vollmetallmantel.«
Er zeigte mir eines. Es war knapp neun Zentimeter lang und aus Messing. Nach dem Abfeuern flog es mit einer Geschwindigkeit von 650 Metern pro Sekunde.
Als Nächstes erzählte er mir etwas über Visiere.
»Ich benutze keine Zielfernrohre für den Abschuss von Elefanten, weil man ganz nahe herangehen muss und sie zu stark sind. Ich verlasse mich auf Kimme und Korn, die auf dem Gewehr angebracht sind. Die haben mich noch nie im Stich gelassen.«
Unser Gespräch entfernte sich vom Thema Elefanten, und ich stellte Choudhury Fragen über sein Privatleben. Ob er eine Familie habe?
»Ich bin seit fast zwanzig Jahren verheiratet«, flüsterte er und machte dann eine Pause, um zu lauschen, ob sich vor uns irgendetwas bewegte. »Es war eine arrangierte Heirat, aber ich habe meine Frau von Anfang an geliebt und sie mich. Eine arrangierte Heirat kann etwas Wunderbares sein.«
Tatsächlich war Choudhury, wie ich herausfand, ziemlich konservativ, jedoch bereit, mit der Zeit zu gehen. Zwei seiner drei Kinder, erzählte er, gingen auf die zwanzig zu, und er hoffe, Partner für sie zu finden, wenn sie erst einmal im heiratsfähigen Alter seien.
»Wenn sie von sich aus jemanden kennen lernen, ist es auch recht«, meinte er. »Aber Sie müssen verstehen, dass wir hier stärker an Traditionen gebunden sind als in London. Die Familie bedeutet uns am allermeisten, und wir müssen sie schützen, finden Sie nicht?«

Er bemühe sich auch, moderne Einflüsse von seinem Lebensstil fernzuhalten, und er sei fest entschlossen, sich nie einen Kühlschrank anzuschaffen. Stattdessen kaufe er täglich frische Erzeugnisse auf dem Markt. Er baue auch selbst Reis an, den er in einer Bambushütte im Garten hinter seinem Haus lagere. Für *eine* westliche Errungenschaft allerdings habe er eine Schwäche.

»Das Fernsehen ist etwas Wundervolles«, flüsterte der Jäger, der kürzlich sein erstes Gerät gekauft hatte. »Wir haben Kabel, und mein Lieblingssender ist Discovery Channel. Sie zeigen vorzügliche Dokumentarfilme, sogar welche über Elefanten.«

Jedes Mal, wenn ich in der Hoffnung, die Stunden seien unbemerkt verronnen, auf meine Uhr sah, schien es, als sei der Minutenzeiger kaum vorgerückt. Ich zitterte, zog meine Jacke fest um mich, vergrub meine Hände unter den Achseln und drückte das Kinn auf die Brust. Nach fünf Stunden auf dem *masang* hielt ich das Sitzen auf den harten Brettern kaum mehr aus.

Zu meiner Erleichterung beschloss Choudhury kurz nach vier, es für diese Nacht bewenden zu lassen. Keines der anderen Teams hatte etwas gesichtet, und es war unwahrscheinlich, dass sich der Elefant so kurz vor Tagesanbruch ins Dorf wagen würde.

Als wir hinunterkletterten, tat uns alles weh, und Choudhury und ich gingen zu Fuß ins Dorf, wo Latif, der Bauer, uns eine Tasse Tee versprochen hatte. Wir hatten erst ein paar Meter zurückgelegt, als der Jäger abrupt stehen blieb und mich hart am Arm packte.

»Was ist los?«, fragte ich.

Er antwortete nicht, sondern starrte konzentriert in die Dunkelheit vor uns. Außer den vagen Umrissen von ein paar Sträuchern und einem Baum konnte ich dort nichts ausmachen.

»Da ist nichts«, flüsterte ich.
Doch ein Blick auf Choudhury machte mir klar, dass ich mich irrte. Die Gesichtsmuskeln waren starr, als würde er die Zähne zusammenbeißen, und er hatte die Augenbrauen in angespannter Wachsamkeit hochgezogen.
Er hielt mich immer noch am Arm fest, zog mich vorsichtig nach hinten und flüsterte Mole, der jetzt direkt hinter uns war, etwas zu. Der Forstinspektor schaltete rasch seine Taschenlampe an, und der Lichtkegel glitt über den Boden und dann ins Gebüsch hinauf. Alsbald verweilte er auf einer großen, reglosen grauen Erhebung, die gut getarnt in den Büschen stand. Vielleicht hätte ich sie für einen Felsbrocken gehalten. Doch in dem Moment, in dem ich sie genauer betrachtete, erkannte ich, dass es nur eines sein konnte.
Es war der bösartige Einzelgänger.
Der Jäger lockerte den Griff um meinen Arm, streifte das Gewehr von der Schulter und bedeutete mir, hinter ihn zu treten. Während er das tat, bewegte sich das Tier durch die Büsche und kam halb ins Freie. Trockenes Dschungelholz knackte unter seinen Füßen. Ich spürte, wie sich mir die Nackenhaare sträubten.
Der Elefant bot einen bedrohlichen Anblick mit seinen beiden langen, gebogenen Stoßzähnen, die im Licht der Taschenlampe schimmerten, und seinem mächtigen Rüssel, den er wie eine Peitsche hin und her schwang. Er war größer als Raja, und seine weit abgespreizten Ohren ließen ihn noch riesiger erscheinen. Er stampfte mit dem Vorderfuß auf, sodass Erdbrocken durch die Luft regneten.
Von Panik erfasst, wusste ich nicht, ob ich um mein Leben laufen oder stehen bleiben sollte. Der *masang* war nur hundert Meter weit weg. Wenn ich jetzt schnell renne, dachte ich, könnte ich es gerade schaffen …
Ich wich zurück, während sich Choudhury, der kaum zehn

Meter von dem Elefanten entfernt stand, nicht von der Stelle rührte. Das war die Chance für ihn, allem ein Ende zu machen. Er entsicherte das Gewehr, hob den Kolben an seine Schulter und zielte.

Mir flatterten Herz und Magen. »Jetzt ist es jede Sekunde soweit«, dachte ich bei mir, gewappnet für den Knall der starken Magnum.

Mr. Choudhurys Finger krümmten sich um den Abzug. Gerade als er schießen wollte, hörte der Einzelgänger auf, auf den Boden zu stampfen und erhob seinen Rüssel, als wollte er grüßen. Dann senkte er seinen Kopf, schwenkte ihn hin und her und verschwand, seinen wehen Fuß hinter sich her ziehend, in die Nacht.

Choudhury ließ sein Gewehr sinken, drehte sich um und schritt an mir vorbei. Immer noch zitternd, hob ich sprachlos die Hände.

Weshalb hatte er nicht geschossen?

5 Das Pferd könnte sprechen

Bis jetzt hat der Mensch mit den Naturkräften gerungen, fortan wird er mit seiner eigenen Natur ringen.
Dennis Gabor, *Inventing the Future*

Zurück im Lager am Rand von Harrys Teepflanzung, spielte Dinesh Choudhury mit seinem Talisman, einer Rupienmünze aus massivem Silber, die das Datum von 1802 trug und mit dem Wappen der East India Company geschmückt war. Sein Großvater hatte sie ihm geschenkt als Erinnerung an die Zeit, als seine Vorfahren einflussreiche Grundbesitzer in Assam gewesen waren und allmonatlich Tausende solcher Münzen von ihren Pächtern eingesammelt hatten. Der Jäger drehte die Münze in einem fort zwischen seinen Fingern und streichelte mit dem Daumen das abgegriffene Porträt Georges III., während er über die Ereignisse des frühen Morgens nachsann.

»Der Einzelgänger hat uns erwartet«, sagte er bedeutungsvoll. »Aus irgendeinem Grund wusste er, dass wir auf dem *masang* waren.«

»Weshalb haben Sie ihn nicht erschossen? War es nicht hell genug?«

»Nein, nein. Moles Taschenlampe hat alles hell ausgeleuchtet«, antwortete Choudhury. »Ich konnte seinen Kopf ganz deutlich sehen.«

»*Warum* haben Sie ihn dann nicht erschossen?«

Der Jäger ließ die Silbermünze wieder in seine Hosentasche gleiten und lächelte mich gequält an.

»Ich wollte ihn warnen«, sagte er.

»Warnen?«, wiederholte ich in ungläubigem Staunen. »Was meinen Sie mit ›warnen‹?«
»Ich hab ihm den Fehdehandschuh hingeworfen. Entweder der Einzelgänger bessert sich jetzt, oder ich werde ihn aus dem Weg räumen. Gestern Nacht hat er nicht angegriffen, weil er wusste, dass es Selbstmord gewesen wäre. Hoffen wir, dass er weiterhin so einsichtig ist.«
Mr. Choudhury klang nun fast wie Churchill. Tatsächlich wurde mir zunehmend bewusst, dass er einen sechsten Sinn hatte, was Elefanten betraf.
»Manchmal, wenn ich in eine Gegend komme, um einen Amok laufenden Einzelgänger zu erschießen, macht der sich einfach aus dem Staub«, fuhr er fort. »Die Elefanten wissen, wenn ich ihretwegen komme.«
Vor einem Jahr, erzählte Mr. Choudhury weiter, habe er den Auftrag erhalten, einen anderen Killerbullen im Süden Assams zu erschießen. An dem Tag, an dem er in der Gegend eingetroffen sei, habe das Tier das Weite gesucht und sei seither nicht mehr gesehen worden.
»Wenn ein Mensch einen anderen Menschen tötet, erhält er einen fairen Prozess, bevor das Urteil gefällt wird. Daher gebe ich jedem Elefanten eine Bewährungschance. Ich sage zu ihm: ›Wenn du bleibst, wirst du sterben. Wenn du gehst, bleibst du am Leben.‹«
Er glaube nicht nur daran, dass Elefanten zu außersinnlicher Wahrnehmung fähig seien, sondern auch an die Vorsehung. Die Vorsehung – und nur die Vorsehung – gebiete es, wann eine Kugel benutzt werden sollte.
»Aber Sie sind doch Jäger«, entgegnete ich, noch immer perplex. »Mögen Sie nicht den Nervenkitzel der Jagd?«
Er schüttelte heftig den Kopf.
»Nicht bei Elefanten. Ich haben Ihnen schon gesagt, dass unser Herz für sie schlägt. Die Jagd auf Elefanten ist uns Assamesen

eigentlich fremd. Wir haben sie von alters her immer nur eingefangen und abgerichtet. Sie sind unsere Freunde.«

Er tätschelte Raja an der Flanke, und das Tier nickte, wie zum Einverständnis, mit dem Kopf. Churchill, der vor mir saß, war ungewöhnlich schweigsam, obgleich ich spürte, dass er jedem Wort unseres Gesprächs lauschte.

»Aber warum übernehmen Sie dann solche Aufträge, Elefanten abzuschießen?«, fragte ich, noch immer bemüht, seinen wahren Motiven auf die Spur zu kommen.

»Wenn ich diesen Auftrag nicht übernommen hätte, dann hätte es ein anderer Jäger getan«, sagte er. »Jeder andere Jäger wäre nur zu froh, das Tier zu erlegen und die Prämie zu kassieren. Bei mir bekommt der Elefant wenigstens eine Chance.«

Diese neuen Enthüllungen gaben mir zu denken. Ich hatte Choudhury offenbar falsch eingeschätzt.

»Warum haben Sie mir das nicht früher erzählt?«, fragte ich.

»Ich wusste, dass Sie mir nicht glauben würden«, sagte er. »Sie hatten sich bereits in mancher Hinsicht ein festes Bild von mir gemacht. Ich konnte Ihnen die Wahrheit nur beweisen, indem ich Sie hierher brachte. Außerdem war ich mir nicht sicher, ob ich Ihnen vertrauen konnte. Sie hätten ja ein fanatischer Umweltschützer sein können, nur darauf bedacht, mich in einem schlechten Licht darzustellen.

Ich hätte Sie nicht davon abhalten können, hier durch die Gegend zu reisen. Aber Sie hätten mir in die Quere kommen und vielleicht sogar getötet werden können. Also habe ich Ihnen erlaubt, mich bis hierher zu begleiten, um Sie im Auge zu behalten.«

»Und was heißt das nun?«, fragte ich verdrießlich.

»Es hat sich nichts geändert. Wir müssen nach wie vor mit dem Einzelgänger fertig werden, und ich bin sicher, dass Sie noch reichlich Stoff zum Schreiben finden werden.«

All dies bedeutete allerdings nicht, dass ich seine abergläubi-

schen Ansichten teilte. Es musste eine plausible Erklärung für das Verhalten des Einzelgängers an diesem Morgen geben. Gewiss hatte er im Dickicht ausgeharrt, weil er seinen Rüssel in das Reisweinfass stecken wollte. Und die Vorstellung, er wisse aus irgendeinem Grund, dass Choudhury sein Todesengel sei … nun, diese Idee erschien mir bestenfalls fantastisch.
Meines Erachtens ging Choudhury mit seinem Verhalten das Risiko ein, dass weitere Menschen getötet würden. Zweifellos war Mole mit der Strategie des Jägers nicht völlig einverstanden. Der Elefant hatte sich als gefährlich erwiesen, und der Inspektor war nur bis zu einem gewissen Punkt bereit, das Leben des Tieres über das der einheimischen Bevölkerung zu stellen.

Nach dem plötzlichen Auftauchen des Elefanten hatte Mr. Choudhary zwei mit Maschinenpistolen und einem Walkie-Talkie ausgerüstete Forstwachen hinter dem Tier hergeschickt, das im Regenwald verschwunden war. Jetzt packten wir unsere sieben Sachen im Camp auf die *kunkis,* setzten uns auf den Rücken der Elefanten und brachen auf. Als wir in den Regenwald eindrangen, hatte ich das Gefühl, eines der Treibhäuser der Botanischen Gärten in Kew zu betreten. Die Luft war feucht und schwül, und Legionen von Zikaden und anderen Insekten ahmten das Gezisch der Sprinkler nach. Wir bahnten uns einen Weg durch dichte Vegetation, während die Strahlen der mittäglichen Sonne wie Pfeile durch das Kronendach schossen. Über unseren Köpfen schwangen sich Kleinaffen an Lianen von Baum zu Baum; ihr Gekreisch vermischte sich mit den gellenden Schreien unsichtbarer Papageien. Raja und Jasmine schoben hohes Elefantengras beiseite und schlängelten sich durch Gehölze aus Bambusgewächsen, die uns um neun Meter und mehr überragten und deren Halme teilweise so dick wie Baumstämme waren.
Bis vor vergleichsweise kurzer Zeit war ganz Assam von Re-

genwald überzogen gewesen, der sich weiter durch Myanmar (Birma) bis nach Südostasien erstreckte. Einheimischen Legenden zufolge unterhielten die Elefanten einen eigenen Geheimweg durch diesen Dschungel, einen Pfad beziehungsweise Tunnel, der es den Tieren erlaubte, unsichtbar für die Menschen bis aus dem fernen Malaya einzuwandern. Die Assamesen erzählten sich, alle hundert Jahre zögen Tausende wild lebender Herden über diesen Weg zu einem verborgenen Treffpunkt in Oberassam. Dort sollte eine Ratsversammlung unter dem Vorsitz des legendären Weißen Elefanten, des vierrüsseligen Airavata, Feste abhalten, Streitigkeiten schlichten und neue Stammesmütter einsetzen.

Doch leider hatten die Teefirmen und die stark gewachsene Bevölkerung den Regenwald so weit zerstört, dass er heute nur noch ein paar Kilometer breit war – kaum ausreichend als Lebensgrundlage für die wenigen Tausend verbliebenen Elefanten und erst recht nicht für eine mythische »Fernstraße«. Tatsächlich siechte die Flora stellenweise dahin, und zurück blieben nur Baumstümpfe und ausgedörrte Erde.

Als wir uns nach Osten wandten und immer tiefer in den Regenwald vordrangen, versuchte Mole auf seinem Walkie-Talkie die Wachen anzufunken, die den Einzelgänger verfolgten, doch aus irgendeinem Grund antworteten sie nicht. Da wir keine Möglichkeit hatten, ihren Standort zu bestimmen, wussten wir nicht, welche Richtung wir einschlagen sollten. So blieb es Badger überlassen, den Weg zu finden: Er bemühte sich, die Fußspuren der Forstwachen unter den Dutzenden sonstiger Spuren im weichen Sand ausfindig zu machen.

»Verdammt. Hier gibt's mehr Spuren, als eine ganze Armee hinterlassen würde«, sagte Badger, als er mit dem Fährtenlesen begann. »Aber keine Angst. Ich könnte einen Scheißhaufen in einem Abwasserkanal aufspüren.«

Das war keine Aufschneiderei. Der Gurkha brauchte weni-

ger als eine halbe Stunde, um auf die richtigen Fußspuren zu stoßen.
»Sie sind hier entlang gegangen«, sagte er, nach Osten zeigend. »Die Fährte des Elefanten führt in dieselbe Richtung. Aber nach seinen Fußspuren zu urteilen, hat er sich hier in die Büsche geschlagen.«
Wir brachen auf, wobei der ehemalige Soldat voranging und ein altes Gurkhalied summte.
Die übrigen Mitglieder des Kommandos waren übermüdet, weil sie kaum Schlaf gefunden hatten. Die Lehrjungen, die zu Fuß folgten, fielen allmählich zurück. Mole, der auf Jasmine ritt, gähnte immer wieder. Die beiden Forstwachen, die uns begleiteten, schienen schlafzuwandeln, und auch ich konnte meine Augen kaum offen halten.
»Diese Gegend voller Aufständischer. Ganz schlecht«, sagte Churchill.
»Welche Gruppe?«, fragte ich.
Es gab Dutzende von Untergrundorganisationen in Nordostindien. Die TNVF, die ATTF, die PREPAK, die ULVA, die ULMA, die BSF. Die Liste glich einer verwirrenden Menge von Abkürzungen.
»Es sind ULFA. Sehr gefährlich. Mahout mag nicht diese Männer.«
Ich fragte Mr. Choudhury, ob er mit der Sache der Aufständischen sympathisiere, aber dies war das einzige Thema, über das er nicht sprechen wollte. Glücklicherweise war Mole bereit, mich »aufzuklären«, wie er es formulierte.
»Diese Kerle sind Taugenichtse, die allermeisten«, sagte er in seiner unnachahmlichen Weise. »Ich ging mit vielen von ihnen zur Schule. Es sind arbeitslose Faulenzer, die schnelles Geld verdienen wollen, Mann.«
»Aber wofür kämpfen sie? Geht es ihnen nicht um die Unabhängigkeit?«

Nicht zum ersten Mal quittierte Mole meine Unwissenheit mit einem sarkastischen Lächeln.
»Sagt etwa Bill Clinton die Wahrheit? Tun Sie doch nicht so«, sagte er. »Dieses Geschwätz über die Unabhängigkeit ist doch nur vorgeschoben. Jeder weiß, dass sich Assam niemals von Indien abspalten wird. Unmöglich. Sie machen das rein des Geldes wegen. Sie entführen und erpressen Leute. Sie sind echter Abschaum.«
»Demnach sind sie gefährlich?«
»Und wie!«, antwortete er. »Wir können nur hoffen, dass sie uns hier nicht über den Weg laufen.«
Ich fragte ihn, was mit dem Entwicklungshelfer Sanjay Ghoshe geschehen sei, den sie entführt und angeblich umgebracht hatten.
»Er hat sich mit ihnen in die Haare gekriegt«, sagte Mole. »Nach dem, was mir zu Ohren gekommen ist, haben sie ihm eine Kugel verpasst und seine Leiche in den Brahmaputra geworfen.«

Kaum hatte Mole geendet, hörten wir, dass etwas durchs Unterholz auf uns zukam. Churchill und Chander hielten die *kunkis* an. Choudhury entsicherte sein Gewehr mit einem metallischen Klick. Die Wachen brachten die Maschinenpistolen in Anschlag. Wir Übrigen verharrten reglos.
Direkt vor uns erspähten wir zwei Männer, die in blinder Flucht auf uns zuliefen. Als sie näher kamen, erkannte ich, dass es die beiden Forstwachen waren.
Hastig sprangen wir zu Boden und eilten ihnen entgegen; nach Atem ringend und unverständliche Worte stammelnd, brachen sie vor uns zusammen.
»Bedrängt sie doch nicht so«, gebot Mole, als wir uns um sie scharten. »Ich kümmere mich um sie.«
Wir wichen zurück, gebührenden Abstand haltend, während

der Inspektor seinen Männern Wasser aus einer Taschenflasche zu trinken gab. Hatten Rebellen sie angegriffen? Oder waren sie von dem Elefanten verfolgt worden? Wo war ihr Walkie-Talkie?

Es dauerte ganze zehn Minuten, bis wir die Antworten auf diese Fragen erhielten. Rajesh, der ältere der beiden, sprach als Erster.

»Wir waren etwa anderthalb Kilometer hinter dem Elefanten«, hob er an. »Wie ich an seinen Fußspuren sehen konnte, bewegte er sich mit gleichbleibender Geschwindigkeit. Nach ungefähr einer Stunde erspähten wir einen Bauern, der illegal einen Baum fällte. Deshalb nahmen wir ihn fest. Wir wollten ihn mitnehmen und später im Hauptquartier Anzeige gegen ihn erstatten.«

Die Forstwachen, die jetzt den Bauern im Schlepptau hatten, gingen auf dem Hauptweg weiter. Nach mehreren Kilometern wurde der Boden härter, und sie hatten immer größere Mühe, die Spuren des Elefanten zu erkennen. Dann, gerade als sie aus einem besonders dichten Bambusgehölz herauskamen, trat ihnen der Einzelgänger auf dem Pfad unmittelbar vor ihnen entgegen. Rajesh, der die Maschinenpistole trug, hob seine Waffe, um zu schießen, aber sie hatte Ladehemmung.

»Wir machten kehrt und liefen so schnell wir konnten, wobei uns der Elefant dicht auf den Fersen war«, sagte Rajesh. In seiner Panik habe er das Walkie-Talkie fallen lassen.

Die drei Männer liefen um ihr Leben. Doch nach einigen hundert Metern scherte der Bauer plötzlich aus und rannte nach links, in einen anderen Pfad hinein.

»Der Elefant ließ uns unbehelligt und folgte dem Mann«, sagte Ashok, die jüngere Forstwache. »Wir haben nicht gesehen, was passiert ist. Aber der Goonda hat ihn schnell eingeholt. Wir hörten den Bauern schreien. Der Elefant muss ihn auf der Stelle umgebracht haben.«

Ich blickte zu Mr. Choudhury hinüber, um zu sehen, wie er auf diese Nachricht reagierte. War es ihm in den Sinn gekommen, dass all dies nicht geschehen wäre, wenn er den Einzelgänger in der Nacht zuvor erschossen hätte? Ich fragte mich, ob er sich schuldig fühlte.

»Was geschah als Nächstes?«, fragte der Jäger Rajesh.

»Wir kletterten auf einen Baum und warteten«, fuhr der Wachmann fort. »Als der Elefant mit dem Mann fertig war, setzte er uns nach.«

Fast zwanzig Minuten lang wütete der Elefant im Unterholz; er trompetete wild und riss mit seinem Rüssel Schösslinge aus, während er die Wachen ausfindig zu machen versuchte. Einmal rammte er unabsichtlich den Baum, auf dem sie saßen, und hätte sie beinahe hinuntergestoßen.

»Ich fürchtete schon, zu Boden zu fallen«, sagte Ashok, »aber schließlich gab er auf. Wir warteten eine Zeit lang und kletterten dann vom Baum. Genau in diesem Moment glaubten wir ihn erneut zu hören, sodass wir wieder losrannten.«

Das hatte sich vor etwa einer Stunde zugetragen, und die beiden Männer waren seither ununterbrochen gelaufen.

Wir brauchten eine gute halbe Stunde, um den Schauplatz des jüngsten Angriffs des Einzelgängers zu erreichen. Rajeshs Walkie-Talkie lag unbeschädigt, atmosphärische Störgeräusche zischend, auf dem Pfad. Ein Stück weiter, hinter einem Bambusgebüsch, entdeckte Choudhury die Fußspuren des Elefanten, die sich deutlich im schlammigen Boden abzeichneten.

»Hier hat der Elefant gelauert«, folgerte der Jäger. »Verstehen Sie. Er hat hier eine Weile gewartet.«

»Sie stellen das so dar, dass es sich nach einem Hinterhalt anhört«, sagte ich skeptisch wie immer.

»Genau das ist es gewesen«, antwortete er. »Er wusste, dass er verfolgt wurde. Die Wachen hatten den Wind im Rücken. Das hat sie verraten.«

Badger fand wenig später, ein paar hundert Meter vom Hauptweg entfernt, die Leiche des Bauern.

»Das sollten Sie sich nicht ansehen«, sagte er zu mir. »Er ist fürchterlich zugerichtet. Hab so was noch nie gesehen – außer im *Schweigen der Lämmer.* Dieser Elefant ist ein echter Serienmörder.«

Seltsamerweise war der Körper des Toten teilweise mit Erde und abgerissenen Zweigen von einem nahen Baum bedeckt – als habe ein pietätvoller Passant die Leiche vor wilden Tieren verbergen wollen, bevor er Hilfe holen gegangen war. So lautete zumindest für mich die einzig mögliche Erklärung.

Dinesh Choudhury hingegen sah die Dinge wie gewöhnlich anders und begann mit seiner detektivischen Spurensuche, wobei er den Schauplatz der Gewalttat nach scheinbar unsichtbaren Indizien absuchte. Insbesondere mehrere Furchen in der Erde nahe den Füßen des Bauern erregten seine Aufmerksamkeit, und nachdem er zwei oder drei »Hmms« und ein schlüssiges »Aha« ausgestoßen hatte, stand er auf und erklärte: »Der Elefant hat ihn zugedeckt.«

»Sie machen wohl einen Scherz«, sagte ich, an der Grenze meines Gleichmuts angelangt.

Ich konnte gerade noch glauben, dass ein Elefant in einem Hinterhalt lauerte. Ich konnte mich sogar mit der Vorstellung abfinden, Elefanten seien zu außersinnlicher Wahrnehmung fähig. Aber ein Elefant, der Tote bestattet?

»Lassen Sie mich raten«, sagte ich, unfähig zu verhindern, dass meine Stimme sarkastisch klang. »Der Elefant kam also zurück, um das Beweisstück zu verstecken, und verkleidete sich dann listig, bevor er aus dem Land floh.«

Choudhury lächelte und hob beschwichtigend die Hände. »Ich weiß, ich weiß. Es hört sich fantastisch an, aber es ist wahr«, sagte er mir, auf die Furchen im Erdreich deutend. »Sehen Sie hier. Er scharrte den Boden mit seinen Stoßzähnen auf. Elefanten begraben häufig Tote«, sagte der Jäger, während Churchill und die anderen die Leiche des Bauern mit einem Leintuch bedeckten. »Sie haben eine ganz ähnliche Einstellung zum Tod wie der Mensch.«

Im Lauf der Jahre habe er immer wieder Kadaver wild lebender Elefanten gesehen, die von Wilderern getötet und anschließend von ihrer Herde »beerdigt« worden seien. Dieses Verhalten werde von Experten in Asien und Afrika bestätigt; ihrer Auffassung nach besäßen Elefanten eine Art Todesvorstellung und betrauerten den Verlust von Artgenossen. Wenn wild lebende Elefanten den Körper eines toten Kameraden entdeckten, dann behandelten sie ihn in einer Weise – sie berührten und befühlten ihn mit ihren Rüsseln –, die man nur als Ehrerbietung bezeichnen könne.

»Ich musste einmal einen Elefanten erschießen, der bei den Einheimischen unter dem Namen Totengräber firmierte, weil er seine Opfer immer begrub«, sagte Choudhury. »Manchmal trug er sie anderthalb Kilometer weit, und wenn Leute die Leiche fortgeschafft hatten, suchte er nach ihr.«

Rajesh und Ashok erhielten den Auftrag, die Leiche des Bauern ins Hauptquartier von Mole zu schaffen, während wir Übrigen die Verfolgung des Einzelgängers fortsetzten. Es war etwa drei Uhr nachmittags, und die Schatten im Wald wurden allmählich länger. Nach dem jüngsten Todesfall waren wir alle angespannt und nervös und setzten unsere Verfolgung mit äußerster Vorsicht fort. Jedes Bambusgehölz erschien uns jetzt als ein potenzielles Versteck, jede unübersichtliche Ecke als mögliche Falle. Plötzliche Geräusche ließen uns aufschrecken – ein Hirsch, der hinter einem Dickicht hervorsprang, das Krächzen einer Krähe, eine reife Mango, die von einem Baum fiel. Nur

Mr. Choudhury wirkte unbekümmert, während er den *kunkis* vorausging, sein Magnum-Gewehr fest an die Brust gepresst. Ich fragte mich, was jetzt wohl im Kopf des Jägers vor sich ging. War ihm das Leben eines Elefanten mehr wert als das eines Menschen? Wie viele weitere Menschenleben war er zu opfern bereit, bevor er der Anweisung der Forstbehörde Folge leistete? Während ich über seine Motive nachsann, kamen wir zu einer Lichtung, an der die Fußspuren des Einzelgängers nach Süden abbogen. Zunächst glaubten wir, der Elefant mache einen Umweg. Doch nach etwa anderthalb Kilometern zeigte sich, dass er sich nicht, wie Choudhury gehofft hatte, Richtung Norden auf das Reservat von Arunachal Pradesh zu bewegte, sondern dem Rand des Regenwaldes zustrebte.

Offensichtlich enttäuscht, gab der Jäger das Zeichen zum Anhalten. Er kniete sich auf den Boden nieder und führte die Handfläche über ein Trittsiegel von einem der Füße des Elefanten. Einige Minuten lang schien er in Gedanken versunken zu sein, wobei er die Augen geschlossen hielt, als konzentriere er sich auf einen Wunsch. Mittlerweile musste ihm zu Bewusstsein gekommen sein, dass sich jenseits der südlichen Grenze des Waldes zahlreiche Ortschaften und Häuser befanden. Wenn der Goonda dieses Gebiet erreichen sollte, würde er Tod und Zerstörung bringen – es sei denn, er wäre rechtzeitig aufzuhalten.

Der Jäger öffnete die Augen und richtete sich auf. Ich konnte den Kummer in seinem Gesicht sehen, als er in die Weite vor uns starrte. Er seufzte tief. Dann, endlich, schien er sich über seine weitere Vorgehensweise klar zu werden. Er stand auf, drehte sich um und wandte sich an die Mitglieder des Kommandos.

»Ich hab ihm eine Chance gegeben, und er hat gezeigt, dass er ein wirklich böser Elefant ist. Daher bleibt mir nichts anderes übrig, als die Todesstrafe gegen ihn zu verhängen«, verkündete

er mit spürbarer Entschlossenheit in der Stimme. »Wir müssen ihn einholen – und zwar schnell.«
Erstaunlicherweise begann ich mich seiner Meinung anzuschließen. Noch vor drei Tagen hatte mich der Gedanke, diesen Elefanten zu töten, mit Trauer erfüllt, und ich hatte nichts als Mitleid mit ihm empfunden. Jetzt stand fest, dass er außer Kontrolle geraten war und weiter Menschen töten würde. Ich hatte mich mit dem Gedanken abgefunden, dass Mr. Choudhury seinen Auftrag ausführen musste.
Dennoch hatte der Jäger noch immer Skrupel, den Elefanten zu erschießen, und er hoffte, die Vorsehung würde ihm diese Konsequenz ersparen.
»Kennen Sie die Geschichte von dem Mann, der einem Pferd das Sprechen beibringen wollte?«, fragte er, als wir unseren Weg fortsetzten.
Ich schüttelte den Kopf.
»Also, es war einmal ein Mann, der zum Tode verurteilt wurde. Doch kurz bevor er enthauptet werden sollte, bat er den König inständig, ihm noch eine Chance zu geben. ›Gebt mir ein Jahr, und ich werde einem Pferd das Sprechen beibringen.‹
Der König war fasziniert von dieser Idee und gewährte ihm den Wunsch. Später sagte ein Freund zu diesem Mann: ›Du bist verrückt. Es wird dir nie gelingen, einem Pferd das Sprechen zu lehren, und man wird dich hinrichten.‹
Doch der Mann erwiderte: ›Sei dir nicht so sicher. In einem Jahr kann viel passieren. Vielleicht stirbt der König. Vielleicht sterbe ich. Vielleicht wird das Königreich von Feinden erobert. Oder das Pferd lernt tatsächlich sprechen.‹«
»Und was ist die Moral von der Geschicht?«, fragte ich.
»Keine Moral. Ich hoffe einfach, dass etwas Unvorhergesehenes dazwischenkommt«, antwortete der Jäger. »Der Elefant könnte noch immer verschwinden, wir könnten noch eine Möglichkeit finden, ihm zu helfen – aber wenn seine Zeit ge-

kommen ist … nun, dann ist sie eben gekommen. Nur Gott weiß das.«
Er seufzte und blickte nachdenklich in die Ferne – zum ersten Mal tat er mir Leid.

Wir versuchten die verlorene Zeit aufzuholen. Churchill und Chander trieben die *kunkis* mit schroffen Befehlen zu schnellerer Gangart an, und wir kamen gut voran. Doch als wir den Waldrand erreichten, hatten wir den Elefanten noch immer nicht eingeholt. Seine Fußspuren endeten in einem Fluss, aus dem sie nicht wieder auftauchten.
Mole, außer sich vor Wut, befahl allen, entlang der Ufer auszuschwärmen, doch mittlerweile war die Abenddämmerung hereingebrochen, und obwohl wir intensiv und lange suchten, fanden wir keinerlei Spuren, die uns verraten hätten, welche Richtung er eingeschlagen hatte. Zweifellos war er durch das Flussbett gewatet und hatte so seine Fährte verwischt.
»Ich habe allmählich die Schnauze voll von diesem Elefanten!«, fauchte Mole. »Dieser Scheißkerl wird wieder töten! Ich werde weitere Wachen anfordern.«
Er setzte sich per Walkie-Talkie mit dem Hauptquartier in Verbindung und befahl seinen dort verbliebenen Männern, im nächstgelegenen Dorf zu uns zu stoßen. Von dort aus wollte er Suchtrupps ins umliegende Gebiet entsenden.
»Er wird bestimmt bald wieder auftauchen«, sagte er.
Churchill pflichtete ihm bei.
»Dieser *hathi* genau wie Mrs. Mahout«, scherzte er in dem Bemühen, unser aller Laune zu heben, während wir gemächlich zum Dorf stapften. »Er ist wie sie sehr böse und hat großen Magen. Bald wird er Futter brauchen, nein? Wird Felder plündern.«
»Du hast eine Frau?«, fragte ich, etwas erstaunt über diese Neuigkeit.

»Ja. Sie wie *Hathi*-Kuh. Nach Kinder machen schickt sie Mann weg. Dann Mann lebt in Wald. Wie ich.«

»Verhalten sich die Elefantenmütter wirklich so? Sie schmeißen den Mann einfach raus?«

»Ja. Aber das ist gut. Mir lieber. Elefant lebt wie Mahout. Ist frei, nein?«

»Wie viele Kinder hast du?«, fragte ich.

»Fünf, sechs, sieben vielleicht. Ich nicht erinnern. Zu viele.«

Das Tageslicht wurde immer schwächer, und als die Sonne über dem Tal unterging, strebten Bauern, träge Wasserbüffel vor sich her treibend, ihren Behausungen zu. Ziegenhirten hüpften Pfade entlang, die zwischen den Reisfeldern hindurchführten, und ihr schallendes Lachen und das Meckern der Tiere waren in der windstillen Luft kilometerweit zu hören. In der Ferne schwebte der Rauch von Ziegelöfen wie zerrissenes Spinngewebe horizontal über den Himmel. Die von den Öfen aufsteigende Hitze verzerrte den Horizont und erzeugte eine Fata Morgana aus gekrümmten, wogenden Bäumen und schmelzenden Häusern.

Als wir uns der kleinen Ansiedlung näherten, wurden wir vom Duft frisch gebackener Chapatis und gebratener Kebabs begrüßt, und streunende Mischlingshunde bellten und knurrten, als wollten sie gegen unsere Anwesenheit protestieren. Ein mutiger Jagdhund rannte mit gefletschten Zähnen auf uns zu, doch als er die *kunkis* erblickte, kniff er den Schwanz ein und suchte das Weite.

Zum Glück nahmen uns die Dorfbewohner, allesamt Teepflücker, freundlicher auf. Dutzende versammelten sich entlang des Weges und beobachteten unseren langsamen, aber stetigen Vormarsch mit Staunen und Interesse. Viele bestreuten den Weg mit Blumen, kleinen Münzen und Früchten, in der Hoffnung, einen Segen von Ganesha, der elefantenköpfigen Gottheit, zu empfangen.

»Ich fühle mich wie Jesus, der in Jerusalem einzieht«, sagte ich zu Churchill, als eine Banane in meinem Schoß landete.

»Jesus nicht reiten *hathi*«, antwortete der Mahout. »Er reiten Esel, nein?«

»Ja, ich weiß. Aber … ach, ist egal«, sagte ich, zu erschöpft für weitere Erklärungen.

Am Rande des Dorfes kamen wir an einem Fischmarkt vorbei; die Verkaufsstände lagen im Schatten zweier Banyanbäume. Verkäufer kauerten sich auf Kunststofffolien und verkauften ihren Fang im Schein Dutzender von Kerzen. Inmitten sanft leuchtender Lichtflecken, die auf dem Erdboden schimmerten wie Spiegelungen des Mondes auf Wasserflächen, erblickte ich Flusskarpfen, die, verzweifelt mit den Schwanzflossen schlagend, in flachen Becken hin und her schnellten. Eine freiheitsliebende Schildkröte wollte Reißaus nehmen, doch schon wurde sie eingefangen und auf den Hackblock gelegt, wo sie ihre Langsamkeit mit dem Leben bezahlte.

Fleischige, silberglänzende *Hilsa*-Fische wurden aus Eimern gezogen und an ihren Schwänzen hochgehalten, damit sachkundige Hausfrauen sie genauer in Augenschein nehmen konnten. Süßwassergarnelen wurden von flinken Fingern geschält und dann in Kisten mit Eiswürfeln gepackt, winzige Fische, nicht größer als Büroklammern, auf Waagschalen gewogen und pfundweise verkauft, als Zutat für *tenga mass,* ein Eintopfgericht mit Tomaten.

Vor dem Bethaus des Dorfes verfolgten im Kreis stehende Männer einen Hahnenkampf; alle spornten die Vögel mit Rufen an, während sie Flaschen mit hausgemachtem Schnaps leerten. Wir hielten an, um zu beobachten, wie ein grimmig aussehender junger roter Hahn die Krallen in seinen dürren Gegner bohrte, der verzweifelt versuchte, aus dem Ring zu entkommen. Während Federn flogen und scharfe Schnäbel blutende Wunden rissen, wechselten Münzen und Scheine ihre Besitzer.

In der allgemeinen Aufregung blieben wir praktisch unbemerkt, als wir ins Zentrum des Dorfes zogen, bis wir in der Nähe eines Tempels hielten, wo Männer durch eine alles andere als fein eingestellte Lautsprecheranlage Mantras leierten. Wir stiegen ab, und um uns versammelte sich ein Pulk, der mich begaffte.

Dieses Angestarrtwerden in der Öffentlichkeit war ein Aspekt des Reisens in Indien, mit dem ich nur schwer zurechtkam. Als Kind war mir beigebracht worden, dass es unhöflich sei, andere Menschen anzugaffen. Wenn zehn Personen nur dreißig Zentimeter von meinem Gesicht entfernt standen und mich mit starrer Miene unverhohlen musterten, musste ich mich daher daran erinnern, dass sie es nicht böse meinten. Wie Nachtfalter, die vom Licht angelockt werden, faszinierte sie alles Ungewöhnliche – und ein fremder Weißer, der auf einem Elefanten ritt, war so ungefähr das Ungewöhnlichste, was einem in Nordassam begegnen konnte.

Mole und Choudhury suchten den Dorfvorsteher auf, um ihn um Hilfe beim Anwerben von Kundschaftern zu bitten. Rudra wurde per Walkie-Talkie aufgefordert, mit dem Landrover ins Dorf zu kommen. Unterdessen luden wir Übrigen unter den Augen einer stetig wachsenden Menge, welche die angehenden Mahouts vergeblich zu verscheuchen suchten, das Gepäck von den *kunkis* ab. Glücklicherweise kam uns bald ein Dorfbewohner zu Hilfe, der die Gaffer mit dem Appell, unsere Privatsphäre zu respektieren, zerstreute.

Unser Retter hieß Shankar, ein liebenswürdiger Assamese Ende zwanzig. Er hatte an der Universität Guwahati Ingenieurwissenschaft studiert und sprach Englisch mit starkem Akzent. »Es ist heutzutage unmöglich, einen guten Arbeitsplatz zu finden«, klagte er, während wir an einem Zigarettenstand Tee aus Tontassen tranken und altbackene Kekse der Marke Nice aßen. »Jetzt arbeite ich als Bademeister im öffentlichen

Schwimmbad von Guwahati. Es ist die einzige Arbeit, die ich finden konnte – abgesehen vom Eintritt in die ULFA.«
Shankar, der seinen Bruder besuchte, einen hier lebenden Arzt, stammte aus Majuli, der größten Flussinsel der Welt, die im oberassamesischen Abschnitt des Brahmaputra liegt. Die Insel, Hunderte von Quadratkilometern groß, lasse sich nur mit der Fähre erreichen, erzählte er, und sei praktisch von der Außenwelt abgeschnitten.
»Sie müssen die Insel besuchen. Sie werden mein Gast sein«, sagte er. »Da der größte Teil der Insel jedes Jahr aufs Neue überflutet wird, hat niemand einen festen Wohnsitz, weil man nie weiß, wann man seine sieben Sachen packen und fortgehen muss.«
Wir bummelten über die Hauptstraße. Passanten hielten an, um Shankar zu grüßen.
»Sie scheinen recht bekannt zu sein«, meinte ich.
»Ja, ich bin berühmt«, sagte der Bademeister strahlend. »Jeder kennt mich. Ich bin der Mann, der durch den Brahmaputra geschwommen ist. Ich war sogar im Fernsehen.«
»Sie sind von einem Ufer zum anderen durch den Fluss geschwommen?«
»Durch den Fluss? Das ist doch gar nichts. Ich bin die gesamte Strecke geschwommen, vom äußersten nordöstlichen Zipfel Assams, nahe der birmanischen Grenze, bis an die Grenze zu Bangladesch. Es hat über einen Monat gedauert. Ich war der Erste, der das geschafft hat.«
Tatsächlich wagten es die meisten Assamesen, selbst die einheimischen Fischer, nicht, auch nur einen Zeh ins Wasser des Flusses zu tauchen, erklärte Shankar, weil sie davon überzeugt seien, im Brahmaputra würden Krokodile, Monster, bösartige Seejungfrauen und riesige Strudel jeden ins Verderben ziehen. »Niemand hielt es für möglich, dass ich überleben würde. Aber ich glaube nicht an dieses Zeug.«

»Warum nicht?«
»Es ist nichts als Humbug.«
»Woher wissen Sie das?«
»Diese Wesen gibt es nicht. Monster, Seejungfrauen – alles Quatsch! Nur diese unwissenden, ungebildeten Menschen glauben an all das.«
Ich erzählte ihm von einigen der abergläubischen Vorstellungen, die Mr. Choudhury über Elefanten hegte, und fragte ihn, was er davon halte.
Er tat sie kurzerhand ab.
»Aberglaube ist die Wurzel allen Übels«, sagte er.
Ich widersprach. Vieles davon fände ich faszinierend.
»Nein. Er verblendet die Menschen, erschreckt sie.«
Ich wechselte das Thema. Ob er das Flussschwimmen endgültig aufgegeben habe?
»Ich würde mir gern den Mississippi und den Amazonas vornehmen. Aber es ist schwierig, Sponsoren zu finden. Niemand in Indien möchte Flussschwimmer wie mich mit Geld unterstützen. Was soll ich tun?«

Als ich mich schließlich wieder zu den anderen gesellte, hatten Mole und Choudhury bereits ein Dutzend Kundschafter und sieben Teams mit Forstwachen auf die Suche nach dem Einzelgänger geschickt. Sobald sie etwas meldeten, sollte das Kommando aufbrechen.
»Entspannen Sie sich, bis es soweit ist«, riet mir Mole.
Bei unserem Einzug ins Dorf war mir ein Tempel mit einem Bildnis von Kali, der Göttin der Zerstörung, aufgefallen. Ich bat Shankar, mich zu dem Platz zu führen, und wir schlenderten zu dem kegelförmigen Gebäude gegenüber einer Spirituosenhandlung, die nur »Knock Out Beer« im Angebot hatte.
Im Tempelinnern stand eine riesige Statue von Kali. Die schwarzgesichtige Göttin mit gebleckten Zähnen und heraus-

hängender scharlachroter Zunge hielt in ihren vier Händen je einen abgetrennten Kopf, ein Schwert, einen Schild und eine Würgschraube. Ihr nackter Leib war mit Blut besudelt, und um den Hals trug sie eine Kette aus Menschenköpfen.

Im Grunde interessierte mich jedoch die Kultgemeinschaft und nicht die Statue. Anders als die übrigen Dorfbewohner waren diese Menschen sehr kleinwüchsig und hatten eine kohlenfarbene Haut. Ich fragte Shankar, woher sie stammten.

»Es sind Biharis«, antwortete er.

Bihar ist ein Bundesstaat in Ostindien, der berüchtigt ist für seine Gesetzlosigkeit, seine gewalttätig ausgetragenen Kastenkonflikte und seine Banditen, die regelmäßig Züge überfallen. Was machte dann eine Gruppe von Biharis mitten in Assam?

»Ihr Briten habt sie hergebracht und als Teepflücker eingesetzt«, sagte Shankar.

Darüber wollte ich mehr wissen, und so gingen wir, nachdem wir Erkundigungen eingeholt hatten, zum Lehrer des Ortes, Mr. Yadhav. Er war spindeldürr, nur ein Meter fünfzig groß und hatte breite Striemen auf dem Kinn. Er führte uns in seine bescheidene Hütte, wo wir auf zwei wackligen Gartenstühlen aus Kunststoff Platz nahmen. Die einzigen weiteren Möbel waren eine schmutzige Matratze auf dem Boden, auf der er schlief, und ein Tisch, der aus einer Teekiste gefertigt war. Eine Glühlampe erhellte den Raum. Doch trotz Mr. Yadhavs offenkundiger Armut mangelte es ihm nicht an Gastfreundschaft, und er bestand darauf, uns Tee und Reiskuchen zu reichen.

Seine Familie stamme wie Tausende anderer in dieser Gegend ursprünglich aus Nordbihar, erklärte er. Sie seien Harijans – »Kinder Gottes«, wie Gandhi sie genannt habe. Aufgrund des altüberlieferten hinduistischen Kastensystems, in dessen Zentrum die Überzeugung stehe, dass Menschen, die in die niederen Kasten geboren würden, in ihrem früheren Leben Sünder

gewesen seien, hätten sie als unrein und unberührbar gegolten und ihr ganzes Leben lang als Rattenfänger gearbeitet.
Dann, eines Tages, sei ein *arcuttie,* ein professioneller Anwerber, zu ihnen gekommen, der Tagelöhner für die neu angelegten Teepflanzungen in den Nordostprovinzen angeheuert habe.
»Er versprach meiner Familie viel Geld, gute Lebensbedingungen und Vieh, wenn sie auf den Pflanzungen arbeiten würden. Er versprach, sie reich zu machen.«
Die Briten, so habe er gesagt, bräuchten dringend Plantagenarbeiter, da sich die Assamesen geweigert hätten, auf den neuen Pflanzungen zu arbeiten, und lieber unabhängig bleiben wollten. Tausende von *arcutties* seien damals in die verarmten, dürregeplagten Bundesstaaten wie Bihar und Orissa entsandt worden, wo sie Zehntausende von Kleinbauern dazu überredet hätten, sich als Tagelöhner zu verdingen.
»Man sagt, das Wasser von Assam, dem Land der Teeblätter, sei sehr süß«, heißt es in einem Lied, das die Lakaien der Briten damals in Umlauf brachten. »Freunde, auf nach Assam! Dort werden wir Blätter pflücken und unsere Zeit vergnügt und glücklich verbringen.«
Als die Kulis in Assam eintrafen, lösten sich die Glücksverheißungen in Luft auf. Es gab keine Gesundheitsfürsorge, keine sanitären Einrichtungen und keine Unterkünfte. Von den fast fünfundachtzigtausend Männern und Frauen, die zwischen dem 1. Mai 1863 und dem 1. Mai 1866 übersiedelten, starben über dreißigtausend.
»Mein Volk wurde versklavt«, fuhr Mr. Yadhav fort. »Wir wurden von verschiedenen Gutsbesitzern gekauft und verkauft und durften unsere Arbeitsstätten nicht verlassen. Diejenigen, die es trotzdem versuchten, wurden hart bestraft und manchmal vom ›Kulifänger‹ umgebracht.«
Heute hätten sich ihre Lebensbedingungen erheblich verbessert. Die Unternehmen seien verpflichtet, Gesundheitseinrich-

tungen und Schulen bereitzustellen. Dennoch blieben die *adivasis,* wie die Teearbeiter genannt würden, unterprivilegiert. Fünfundneunzig Prozent der Teepflücker seien Analphabeten und nur sehr wenige bestrebt, außerhalb ihres angestammten Tätigkeitsfeldes Fuß zu fassen.

»Niemand von meiner Familie ist jemals nach Bihar zurückgekehrt«, sagte Mr. Yadhav. »In über hundertfünfzig Jahren konnte sich niemand von uns das Zugticket für dreihundert Rupien nach Patna leisten.«

Betrachteten sie sich nun als Assamesen?

»Das ist eine gute Frage. Aber die Antwort ist schwierig«, sagte er, während wir zu einem Spaziergang aufbrachen. »Die Sahibs haben uns von der einheimischen Bevölkerung isoliert, und es ist uns nie gelungen, uns zu integrieren. Selbst heute leben wir in unseren eigenen Gemeinden und haben keinen Kontakt zu den alteingesessenen Assamesen.«

Diese Isolation, erklärte Mr. Yadhav, habe eine einzigartige Kultur des Teeanbaus hervorgebracht; Angehörige von Hunderten verschiedener indischer Stämme und Kasten seien zusammengewürfelt worden, sodass alte Überlieferungen und Bräuche vermischt und ausgehöhlt worden seien. Jede Gruppe habe ihre ursprüngliche Sprache vergessen – einige wüssten nicht einmal mehr, woher ihre Ahnen stammten –, und eine neue *lingua franca,* das so genannte Sadani, eine Mischung aus Hindi, Bengali, Bihari und Ariya sowie ein paar Brocken Assamesisch, habe sich eingebürgert.

»Aber wissen Sie, was wirklich sonderbar ist?«, fragte Mr. Yadhav, als wir vor dem Kali-Tempel saßen und die ein und aus gehenden Gläubigen beobachteten. »Wir *adivasis* stellen die Hälfte der Bevölkerung von Assam. Aber wir werden nicht als Assamesen anerkannt, wir haben uns nicht an die einheimische Bevölkerung assimiliert, und die meisten von uns gehen nicht zur Wahl.«

Man stelle sich vor, sagte er, die Schwarzen in Amerika lebten noch immer auf Baumwollplantagen, abgesondert von der übrigen Gesellschaft, und sprächen nur westafrikanische Dialekte, die mit vielen fremdsprachlichen Elementen durchsetzt wären. Das sei die Situation der Biharis in Assam. Ich fragte ihn, ob die Ureinwohner Angst hätten, dass die Teepflücker eines Tages auf den Teepflanzungen nicht mehr genug Platz hätten und sich nach neuen Siedlungsgebieten umsehen würden, sodass sie mit den Alteingesessenen in Konflikt gerieten.

»Vielleicht. Aber die Angehörigen meines Volkes sind ängstlich«, sagte Mr. Yadhav. »Sie haben ihr ganzes Leben auf einer Insel verbracht und sind zu furchtsam, sie zu verlassen.«

Das Elefantenkommando hatte eine provisorische Befehlszentrale in einem schmuddeligen Speiselokal namens »AᗺBA-Restaurant« eingerichtet. Der Besitzer war ein Fan der bekannten schwedischen Popgruppe, und die Wände waren mit ausgebleichten Postern der vier Musiker beklebt, die mit glitzernden Disko-Outfits der siebziger Jahre herausgeputzt waren. Aus den mit Spinnweben überzogenen Lautsprechern an den Wänden dröhnte der Song »Super Trooper«, gefolgt von »Money, Money, Money«. Der junge Kellner sang den Liedtext mit, allerdings missverstand er die Wörter, und so sang er, während er von Tisch zu Tisch ging, stattdessen »Bunny, Bunny, Bunny«.

Leider gab es in dem ersten assamesischen Prototyp eines Themenrestaurants keine echten schwedischen Speisen. Nicht dass ich ein besonderer Liebhaber von Salzheringen und Schnaps bin – aber alles wäre besser gewesen als der Fraß, den der Koch servierte, ein Arrangement aus fettigen Samosas, die in ranzigem Öl ausgebacken waren, gegrillten Fischköpfen und verschiedenen widerwärtig aussehenden gelben Substanzen, die er auf unterteilten Plastiktellern, wie sie auch in Gefängnissen ge-

bräuchlich sind, anrichtete. Jede Schöpfkelle traf das entsprechende Feld mit solcher Wucht, dass das Gericht in alle Richtungen spritzte.
Das »Restaurant« war mit einer Reihe auf Böcken gestellter Tischplatten und mit Holzbänken eingerichtet. Vier verschlagen aussehende Männer steckten in einer Ecke die Köpfe zusammen und sprachen so leise, als planten sie ein Verbrechen. Der Dorftrottel kauerte unmittelbar neben der Registrierkasse und gluckste harmlos vor sich hin.
Mr. Choudhury saß mit Churchill in der Mitte des Raums; er sprach in sein Walkie-Talkie und zeichnete rote Linien und blaue Pfeile in seine Landkarte. Rot stand für die Routen, denen der Goonda möglicherweise gefolgt war, Blau zeigte an, wo der Forstinspektor seine Leute aufgestellt hatte. Mole, Badger und die Übrigen beteiligten sich an der Suche.
Ich setzte mich hin, und der Kellner brachte mir einen Teller mit Dhal und Naan. Normalerweise hätte ich niemals in einem Lokal wie diesem gespeist. Die Erfahrung hatte mich gelehrt, dass das Essen in südasiatischen Rasthäusern Extraportionen an Bakterien enthält. Seitdem ich mir einmal in Afghanistan eine Amöbenruhr zugezogen hatte, war ich vorsichtig. Dieses Mal jedoch erlag ich ausgehungert der Versuchung.
Einen Moment später wusste ich, dass ich meine Entscheidung bereuen würde, allerdings ahnte ich nicht, dass es so schnell geschehen sollte. Die Spezialität des AᗺBA-Restaurants versetzte meine Eingeweide quasi auf der Stelle in Aufruhr. Minuten nachdem ich den letzten Happen hinuntergewürgt hatte, durchdrang mich das Gefühl, mein Magen drehe sich wie eine Waschmaschine im Schleudergang. Unversehens bildete sich in meinen Eingeweiden eine riesige Gasblase, die an beiden Enden zugleich herauszuplatzen drohte. Mein Gesicht wurde kalt und klamm, und bald stürzte ich auf die Straße, um mich dort zu übergeben.

Inmitten eines besonders heftigen Brechanfalls kamen Choudhury und Churchill aus dem Restaurant herausgelaufen.
»Es ist der *hathi*«, rief der Jäger, während ich über einem Graben stand. »Er wurde ein paar Kilometer von hier gesichtet.«
Ich hatte gerade noch genug Zeit, mir eine Flasche Wasser im Restaurant zu besorgen, mich eilig von Shankar zu verabschieden und in den Landrover zu steigen. Mein Magen revoltierte noch immer. Rudra legte den Gang ein, und der Wagen zog ruckartig an. Wir fuhren auf der Straße, die in südlicher Richtung aus dem *Adivasi*-Dorf hinausführte. Er schaltete ein weiteres Mal und warf mir seinen Betelnussbehälter direkt vor die Nase.
»Essen Sie. Sehr gut«, sagte er und spuckte roten Saft aus dem Fenster. »Dann werden Sie zu einem Mann wie ich!«

1. Der Brahmaputra wird von den Assamesen als Lebensspender verehrt. Aber er nimmt auch Leben. Alljährlich überschwemmt er das Tal und reißt Häuser, Vieh, wilde Tiere und Dutzende von Menschen mit, die in seinen Fluten ertrinken.

2. Sonnenuntergang über den Karbi-Anglong-Bergen am Rande des Kaziranga-Nationalparks, der nicht nur Elefanten, sondern auch die weltweit größte Population von Panzernashörnern beherbergt.

3. Dem bösartigen Einzelgänger auf der Spur: Dinesh Choudhury (Mitte) auf dem Rücken von Jasmine. Der Jäger begann schon als Junge, Elefanten zu reiten, und die Mahouts schätzen ihn als einen versierten und erfahrenen Elefantenkenner.

4. Churchill, Mahout und Anführer des Elefantenkommandos. Man nimmt an, dass die Angehörigen seiner Volksgruppe, die Khasis, ursprünglich aus Vietnam stammen.

5. Futtersammeln im Kaziranga-Nationalpark. Dieser Mahout brachte seinen Elefanten, einen *makhna* (Bulle ohne Stoßzähne), durch einen kurzen Befehl dazu, mich mit dem Rüssel zu grüßen. Dieses Tier beherrschte weitere Kunststücke wie Kopfstand und Trommelspielen.

6. Mahouts waschen ihre Elefanten mindestens einmal pro Tag – ein Ritual, das die *kunkis* genießen –, um Parasiten zu entfernen und Infektionen vorzubeugen. Manche Elefanten pflegen sich selbst, etwa indem sie mit Zweigen Schmutz zwischen ihren Zehen entfernen.

7. Chander, Gehilfe von Churchill. Der hingebungsvolle Mahout und sein *kunki* waren unzertrennliche Gefährten. »Mahout sein ist wie verheiratet sein«, meinte er scherzhaft. »Nur dass man mit Elefanten leichter fertig wird als mit Frauen.«

8. Dieser Bauer verlor die Reisvorräte eines ganzen Jahres, als wilde Elefanten Teile seines Hauses niederrissen, seine Jutesäcke aufschlitzten und sich über den Inhalt hermachten. »Ganz gleich, wo wir unsere Nahrungsmittel verstecken, die Elefanten finden sie«, sagte er. »Sie kennen unsere Gedanken.«

9. Dinesh Choudhury beim Vermessen eines Fußabdrucks des bösartigen Einzelgängers. Er bestimmte die Höhe des Elefanten, indem er den Umfang der Trittspur mit zwei multiplizierte.

10. Einer der Wachmänner, die das Elefantenkommando auf Anweisung der Forstbehörde begleiten, um es gegen assamesische Rebellengruppen zu schützen, die regelmäßig Zivilisten entführen und sie bis zur Zahlung eines Lösegeldes gefangen halten.

11. Wildhüter des Kaziranga-Nationalparks haben sich hinter den Leichen dreier Wilderer aufgestellt, die innerhalb des Reservats erschossen worden sind.

12. Am Grab des Einzelgängers: Das Ausheben der Grube dauerte fast zwei Tage. Als der Elefant schließlich hineingeschoben wurde, wölbte sich sein Rücken auf, sodass ein Erdhügel entstand, der seine letzte Ruhestätte markierte.

6 Todesschüsse

> Wenn ein Mann beschließt, diesem gefährlichen Sport [der Elefantenjagd] nachzugehen, sollte er bereit sein, alle Gefahren auf sich zu nehmen, die mit der Jagd verbunden sind, sonst ist er kein Sportsmann.
>
> Patrick Hanley, *Tiger Trails in Assam*

Dichter Nebel hatte sich auf das Tal herabgesenkt. Die Sichtweite war gleich null, da die Scheinwerfer des Landrover die Schwaden, die uns von allen Seiten umschlossen, nicht durchdrangen.

Wenn man aus dem Fenster hinausschaute, konnte man leicht den Eindruck bekommen, in etwa dreitausend Meter Höhe durch ein dichtes Wolkenfeld zu fliegen. Die Landschaft schien ausgelöscht und durch eine Wand aus Weiß ersetzt worden zu sein. Wenn die Götter auf der Seite des bösartigen Goonda standen, dann war dies ein letzter verzweifelter Versuch, ihn vor der Patrone Kaliber .458 zu retten, die selbst jetzt schussbereit im Lauf des Magnumgewehrs des Jägers lag. Denn der Elefant war ganz in der Nähe, vielleicht nur ein paar hundert Meter vor uns – und wir kamen ihm ständig näher.

Die Nacht hatte ich auf dem Rücksitz verschlafen, zu erschöpft, um die Augen länger offen zu halten. Zum Glück hatte ich nur wenig Interessantes verpasst. Churchill, Choudhury, Rudra und Badger waren stundenlang von Dorf zu Dorf gefahren, vermeintlichen Sichtungen des Elefanten nachjagend, die sich alle als falsch erwiesen hatten. Dann, kurz bevor sich der Nebel zusammengeballt hatte, waren sie einem zu Tode erschrockenen Mullah begegnet. Während er an einem Wasserbecken

seine religiösen Waschungen vollzogen habe, hatte er berichtet, sei er von dem rasenden Tier grundlos angegriffen und auf sein Minarett gejagt worden.
Später, nachdem sie ein paar Kilometer über einen Feldweg gefahren waren, erspähte Churchill einen Nachtschichtarbeiter, der sich wie ein Koalabär an die Spitze eines Baumes klammerte. Auch er war von einem wütenden Elefanten verfolgt worden, der das Fahrrad des Mannes zertrümmert hatte.
Dieser Zwischenfall lag erst ein paar Minuten zurück. Jetzt, da die Morgendämmerung immer näher rückte, bewegten wir uns sehr langsam durch den kühlen Nebel voran. Choudhury saß auf der Motorhaube und hielt die Augen offen in der Hoffnung, die Silhouette eines Stoßzahns oder Rüssels auszumachen.
»Er könnte überall sein«, flüsterte ich Churchill zu, als der Mahout, Badger und ich aus dem Landrover stiegen und neben dem langsam rollenden Fahrzeug her gingen, auf der Suche nach frischen Spuren auf dem Feldweg. »Er könnte einen Meter vor uns sein. Er könnte sogar hinter uns sein.«
Panische Angst befiel mich. Jeden Moment konnte der Einzelgänger aus dem Nebel heraus angreifen, und mich schauderte bei dem Gedanken, wozu er imstande war, wenn ich in die Reichweite seines mächtigen Rüssels geriet.
»Kein Angst, Tarwin«, sagte Churchill über die Motorhaube hinweg. »Wenn Elefant kommt, du laufen. Er dich nicht finden. Im Nebel das schwer, nein? Er sieht nichts. Gleiche Chancen jetzt, nein?«
Nachdem wir etwa anderthalb Kilometer auf diese Weise zurückgelegt hatten, bemerkte Badger eine Bresche im Heckenzaun. Der Elefant war offenbar hier durchgebrochen und querfeldein weitergezogen.
»Sein Vorsprung ist nicht groß, vielleicht nur ein paar Mi-

nuten«, sagte Choudhury, während er die Trittspuren untersuchte. »Wenn wir uns beeilen, haben wir ihn bald eingeholt.«
Der Jäger zog seine Jacke aus und krempelte seine Jeans hoch. Er wischte mit dem Schoß seines Hemdes sorgfältig den Tau von seinen Brillengläsern. Dann drückte er die Fingerknöchel durch, bis sie knackten, und holte tief Luft. »Ihr beide bleibt hier«, sagte er zu Churchill und mir. »Wir werden uns darum kümmern.«
Ehe ich auch nur meinen Mund öffnen konnte, um zu widersprechen, schlüpften er und Badger durch die Öffnung im Heckenzaun und verschwanden im Nebel wie zwei Kundschafter in geheimer Mission.
Ich trat mit der Schuhspitze gegen den Boden, wütend darüber, dass ich zurückgelassen worden war.
»Verdammt noch mal!«, fluchte ich. »Ich hab diesen weiten Weg nicht auf mich genommen, um hier in der Nase zu bohren.«
Ich dachte an Sydney Schanberg, den Journalisten in *The Killing Fields,* der sich durch nichts in der Welt eine gute Story vermasseln ließ. Sydney wäre Mr. Choudhury gefolgt, sagte ich zu mir. Er hätte nicht, Däumchen drehend, hier gewartet.
»Churchill, lass uns gehen«, sagte ich. »Vielleicht stehen wir hier stundenlang herum. Wir werden alles verpassen.«
»Shikari gesagt, wir bleiben«, erwiderte der Mahout bestimmt. Dies war nicht die Zeit für Höflichkeiten.
»Schön, tu doch, was du willst. Ich mach mich allein auf den Weg«, sagte ich. »Ich werd mir das nicht entgehen lassen.«
Ich ging auf die Hecke zu, in der Erwartung, dass Churchill hinter mir herlaufen würde.
»Kommst du?«, rief ich.
Der Mahout antwortete nicht. Wütend marschierte ich querfeldein. Die Fußspuren von Choudhury zeichneten sich im

Schlamm deutlich ab. Es war leicht, ihnen zu folgen. Ich brauchte den Mahout nicht.
Doch schon nach wenigen Metern dämmerte mir, dass ich geradewegs in den Elefanten hineinlaufen könnte. Ich blieb stehen. Ganz auf mich allein gestellt im Nebel tastend, verfluchte ich mein Schicksal. Dann kehrte ich kleinlaut zum Landrover zurück. Churchill saß mit Rudra auf der Motorhaube, *paan* kauend.
»Hallo«, sagte er fröhlich. »Du gehst hinter *hathi,* nein?«
Auch dem Fahrer gefiel der Spott, und er grinste wie ein schwachsinniger Affe. Ich setzte mich schmollend neben ihn.
»Ich möchte gehen. Bitte.«
Churchill rutschte von der Motorhaube.
»Bitte. Ja, das Zauberwort. Du sagst ›bitte‹, wir gehen. Komm, wir folgen Shikari, nein?«
Der Mahout zog seine Schuhe aus und krempelte die Hosen hoch, und er forderte mich auf, das Gleiche zu tun. Mir wurde klar, dass Churchill gern gegen Regeln verstieß und dass man dabei auf ihn zählen konnte, sofern man nicht vergaß, bitte zu sagen.
»Jetzt mir folgen. Und wenn *hathi* kommt, du läufst um Leben, nein?«, riet er mir, während wir uns an die Fersen der anderen hefteten.

Als wir die Reisfelder durchquerten, glucksten unsere Füße im zähen Schlamm, der an meinen Sohlen und Absätzen hängen blieb wie frischer Ton. Den Trittspuren des Jägers über den Fußabdrücken des Elefanten folgend, bewegten wir uns rutschend, schlitternd und hin und wieder auch kriechend vorwärts; nur manchmal hielten wir inne, um kurz zu verschnaufen. Die Sonne ging im Osten als verschwommene, mattweiße Scheibe auf – so schwach leuchtend, wie ich sie mir am Jüngsten Tag vorstelle, wenige Stunden vor ihrer Explosion.

Während wir Gräben, Morast und Erdwälle überwanden, riss der Nebel einen Moment lang auf und gewährte uns einen flüchtigen Blick auf das Gelände vor uns. Für den Bruchteil einer Sekunde erspähten wir in etwa zweihundert Meter Entfernung Mr. Choudhury und Badger. Doch ebenso schnell, wie sich der Nebel gelichtet hatte, verdichtete er sich wieder, wie Bühnenvorhänge, die im letzten Akt fallen.
Bestrebt, Choudhurys Aufmerksamkeit nicht auf uns zu lenken, machten wir in einem Graben Halt und duckten uns. Mittlerweile waren wir von oben bis unten mit Schlamm beschmiert.
»Glaubst du, dass der Elefant in der Nähe ist?«, fragte ich Churchill.
»Sehr nah. Schau auf Fußspuren«, antwortete er.
»Woher weißt du das?«
»Leicht.«
Churchill wies mich darauf hin, dass noch kein Wasser in die Trittspuren des Elefanten eingesickert war. Dies bedeutete, dass sie erst vor kurzem entstanden sein konnten.
»Vielleicht nur ein paar Minuten.«
Der Einzelgänger war nur wenige hundert Meter entfernt. Wenn der Nebel nicht wäre, könnte man ihn sehen, dachte ich.
»Shikari schießt bald. *Hathi* heute sterben.«
Wir standen wieder auf, und plötzlich verzog sich der Nebel. Diesmal konnten wir die vor uns liegenden Felder weiter überblicken. Der Elefant war weniger als anderthalb Kilometer entfernt. Seine Verfolger waren ihm dicht auf den Fersen, und sie hüpften wie Hasen durch die Felder.
Doch dann blieben Choudhury und Badger aus irgendeinem unerfindlichen Grund knapp zweihundert Meter hinter dem Goonda stehen. Churchill und ich duckten uns aus Angst, sie würden sich umdrehen und uns entdecken. »Was macht er?«, fragte ich den Mahout. »Warum hält er an?«

Wir spähten über den Rand des Grabens. Wie um meine Frage zu beantworten, begannen der Jäger und der Gurkha aus vollem Halse zu schreien und in die Hände zu klatschen, um den Elefanten aus dem Konzept zu bringen. Doch trotz ihrer Bemühungen setzte dieser seinen Weg fort und drehte sich auch nicht um.

Sie schrien ein weiteres Mal, wieder ohne Erfolg. Der Bulle marschierte weiter und verschwand bald in einer, wie es schien, tiefen Bodensenke. Choudhury und Mole rannten hinter ihm her. Binnen weniger Minuten waren auch sie verschwunden. Dann senkte sich der Nebel erneut und raubte uns jegliche Sicht.

Da Churchill und ich auf keinen Fall das Finale verpassen wollten, stürmten wir über die Felder. Doch als wir die Stelle erreichten, wo der Elefant und die beiden Männer aus unserem Blickfeld geraten waren, standen wir am Rand einer hohen Böschung, die den Brahmaputra überragte. Die Fußspuren des Elefantenbullen zogen sich den Abhang hinab und verschwanden in den unruhigen Fluten.

Mr. Choudhury stand am Ufer und blickte mit einem Gesichtsausdruck, der äußerste Sprachlosigkeit verriet, auf die strudelnden Stromschnellen hinaus.

»Wohin ist er verschwunden?«, fragte ich völlig außer Atem.

»Er ist schwimmen gegangen«, antwortete der Jäger, den es nicht im Geringsten wunderte, Churchill und mich zu sehen.

»Das glaube ich Ihnen nicht«, sagte ich.

»Schlauer *hathi*«, sagte Churchill.

Wir standen am Ufer und suchten die Wasseroberfläche ab, um einen flüchtigen Blick von dem Elefanten zu erhaschen, doch weit und breit war nichts von ihm zu sehen. Zwei, drei Minuten lang wechselten wir kein Wort. Dann begann Choudhury zu lachen – zum ersten Mal, seit ich ihn kannte. Es war das tiefe, anhaltende Lachen eines Mannes, dem eine

schwere Last abgenommen worden war. Aber es war nicht ansteckend.
»Wird er nicht ertrinken?«, fragte ich.
»Nein, *hathi* guter Schwimmer«, antwortete Churchill unaufgefordert, während der Jäger sich ans Ufer setzte, das Gewehr neben sich legte und weiter in sich hineinlachte. »Er schwimmt wie Hund, nein?«
»Ja, er kann unter Wasser bleiben und seinen Rüssel als Schnorchel benutzen«, ergänzte Mr. Choudhury. »Elefanten durchschwimmen oft den Brahmaputra. Bis vor einigen Jahren gab es sogar ein Elefanten-Wettschwimmen in Guwahati.«
Es waren keine Boote in der Nähe, mit denen wir den Fluss hätten überqueren können, sodass wir die Verfolgung des Einzelgängers einstweilen abbrechen mussten. Die nächste Brücke befand sich in Tezpur, etwa fünf Kilometer entfernt; also warteten wir fürs Erste am Ufer, um zu sehen, ob der Elefant auf der anderen Seite auftauchen würde.
Stromabwärts brach ein Lastkahn, der eine riesige, zweifellos für ein Kraftwerk oder eine Fabrik bestimmte Turbine beförderte, durch den Nebel und hupte mit dem Signalhorn, während er gegen den Strom dahintuckerte. Segel von Fischerbooten durchschnitten den Dunst wie Rückenflossen von Haien. Etwas weiter flussabwärts wusch eine Gruppe von Frauen am Ufer Kleidungsstücke; sie schlugen sie gegen flache Felsen, wie es schon ihre Mütter und Großmütter getan hatten – allerdings damals noch ohne Hilfe von Nirma, einem beliebten indischen Waschmittel. Ich setzte mich auf einen gestrandeten Baumstamm und sann darüber nach, was den Elefanten dazu veranlasst haben mochte, zum Fluss zu gehen. Hatte Choudhury vielleicht doch Recht? Versuchte der Bulle zu entkommen? Wusste er, dass der Jäger hinter ihm her war? Wer wollte behaupten, dass Elefanten die Gedanken von uns Menschen nicht lesen können?

Wir warteten zehn Minuten, ehe Churchill, der den Strom durch Choudhurys Feldstecher beobachtete, einen begeisterten Schrei ausstieß.

»*Hathi,* dort ist er! Dort, schaut!«

Am anderen Ufer, etwa achthundert Meter stromabwärts, wankte der Elefant an Land. Langgezogene Wasserfäden glitten an seinem Rücken und seinen Flanken herab, als seine Füße über das sandige Ufer stapften. Er querte das Ufer und verschwand, ohne einen Blick hinter sich zu werfen, im dichten Unterholz.

Choudhury drehte sich um und machte sich auf den Weg zurück zum Landrover. Er lächelte in sich hinein, offensichtlich beeindruckt.

»Jetzt haben Sie wirklich etwas Spektakuläres gesehen«, sagte er zu mir. »Er ist wahrhaftig ein außergewöhnlicher Elefant, finden Sie nicht?«

»Ja, aber gehen Sie ans andere Ufer? Verfolgen Sie ihn weiter?«, fragte ich ungeduldig.

Er reichte mir die Hand, um mir das glitschige Ufer hinauf zu helfen.

»Ja, natürlich bleiben wir ihm auf den Fersen«, antwortete er, während wir uns einen Weg durch das Strauchwerk bahnten. »Aber dort liegt Kaziranga, ein Schutzgebiet. Man wird uns nicht erlauben, ihn dort zu erschießen. Vorläufig ist der Elefant in Sicherheit.«

Er lachte in sich hinein und schaute zum Himmel, als wollte er der Vorsehung danken.

»Das Pferd hat gesprochen«, sagte er.

Ein halbes Dutzend Wildhüter stand schwatzend im Sonnenlicht vor dem Büro des Rangers am Rande des Kaziranga-Nationalparks. Ein schmuddeliger Haufen: in ihren mit großen Flicken ausgebesserten Uniformen und mit ihren zerlumpten, abgetragenen Mützen sahen sie aus wie entlaufene Sträflinge. Nur wenige hatten sich rasiert, ihre Haare waren ungepflegt, und die dunklen Ringe unter ihren Augen zeigten, dass sie nicht viel Schlaf gehabt hatten. Einige trugen lediglich Kunststoffsandalen, andere alte Schuhe, aus denen Zehennägel hervorragten. Knöpfe fehlten, und Hosen wurden mit Schnüren festgehalten. Selbst ihre Waffen waren antiquiert: überwiegend archaische Lee-Enfield-Gewehre vom Kaliber .303, die an jene Zeit erinnerten, als die britischen Rotröcke den Khaiberpass kontrollierten.

Diese Gesellen aller Altersgruppen, von Anfang zwanzig bis Mitte fünfzig, verdienten gerade mal zwanzig bis dreißig Dollar im Monat, kaum genug, um ihre Familien zu ernähren. Oftmals erhielten sie mehrere Monate lang keinen Lohn, eine Folge der verheerenden Korruption in Assam. Und doch waren dies die engagierten Männer, über die ich in der indischen Presse gelesen hatte, die Hüter der größten Population von Panzernashörnern in der Welt. Sie hatten gelobt, diese herrlichen Tiere, die ihrer Obhut anvertraut waren, unter Einsatz ihres Lebens zu schützen – auch wenn die Regierung sie nicht einmal mit geeignetem Schuhwerk versorgte.

Ihr Vorgesetzter, ein Mann namens Amu, der gerade von seiner frühmorgendlichen Rundfahrt durch den Park zurückkehrte, brachte seinen Jeep vor dem Dienstbungalow, wo alle auf ihn warteten, mit kreischenden Bremsen zum Stehen. Er war ein kleinwüchsiger Mann mit Babygesicht, und weder sein Verhalten noch seine Statur passten zu dem Ruf der Unerbittlichkeit, der ihm vorauseilte. Ausgezeichnet vom indischen Präsidenten und geehrt von den Vereinten Nationen für seinen furchtlosen Einsatz, war seine Maxime für den Umgang mit Wilderern denkbar einfach: »Wenn ihr eines meiner Nashörner tötet, leg ich drei von euch um.«

Amu hatte das resolute Auftreten eines Menschen mit einer

Mission, dessen Entschlossenheit in seinen funkelnden Augen und seinem zielstrebigen, aufrechten Gang geschrieben stand. Als er seine Männer begrüßte, war deutlich zu erkennen, mit welcher Bewunderung und Achtung sie ihm begegneten. Schließlich hatte er ihnen, anders als seine Vorgänger, die Befriedigung verschafft, eine bedrohte Art zu retten.

»Wir befinden uns in einem Kriegszustand«, sagte er zu Choudhury und mir, als wir ihm in sein Büro folgten. »Wir sind die Soldaten, die Wilderer sind der Feind. Die Nashörner sind der Streitpunkt.«

Wir nahmen vor seinem Schreibtisch Platz, und Amu holte sein Fotoalbum hervor – ein schauerliches Zeugnis des Krieges, den er gegen die Wilderer führt. Auf Schwarzweißfotos sieht man Amu und seine Männer über den Leichen von Männern stehen, die bei dem Versuch gestellt worden waren, Rhinozeros-Hörner zu rauben. Auf einem Abzug sah man zwei auf dem Boden liegende Naga mit verdrehten Köpfen und entblößten Zähnen – gefrorener Ausdruck ihrer Agonie. Eine Nahaufnahme zeigte einen anderen Mann, der mit ausgestreckten vieren auf dem Rücken lag; eine Kugel hatte ein Loch in seine Stirn gebohrt. In den vergangenen vier Jahren hatten der Ranger und seine Männer über zwanzig Wilderer erschossen. Acht Wildhüter hatten ihren Einsatz für den Schutz der Nashörner mit dem Leben bezahlt.

»Ich bin für eintausendzweihundert Nashörner verantwortlich. Meine Männer und ich werden alles tun, um sie zu schützen«, sagte Amu. »Man kann die Wilderer nur dadurch abschrecken, dass man ihnen sagt: ›Betretet meinen Park, und ihr werdet die Folgen tragen müssen.‹«

Die Statistik bewies, dass diese Taktik erfolgreich war. In den vier Jahren seit seinem Amtsantritt hatte sich die Zahl der getöteten Nashörner von mehreren Hundert auf einige wenige pro Jahr verringert.

»Die Regierung gibt uns nichts«, fuhr Amu fort, der sich darüber beklagte, dass Minister zwar ständig mit ihren Familien den Park besuchten, um die Nashörner zu beobachten, aber wenig täten, um die Ausstattung zu verbessern. »Sie haben kein Interesse an den Tieren, sie wollen nur Geld scheffeln. Wir als Bürger von Assam haben die Verantwortung, unser Naturerbe zu bewahren, auch wenn sie nichts dafür tun.«
Amu leitete auch Bildungsprogramme in den Dörfern der Gegend, wo er den Einheimischen beibrachte, Rücksicht auf die Umwelt zu nehmen und die Tiere zu schützen. Und mit finanzieller Unterstützung durch internationale Hilfsorganisationen hatte er Brunnen und Schulen gebaut.
»Hilf den Menschen, und sie helfen dir«, sagte der Ranger, der ein weites Netz von Informanten geknüpft hatte, darunter viele ehemalige Wilderer, die er dazu gebracht hatte, ihren Lebenswandel zu ändern. »Bildung ist der Schlüssel. Man muss die Menschen lehren, die Umwelt als etwas Wertvolles zu schätzen.«
Das Telefon läutete. Amu griff zum Hörer und brummte etwas in die Sprechmuschel.
Ich sah mich flüchtig in dem Raum um. Das Motto der Forstbehörde von Assam stand in großen Lettern quer über die Wand: MAN KANN EINEN MENSCHEN AUS DEM DSCHUNGEL HERAUSHOLEN, ABER NICHT DEN DSCHUNGEL AUS EINEM MENSCHEN. Daneben hing eine gerahmte Urkunde, die von den Vereinten Nationen für »außerordentlichen Einsatz und herausragende Leistung« überreicht worden war, und hinter uns eine Holztafel mit den Namen der Vorgänger Amus bis 1926, dem Gründungsjahr des Kaziranga-Nationalparks.
Amu legte den Hörer auf und griff über den Schreibtisch nach einer silbernen Klingel, die er an ihrem Plastikunterteil herumdrehte, wodurch er eine Feder in ihrem Innern spannte. Dann gab er sie frei, und die Klingel läutete.

Solche Apparate gehörten zur Standardausrüstung in Amtsstuben und waren die begehrten Statussymbole indischer Beamter, die es gewohnt waren, Untergebene in Tausenden von Büros im ganzen Land auf diese Weise herbeizurufen. Allerdings schienen sie nach meiner Erfahrung nie die gewünschte Wirkung zu erzeugen. Amu läutete die Klingel mehrfach hintereinander, und als dies nichts verschlug, griff er auf die altbewährte Stimmkraft zurück. Daraufhin stürmte sein Gehilfe ins Büro.

»Sir!«, schrie der Untergebene, in Habachtstellung vor dem Schreibtisch stehend.

Amu erteilte ihm Befehle auf Assamesisch. Der Mann drehte sich um und ging hurtig durch die Tür.

»Dieser Anruf kam von einem meiner Informanten«, sagte Amu. »Einige Wilderer sind in den Park eingedrungen. Wir werden eine Operation gegen sie durchführen. Wir müssen uns sofort auf den Weg machen.«

Draußen brach mit einem Mal rege Geschäftigkeit aus, als sich die Wildhüter auf den Einsatz vorbereiteten. Amu hatte nur noch ein paar Minuten Zeit.

»Was kann ich für Sie tun?«, fragte er energisch.

Choudhury zeigte ihm die Vollmacht zur Tötung des bösartigen Elefantenbullen und erklärte ihm, das Tier sei in den Kaziranga-Park entkommen.

Wie es der Jäger vorausgesagt hatte, untersagte Amu die Jagd auf den Elefanten innerhalb des Reservats. Alle Waffen außer denen der Wildhüter seien in diesem Gebiet verboten.

»Letzte Woche fuhren drei Jeeps mit Soldaten illegal in den Park hinein«, erzählte uns Amu, während er aufstand und auf die Tür zuging. »Sie schossen einen seltenen Leierhirsch und versuchten ihn aus dem Park zu schmuggeln. Später verhafteten wir ihren befehlshabenden Offizier. Seine Männer kamen gestern Abend hierher und drohten uns. Sie wollen, dass wir die Strafanzeige zurückziehen. Aber auf Drohungen reagieren wir unfreundlich. Ich werde mit ihren Vorgesetzten in Guwahati sprechen. Ich habe viele Verbindungen. Sie werden eine Menge Scherereien kriegen.«

Wir folgten dem Ranger auf den Platz vor seinem Büro. Seine Männer hatten sich vor dem Bungalow in einer Reihe aufgestellt, bereit für die Einsatzbesprechung. Amu fasste sich kurz. Zwei Wilderer seien von Osten her in den Park eingedrungen, sagte er. Die Wildhüter würden sich an ihrer voraussichtlichen Route in den Hinterhalt legen.

Ein höherer Offizier verteilte Munition, vier, fünf Patronen pro Mann, eine klägliche Menge angesichts der Tatsache, dass die Wilderer, die von reichen Schmugglersyndikaten finanziert wurden, über die modernsten automatischen Waffen, Schalldämpfer und russische Nachtsichtgeräte verfügten.

»Morgen werde ich Wildhüter organisieren, die Sie ins Innere des Schutzgebiets geleiten, damit Sie Ihren Elefanten finden«, versprach er, wobei er uns jedoch im selben Atemzug darauf hinwies, dass das Aufspüren des Elefanten viel Zeit kosten könne. Der Park erstrecke sich über mehr als vierhundert Quadratkilometer Dschungel und Sumpfland, und ein Großteil davon sei nicht mit dem Auto zu erreichen.

»Kommen Sie morgen früh wieder«, sagte er. »Bis dahin sollte ich mit diesen Wilderern fertig geworden sein – so oder so.«

Der Ranger schwang sich auf den Fahrersitz des vordersten Jeeps und brauste, mit seinen Männern im Schlepptau, ins Innere des Parks davon.

Nach den Strapazen der Elefantenjagd war ich insgeheim überglücklich, als die Verwaltung des Kaziranga-Nationalparks verfügte, dass ich als Ausländer nicht mit dem Elefantenkommando innerhalb des Parks übernachten dürfe. Choudhury und ich nahmen uns Zimmer im nahegelegenen Wild Grass Hotel.

An jenem Nachmittag lernte ich aufs Neue die Annehmlichkeiten eines Vier-Sterne-Etablissements schätzen – ein bequemes Bett, Zimmerservice, ein heißes Bad, frische Handtücher und einen langen, ungestörten Schlaf.

Als ich abends nach unten ging, sah ich Mr. Choudhury auf einer Couch in der Lounge sitzen und mit einem ältlichen Engländer mit rundem, freundlichem Gesicht und buschigen Augenbrauen plaudern.

»Stewart Keegan. Meine Freunde nennen mich Stew«, stellte er sich vor.

»Tarquin Hall«, antwortete ich, etwas überrascht, einen anderen Briten so fern der Heimat zu finden.

»Tarquin!«, prustete es aus ihm heraus, wobei er den Tisch mit einem Mund voll Kingfisher-Lagerbier bespritzte. »Teufel auch! Meinen Sie das ernst?«

Ich musste über seinen Gefühlsausbruch lachen. Mein Name hat Menschen in aller Welt immer wieder belustigt. »Das ist mein Spitzname«, scherzte ich. »Eigentlich heiße ich Bob.«

Stew lachte daraufhin so heftig, dass er den Schaum von seiner halben Maß Bier blies, die er gerade an die Lippen setzte.

»Schön, Sie kennen zu lernen. Nichts für ungut. Hab einfach noch nie einen Tarquin getroffen.«

»Was führt Sie nach Assam?«, fragte ich.

»Ach, eine Art Reise in die Vergangenheit. Ich war im Krieg hier. Bin zurückgekommen, um mich ein bisschen umzusehen. Mal schauen, was aus den alten Stätten geworden ist.«

»Wo haben Sie gekämpft?«

»Bei Kohima im Nagaland. Half mit, die Japaner zurückzudrängen.«

Ich richtete mich in meinem Sessel senkrecht auf. Auch mein Großvater Charles hatte bei Kohima gekämpft. Ich fragte ihn in erwartungsvoller Spannung, ob er ihn gekannt habe.

»Nein, ich erinnere mich nicht an diesen Namen. Nicht wie

Tarquin. Das ist ein Name, den ich nicht so schnell vergessen werde.« Wieder schüttelte er sich vor Lachen.

»Wie war es damals in Kohima? Es soll eine der blutigsten Schlachten des Zweiten Weltkriegs gewesen sein.«

»Es war schlimm, das stimmt. Hab in meinem ganzen Leben so was nicht gesehen. Leichen überall. Auch Ratten, Tausende. Es war fast nur Nahkampf: Wir hatten uns auf den Hügeln eingegraben und nichts anderes im Sinn, als unsere Schützengräben zu halten, und die Japaner waren so nah, dass du ihren Atem auf den Wangen gespürt hast, und die ganze Horde bereit, bis aufs Messer zu kämpfen.«

Die Schlacht um Kohima im Nagaland fand im April 1944 statt, als zwölftausend Soldaten der japanischen Fünften Armee, aus Birma kommend, in Indien einfielen und versuchten, das östliche Tor zum Subkontinent in ihre Gewalt zu bringen. Diesen im Dschungelkampf erprobten Soldaten stand eine Streitmacht von nicht mehr als zwölfhundert Briten und Indern gegenüber.

»Es hieß: kämpfen oder untergehen«, fuhr Stew fort. »Wenn die Japaner durchgebrochen wären, dann hätte sie nichts mehr aufhalten können. Ich war damals ein junger Kerl und halb wahnsinnig vor Angst. Aber die Tapferkeit meiner Kameraden und Offiziere … nun, sie haben alles gegeben, was sie hatten – und mehr.«

Die Augen des alten Mannes waren von Tränen verschleiert, als er ein weiteres Mal an seinem Bier nippte und sich in seinem Sessel zurücklehnte. Noch heute, nach fünfzig Jahren, sehe er die Gesichter seiner gefallenen Freunde im Traum. Nachts wache er manchmal mit dem bitteren Geschmack des Schlachtfeldes in seinem Mund auf.

»Einige der Offiziere waren wirklich außergewöhnliche Menschen«, fuhr er fort, wobei es ihm offenkundig peinlich war, dass er vor zwei Wildfremden seine Gefühle zeigte. »Es gab einen Burschen, der angeblich das gesamte Kreuzworträtsel in der *Times* im Kopf lösen konnte. Er schrieb offenbar erst dann das erste Wort nieder, wenn er die gesamte Lösung ausgetüftelt hatte. Ein anderer Offizier saß in seinem Schützengraben und las Werke in klassischem Griechisch und dergleichen, während um ihn herum Kugeln und Granaten einschlugen.«

Als ich später über die Schlacht von Kohima recherchierte, sollte ich von der Tapferkeit einer Hand voll Männer lesen, die, abgeschnitten vom Rest der vierzehnten britischen Armee, vier Wochen lang eine ganze japanische Division aufgehalten hatten.

»Es gab praktisch kein Wasser«, fuhr Stew fort, »und wenig zu beißen. Wir hatten alle Malaria und so gut wie alles andere, was man sich hier holen konnte. Weiß wirklich nicht, wie wir das durchgehalten haben. Die Leichen stanken bestialisch. Die Japaner beschallten uns Tag und Nacht mit Propaganda, um uns zur Kapitulation zu treiben. Als ob wir vor denen die Waffen gestreckt hätten!

Ich erinnere mich an einen Offizier. Eines Tages sieht er, wie ein Japaner mit aufgepflanztem Bajonett auf ihn zustürmt. Kaltblütig bringt er seine Maschinenpistole in Anschlag und drückt ab. Aber die Pistole hat Ladehemmung, und das Bajonett trifft ihn genau hier.«

Stew zeigte an seinem Körper auf eine Stelle unmittelbar über der Taille.

»Zu seinem Glück hat er einen von den dicken Armeegürteln an, und das rettet ihn. Er steht auf, lädt noch einmal durch und leert alle fünfundzwanzig Patronen in den Leib des Japaners – armer Teufel.«

»Wie haben Sie das damals alle überlebt?«, fragte ich.

»Nun, als die Verstärkung durchstieß, waren nur noch wenige von uns übrig«, sagte Stew. »Aber wir haben ihnen eine ordentliche Abreibung verpasst, und zu guter Letzt gaben sie klein bei und flohen.«

Die Niederlage der Japaner bei Kohima habe all ihren Versuchen ein Ende gesetzt, in Indien einzumarschieren.
»'türlich nehmen wir ihnen das heute nicht mehr übel – den Japanern, meine ich. Wir mussten ihnen einfach eine Lektion erteilen, das ist alles.«
Ich fragte Stew, ob er irgendwelche Naga kennen gelernt habe.
»O ja, jede Menge. Netter Schlag, die Naga. Alle tragen bunte Umhängetücher und dergleichen, und massenhaft Schmuck«, antwortete Stew. »'türlich waren viele von ihnen damals Kopfjäger. Ich erinnere mich, dass ein paar Amis mit ihrem Flugzeug eine Bruchlandung in einem von ihren zurückgebliebenen Stammesgebieten machten. Ihre Köpfe wurden auf Stöcke gespießt, arme Kerle.«
Er lächelte über sein Glas hinweg.
In die Annalen der Geschichte ist der Stellungskampf bei Kohima als eine kleine Schlacht eingegangen. Erinnerten sich seine Enkel an die Worte auf dem Mahnmal in Kohima? Sie lauteten:

WENN DU HEIMKEHRST
ERZÄHLE VON UNS UND SAGE:
FÜR EUER MORGEN
GABEN WIR UNSER HEUTE

Ich fragte, ob sich das Opfer gelohnt habe.
»Opfer, weiß nicht«, antwortete er in dem Bemühen, die Sache herunterzuspielen. »Taten, was wir tun mussten. Aber natürlich war es die Mühe wert. Wie ich immer sage: Jede Generation hat ihre Kämpfe.«
Stew erhob sich von seinem Sessel und trank sein Glas aus. Hinter ihm, an der Tür, stand Flo, mit der er seit über fünfunddreißig Jahren verheiratet war, reisebereit mit ihren Koffern.
»Also jetzt wird's Zeit«, sagte Stew. »Wir fahren nach Kohima.

Schauen uns die Kriegsgräber und Denkmäler und all das an. Zeige der Missis, wo ich 's den Japanern gegeben habe.«
Er blinzelte mir zu, legte den Arm um seine Frau und ging zur Tür.

Die Mitglieder des Elefantenkommandos schlugen ihre Zelte an einer Stelle auf, die einen guten Kilometer innerhalb des Kaziranga-Parks lag. Hier lebten die etwa zwanzig zur Betreuung der im Park heimischen *kunkis* angestellten Mahouts zusammen mit ihren Tieren. Der Ort war ein ausgedehnter Schlammpfuhl, ein flaches, offenes Areal, auf dem Futterhaufen herumlagen, und der Boden war mit Fußspuren von Elefanten aller Größen übersät.
Wohin man auch blickte, waren Elefanten – Baby-*makhnas* mit struppigen Haarbüscheln und feinen Wimpern, stolze Mütter mit schützend aufgerichteten Rüsseln, gigantische Ganeshas mit riesigen Stoßzähnen und einige Senioren mit abgewetzten Ohren, ergrauender Haut und dem Flair weiser Abgeklärtheit.
Unten am Fluss, ein Steinwurf von dem neuen Lager des Kommandos entfernt, ließ sich eine verspielte Elefantenkuh den Bauch waschen, während sie eine Gruppe staunender Kinder mit Wasser bespritzte. Auf dem gegenüberliegenden Ufer brachte ein Mahout einem jungen Elefantenbullen mit rosaroten Hautfleckchen bei, sich auf die Hinterbeine zu stellen, während eine junge Mutter auf uns zu stapfte; ihre beiden Kälber trabten, mit den Rüsseln ihren Schwanz umklammernd, hinter ihr her.
In der Mitte des Camps standen Raja und Jasmine, die an zwei in den Boden getriebenen Pfosten angekettet waren, und schmatzten genüsslich an einigen Bananenstauden. Die Lehrjungen der Kommandos plauderten mit ihren Kollegen vom Kaziranga-Team und erzählten in prahlerischen Ausschmü-

ckungen von den Abenteuern, die sie mit Amok laufenden Einzelgängern und frei lebenden Herden erlebt hatten.
Churchill, Badger und die Übrigen halfen bei der Versorgung einer Elefantenkuh, die von einem wild lebenden Bullen angegriffen worden war. Das Tier hatte tiefe Wunden am Rücken, wo die Stoßzähne des Angreifers eingedrungen waren. In der letzten Nacht hatte man sie im Dschungel zurückgelassen, in der Hoffnung, ein vorbeikommender wilder Bulle würde sie begatten, und tatsächlich war ein Freier aufgetaucht und ihr mit den typischen Avancen seines Geschlechts begegnet. Doch die *kunki* hatte sich unwillig gezeigt und dadurch den Bullen in Wut versetzt, der bei der anschließenden Paarung nicht gerade zimperlich verfahren war.
Ein verunstalteter alter Mahout namens Baba bereitete in einem Topf über einem Holzkohlefeuer eine Kräutermixtur für den verwundeten Elefanten zu. Er hatte einen Buckel und dort, wo eigentlich sein rechtes Auge hätte sein sollen, befand sich ein Stück schuppiger Haut. Die Haare auf seinem Kopf hatte er mit Henna gefärbt, doch die Büschel, die aus seinen Ohren sprossen, waren grau. Anders als die übrigen Mahouts trug er keine Schuhe, sodass seine schlimm verwachsenen Zehen – sechs an dem einen Fuß, vier an dem anderen – zum Vorschein kamen. Dennoch genoss er offensichtlich die Achtung aller anderen Mahouts.
Während das teerartige Gebräu in dem Topf brodelte, starrte Baba, seltsame und unverständliche Zauberformeln murmelnd, in das Gefäß.
»Ganz besondere Sache, nein?«, sagte Churchill, der seine Hände über dem Feuer wärmte, da die Lufttemperatur um mehrere Grade gefallen war. »*Hathi*-Arznei. Er geht in Dschungel und sucht aus.«
Ich konnte ihm nicht so recht folgen, doch Mr. Choudhury kam mir zu Hilfe.

»Wenn *kunkis* krank sind«, erklärte er, »gehen die Mahouts mit ihnen in den Wald, wo die Elefanten die Kräuter und Pflanzen auswählen, die sie brauchen. Aus irgendeinem Grund können sie sich ihre Arznei selbst verordnen. Dann muss der Mahout sie nur noch zubereiten.«

Baba rührte die Flüssigkeit um, atmete die Dämpfe ein und nickte sich selbst zu. Endlich war die eigentümliche Mixtur fertig, und er schöpfte sie mit einer Kelle in einen Tonkrug. Während sie weiter wie Lava blubberte, zerrieb er verschiedene getrocknete Kräuter zwischen seinen Händen und bestreute damit die Heiltinktur. Nun wurde die Elefantenkuh herbeigebracht, und obwohl ihr die Verletzungen offensichtlich große Schmerzen bereiteten, ließ sie es widerstandslos geschehen, dass der Mahout auf ihren Rücken kletterte, wo er die dampfende Paste auf die Wunden schmierte.

Churchill sah Baba mit ehrfürchtiger Scheu zu.

»Legendärer Mahout, nein?«, sagte er, als ich ihn fragte, weshalb er so beeindruckt sei. »Sehr gut, dieser Mann. Weiß alle Dinge. Er hat keine Mutter und kein Vater. Lebt im Wald nur mit *hathis*. Weiß alles, nein?«

Auch Choudhury hatte schon viel von Baba gehört, obwohl er ihn jetzt zum ersten Mal traf.

»Manche sagen, er sei ein Heiliger. Er lebt im Wald und ist der beste Elefantenkenner weltweit«, sagte er. »Er ist der einzige Mensch, der das *Hastividyarnava* auswendig kann.« Das *Hastividyarnava* war, wie ich von meiner Lektüre her wusste, eine altassamesische Abhandlung über Elefanten. Sie war ursprünglich auf Streifen der Rinde des Agar-Baumes niedergeschrieben worden, und spätere Fassungen waren mit exquisiten Miniaturen verziert. Es enthält das gesamte Wissen, das man für den Umgang mit einem *kunki* braucht, führt zahlreiche Rezepturen für Mittel gegen typische Dickhäuterkrankheiten an und gibt Tipps für die optimale Pflege der Tiere.

»Es legt sogar ausführlich dar, wie man den Charakter eines Tieres anhand bestimmer körperlicher Zeichen und Merkmale beurteilen kann«, erklärte Choudhury.

Ein Elefant habe normalerweise fünf Zehen an jedem Vorderfuß und vier an jedem Hinterfuß, also insgesamt achtzehn. Ein Tier mit weniger als achtzehn Zehen habe den Ruf, Unglück zu bringen; ein Tier mit mehr Zehen gelte dagegen als etwas ganz Besonderes.

»Auch dem Schwanz wird eine große Bedeutung beigemessen«, fuhr er fort. »Ein Schwanz, der den Boden berührt, bringt Unheil. Ein guter Schwanz endet unmittelbar über dem Sprunggelenk der Hinterbeine, hat ein glänzendes Aussehen und sichelförmige Haare.«

Eines der schlimmsten Kennzeichen überhaupt sei eine schwarze Zunge.

»Mir ist aufgefallen, dass unser Goonda eine schwarze Zunge hat. Das ist ein sehr schlechtes Omen«, sagte er.

An diesem Abend kauerten sich die Mahouts um das Lagerfeuer, und auf ihren Gesichtern spielte der Schein der Flammen, während Mr. Choudhury unsere Abenteuer mit dem Killerbullen erzählte.

Wie der Jäger selbst zugab, war er kein geborener Geschichtenerzähler, auch hatte er kein Talent für theatralische Ausschmückungen. Doch als er schilderte, wie der Einzelgänger seine Opfer zerriss und sie in den Boden stampfte, lauschten seine Zuhörer mit gespannter Aufmerksamkeit.

Er beschrieb, wie der Elefant in der Dunkelheit aufgetaucht war, wie er den Forstwachen in einem Hinterhalt aufgelauert und die Leiche des Bauern im Regenwald halb beerdigt hatte. Er erzählte ihnen, wie uns der Goonda entwischt und durch den Brahmaputra geschwommen war. Während er sprach, rührte sich keiner von den Mahouts und Lehrlingen. Sie saßen mit vor Staunen offenem Mund da und saugten begierig jedes Wort auf. Nur Baba schien Choudhurys Erzählung gleichgültig zu lassen. Er saß auf einer schmutzigen Decke, rauchte eine *bidi* und starrte in die Ferne.

Doch als Choudhury mit seinem Bericht zu Ende war, stellte der Mahout klar, dass er jedes Wort verstanden hatte.

»Der Elefant ist verwundet, nicht wahr?«, sagte er auf Assamesisch, was mir Mole übersetzte.

»Ja«, antwortete der Jäger. »Er hat offenbar eine Beinverletzung.«

Baba räusperte sich und spuckte, der Speichel landete auf Rudras Stiefeln.

»Ich weiß, wohin er geht«, sprach er mit einer schwungvollen Gebärde seiner Hände, wobei seine dicken Ringe das Licht des Feuers widerspiegelten.

Er klang jetzt ein wenig wie ein Wahrsager auf einem Jahrmarkt. Und wie alle Wahrsager ließ er keinen Zweifel daran, dass er seine Dienste nicht als Gratisleistung verstand. Ein kleiner Obolus war schon erforderlich, um ihm sein Wissen zu entlocken.

»Die Großzügigkeit von Freunden kann einem das Leben so sehr erleichtern«, sagte er, auf seine schmutzigen Füße hinabblickend.

Mr. Choudhury zog einen Hundert-Rupien-Schein heraus und überreichte ihn dem Mahout. Der schnappte sich das Geld blitzschnell und ließ es in seiner Hose verschwinden. Dann zog er an seiner *bidi* und atmete aus, wobei der Rauch durch die Lücken in seinen faulenden Zähnen strömte. Schließlich war der Moment gekommen, da er seufzend seine Offenbarung verkündete.

»Der Elefant, den Sie jagen, ist todkrank. Er sucht den Ort auf, zu dem alle Elefanten gehen, wenn sie spüren, dass ihr Ende naht. Er geht zum Elefantenfriedhof.«

Der Elefantenfriedhof. Dieses Wort rief eine vage Erinnerung in mir wach. Hatte ich von dieser Legende nicht schon als Kind gehört? Angeblich handelte es sich um einen verborgenen Ort, an den sich die Tiere zum Sterben zurückzogen und der mit Stoßzähnen und Knochen übersät war.
Sindbad wird auf seiner letzten Reise in *Tausendundeiner Nacht* von einer Elefantenherde zu diesem Friedhof gebracht, und in einem der Tarzan-Filme versucht eine Gruppe böser weißer Forschungsreisender den heiligen Ort zu finden, in der Hoffnung, dort einen Elfenbeinschatz zu bergen.
Es war eine wunderschöne Legende, auf die man jedoch gewiss nichts geben durfte!
»Glauben Sie mir, es gibt ihn«, fuhr der Mahout fort, während er sich im Schritt kratzte. »Es ist ein heiliger Ort, der von Brahma erschaffen wurde, dem weisesten aller Götter. Nach der Schöpfung der Welt kam der Gott in Menschengestalt auf die Erde. Er wollte sie selbst in Augenschein nehmen. Schließlich kam er nach Assam und ans Ufer des Brahmaputra.«
Der örtlichen Legende zufolge wollte die Gottheit nicht ihre übernatürlichen Kräfte einsetzen, um den Fluss zu überqueren, also bat Brahma die Tiere, ihm zu helfen. Die Affen boten ihm als Erste ihre Unterstützung an, doch sie alberten die ganze Zeit herum und brachten nichts zustande. Dann versuchten es die Bären, aber sie waren zu plump.
»Schließlich kamen die Elefanten aus dem Wald und gingen in den Fluss. Sie stellten sich Seite an Seite auf, sodass sie mit ihren Rücken eine Brücke bildeten. Brahma konnte nun den Fluss überqueren, ohne seine Füße nass zu machen. Der Gott freute sich sehr und machte den Elefanten aus Dankbarkeit drei Geschenke.«
Der Mahout zählte sie an den Fingern ab. Das erste Geschenk, so sagte er, bestand darin, dass die Elefanten die klügsten aller Lebewesen sein sollten. Das zweite war, dass sie den Zeitpunkt

ihres Todes wissen sollten. Das dritte war ein – menschlichen Blicken entzogener – Ort, an den sich die Elefanten zurückziehen konnten, um in Frieden zu sterben.

»Wo ist dieser Ort?«, fragte ich Baba. »Wie kann ich ihn finden?«

Sein Auge weitete sich und starrte mich an.

»Ich bin mir nicht sicher, ob ich mich daran erinnern kann«, sagte er, mit einem Stock das Feuer schürend. »Mein Gedächtnis ist dieser Tage sehr schwach.«

Dies war offensichtlich ein Wink, dass er mehr Geld wollte. Die Frage war nur: Wie viel? Als ein Weißer in Indien war ich es gewohnt, das Doppelte des normalen Preises zu zahlen, sodass ich ihm zwei Hundert-Rupien-Scheine gab.

»Als ich ein junger Mann war«, fuhr Baba mit deutlich gebessertem Erinnerungsvermögen fort, »habe ich den Elefantenfriedhof entdeckt.«

Die anderen Mahouts lauschten seinen Worten wie gebannt und rückten näher.

»Er liegt auf einem kahlen Hügel, auf dem nur ein Baum wächst. Auf der Kuppe fand ich zahllose Haufen von Knochen und Stoßzähnen. Sie lagen auf dem Boden verstreut, Skelett an Skelett, Tausende und Abertausende. Ich konnte mein Glück nicht fassen und beschloss, so viele Stoßzähne fortzutragen, wie ich nur konnte.«

Nachdem Baba das beste Elfenbein ausgewählt hatte, ging er mit vollgepackten Armen den Hügel hinab. Er dünkte sich im Besitz eines Vermögens, das seine kühnsten Träume übertraf.

»Doch der Pfad führte direkt zur Kuppe des Hügels zurück. Wieder und wieder versuchte ich, nach unten zu gelangen, und jedes Mal kam ich wieder an die Stelle, wo ich den Weg begonnen hatte. Ich saß in der Falle.

Ich fürchtete, zu verhungern oder zu verdursten. Schließlich musste ich die Stoßzähne ablegen. Erst jetzt konnte ich den Ort verlassen. Später versuchte ich, den Elefantenfriedhof wiederzufinden. Aber er war nicht mehr da. Er war wie vom Erdboden verschluckt.«

Unter den Zuhörern erhob sich ein allgemeines Geraune, als sich Baba erhob und in der Dunkelheit verschwand. Während die Mahouts miteinander plauderten und über Babas Worte sprachen, als seien sie ein Quell bedeutender Erkenntnis, fragte ich Choudhury und Churchill, wie sie zu alledem stünden.

Churchill hielt die Existenz eines Elefantenfriedhofs für möglich, weil er trotz der vielen Zeit, die er im Dschungel verbracht hatte, noch nie den Kadaver eines *hathi* gefunden hatte, der eines natürlichen Todes gestorben war.

»Ich viele Tiere gesehen, nein? Affe, Vogel, Schlange. Ein Nashorn. Aber *hathi,* nie. Wo er hingehen? Vielleicht zum Elefantenfriedhof. Ja, vielleicht stimmt es, nein?«

Auch Choudhury hatte in freier Wildbahn noch keinen Elefantenkadaver gesehen, aber er wollte sich nicht zu der Frage äußern, ob er an die Existenz des geheimnisvollen Friedhofs glaube.

Badger zeigte sich sehr entschieden.

»Es ist völliger Unsinn. Dieser Kerl steckt voller Hirngespinste«, sagte er.

Mole war der gleichen Meinung.

»Ich hab in meinem ganzen Leben noch nicht so viel Quatsch gehört.«

Uns zu Ehren wurde ein Festmahl zubereitet. Mit Reis gefüllte Stücke Bambusrohr, über dem Feuer geröstet, und reichliche Portionen Hammeleintopf wurden auf getrockneten Tabakblättern angerichtet, die als Teller dienten. Die Mahouts aßen mit den Händen, wobei sie den Reis zu klebrigen Bällchen formten, die sie geschickt in den Mund schaufelten. Dies war eine

Kunst, die ich nicht beherrschte; stattdessen benutzte ich eine Plastikgabel, die ich ständig bei mir trug.

Als Baba mit dem Essen fertig war, fragte er Choudhury, wie er den Einzelgänger finden wolle. Der Jäger antwortete, Amu, der Ranger, habe angeboten, uns eine Gruppe von Wildhütern zur Verfügung zu stellen.

»Das wird lange dauern. Kaziranga ist groß«, meinte Baba. Er leckte sich die Oberlippe und berührte mit der Zunge das Nasenende. Offenkundig wollte er auf etwas ganz Bestimmtes hinaus.

»Ich könnte Ihnen helfen, den Elefanten zu finden«, sagte er. »Morgen früh wüssten Sie, wo er ist.«

Dies war ein interessanter Vorschlag. Keiner von uns war begeistert von der Aussicht, vierhundert Quadratkilometer Dschungel und Sumpfland zu durchkämmen. Aber wie viel würde es kosten? Und was noch wichtiger war: Wie wollte Baba den Goonda so schnell aufspüren?

»Das ist leicht. Ich werde mich in einen Tiger verwandeln«, antwortete der Mahout unbekümmert. »Dann werde ich in den Dschungel gehen und den Elefanten finden.«

Er machte seinen Vorschlag mit der gleichen Beiläufigkeit, mit der ein Engländer einen Kommentar zum Wetter abgibt. Dennoch zuckte niemand der am Feuer Versammelten mit der Wimper. Anscheinend hielt man es in Assam nicht für ungewöhnlich, dass sich Menschen in Tiger verwandeln. Derartige Behauptungen wurden nicht als Symptome einer Geisteskrankheit betrachtet – zumindest nicht von meinen gegenwärtigen Begleitern. Selbst Choudhury schien nicht verdutzt zu sein.

»Wie viel?«, war alles, was der Jäger fragte.

Diesmal, das war klar, würden wir nicht so billig davonkommen. Man sah förmlich, wie die Rupienzeichen in dem gesunden Auge des Mahouts aufblitzten, als er seine Forderung nannte.

»Fünfhundert.«
Der Jäger und Churchill zuckten zusammen. Sie hatten offenbar nicht so viel Geld bei sich. Wenn ich sehen wollte, wie sich ein Mensch in einen Tiger verwandelt, war es an mir, dafür zu zahlen. Ich blätterte ihm den Betrag hin.
Baba schnappte sich die Scheine und warf nur einen flüchtigen Blick darauf, bevor er sie in die Hose stopfte. Dann zog er ein in Cellophan eingeschlagenes Päckchen aus einem Einkaufsnetz, öffnete es und ließ ein Dutzend Muskatnusssamen in die linke Handfläche rieseln. Als Nächstes griff er in eine zweite Tasche, die hinter ihm stand, und förderte einen steinernen Stößel und einen Mörser zutage; damit zermahlte er die Samen sorgfältig zu einem feinen Puder, ehe er etwas Tabak und eine harzige Substanz, die er, wie er erklärte, aus der Rinde eines seltenen Baumes extrahiert hatte, druntermischte.
»Jetzt müsst ihr alle einen Kreis um mich bilden, und keiner von euch darf ihn verlassen, was auch immer geschieht«, instruierte uns der Mahout. »Wenn es doch einer tut, hat das schlimme Folgen.«
Während die anderen der Aufforderung nachkamen, zögerte ich. Seitdem es in meiner Schulzeit bei einer spiritistischen Sitzung zu einem Zwischenfall gekommen war, hütete ich mich vor dem Okkulten.
»Ich werde die Finger davon lassen«, sagte ich.
Doch selbst Badger bestand darauf, dass ich mitmachte, und zog mich in den Kreis. »Na, kommen Sie schon! Wir werden unseren Spaß haben«, sagte er.
Als wir alle unsere Plätze eingenommen hatten, kniete sich der Mahout vor dem Feuer in der Mitte des Kreises nieder. »Berührt mich nicht und versucht nicht, mich aufzuwecken. Habt keine Angst. Solange ihr miteinander in Kontakt bleibt, wird euch nichts geschehen. Bleibt hier, bis ich fort bin. Dann könnt ihr gehen. Ihr werdet die Antwort morgen früh bekommen.«

Daraufhin legte er die seltsame Mixtur auf seine Zunge und schloss die Augen.
»Er geht in andere Welt, nein?«, flüsterte Churchill.
»Ich glaube, dass Baba bereits in seiner eigenen Welt lebt«, bemerkte ich. »Aber wann wird er sich in einen Tiger verwandeln?«
»Geist in ihn fahren, Tigergeist. Sehr mächtig, nein?«
Babas Unterlippe begann zu zittern, als würde er gleich in Tränen ausbrechen. Die Muskeln in seinem Gesicht zuckten. Er atmete schneller, und seiner Brust entfuhr ein krächzendes Geräusch. Seine Hände bebten im Takt mit dem Nicken des Kopfes. Er spannte seine Arme an, und die Adern an seinen Handgelenken traten hervor. Sein Gesicht verwandelte sich zusehends zu einer starren Grimasse.
Dann geschah etwas sehr Seltsames. Der Mahout begann, wirklich unheimliche Geräusche von sich zu geben – so unangenehm wie der schrille Ton, der entsteht, wenn man mit den Fingernägeln über eine Schultafel kratzt. Zunächst glaubte ich, er knirsche mit den Zähnen, doch sein Kiefer bewegte sich nicht, und außerdem hatte Baba nur noch wenige Zähne, mit denen er hätte knirschen können. Das Geräusch wurde lauter und lauter, als würde es durch Lautsprecher verstärkt. Dann sank er auf alle viere und begann das Feuer zu umkreisen. Er kratzte mit den Fingernägeln den Erdboden auf und bockte wie ein Stier, wobei er den Kopf in den Nacken warf und brüllte.
Plötzlich verharrte er reglos, die Finger wie Klauen gekrümmt. Er öffnete sein Auge, das glasig war, als wäre es von einem dünnen Film überzogen. Schaum trat ihm auf die Lippen. Er krümmte sich auf dem Boden zusammen und rieb die Hände hinter den Ohren. Dann sprang er auf, stürzte mit einem gellenden Schrei aus dem Kreis heraus und entschwand auf allen vieren in die Finsternis.
Kaum war er außer Sicht, brach Badger in Gelächter aus.

»Dieser Kerl ist völlig übergeschnappt«, sagte er.
»Wohin geht er?«, fragte ich.
»In den siebzehnten Himmel, vermute ich«, sagte der Gurkha.
»Er gehen in Wald, Tarwin«, sagte Churchill. »Bösen Elefant suchen.«
Es war mittlerweile weit nach Mitternacht. Die anderen Mahouts begaben sich in ihre Zelte. Hinter ihnen konnte ich im Mondlicht die Silhouetten ihrer Elefanten erkennen. Mr. Choudhury stand ebenfalls auf und wollte gehen.
»Warten wir nicht auf Baba?«, fragte ich.
»Wir werden morgen feststellen, ob er unseren Elefanten gefunden hat«, sagte er.
Er klang skeptisch, und irgendwie spürte ich, dass er nicht an Tigermenschen glaubte. Aber er wollte es vor den anderen nicht offen zugeben.
»Kehren wir ins Hotel zurück.«
Wir wünschten allen eine gute Nacht und gingen zum Landrover. Hinter uns fauchte Badger wie eine Katze, und als wir losfuhren, hörten wir noch immer sein schallendes Lachen.

Zurück in meinem komfortablen Hotelzimmer schlug ich in *Elephant Gold* nach, um herauszufinden, ob Stracey etwas über Elefantenfriedhöfe geschrieben hatte. Ich fand mehrere Hinweise auf Sagen in Sri Lanka, wo sich angeblich nicht weit vom Adam's Peak ein Dickhäuterfriedhof befand, und in Mysore in Südindien, wo die Kuraba, die von alters her eine reichhaltige Elefantenkultur besaßen, an die Existenz eines heiligen Friedhofs glaubten. Das Buch berichtet auch von dem sagenhaften Land Jambudvipa, Heimstatt des Zauberbergs Vinataka, der die Form eines Elefanten hat und von dem viele glauben, er sei ihre letzte Ruhestätte.
Die indische Mythologie kannte offenbar eine Fülle von Legenden über Elefanten. In alter Zeit wurden die Rüsseltiere als *has-*

tin bezeichnet – was so viel heißt wie das wilde Tier mit einem Arm –, und man glaubte, sie könnten fliegen. Einer Sage zufolge wurden sie von einem mächtigen Zauberer ihrer Flugfähigkeit beraubt, nachdem sie versehentlich einen Ast auf seinen Kopf hatten fallen lassen.
Die Hindus glauben, jede der acht Himmelsrichtungen werde von einem Elefanten bewacht, und im Buddhismus gelten weiße Elefanten – eine Reinkarnation des Buddhas, wenn er auch einen silbernen Rüssel und »sechs verschiedenfarbige Stoßzähne« hatte – als Glücksbringer.
Ich klappte das Buch zu und ließ die Ereignisse des Tages Revue passieren, wobei ich wie gebannt auf den sich drehenden Ventilator an der Decke starrte.
Badger hatte Recht. Baba war völlig verrückt. Dennoch drängte sich mir die Frage auf, ob die Sage nicht vielleicht doch einen wahren Kern hatte. Lag ihr, wie so vielen anderen Legenden, ein realer Sachverhalt zugrunde?
Als ich das Licht ausschaltete, erinnerte ich mich an ein Sprichwort, das ich vor einigen Jahren in Afghanistan gehört hatte: »Der Pfad zur Wahrheit beginnt in der Vorstellungskraft der Menschen.«
Mit diesem Gedanken schloss ich die Augen, und ich nahm mir fest vor, der Legende vom Elefantenfriedhof auf den Grund zu gehen.

7 Das Bild gewinnt Kontur

Das Leben ist viel seltsamer als alles, was der Geist des Menschen erfinden könnte.
Arthur Conan Doyle, *Die Abenteuer des Sherlock Holmes*

»HE BOSS! Aufwachen! Ischon spät!«
Der Klang dieser Stimme und das laute Pochen gegen meine Zimmertür ließen mich augenblicklich kerzengerade in meinem Bett hochfahren. Ich kannte die Stimme nur zu gut. Es war die von Vipal Ganguly, meinem Pressefotografen aus Kalkutta. »Aufwach, aufwach, Boss!«, erschallte seine Stimme erneut. »Ich bin's. Dein bester Freund, Vipal! Mach auf!«
Ein paar benommene Momente lang verharrte ich zwischen Traumwelt und Wachbewusstsein und versuchte herauszufinden, ob ich vielleicht an Halluzinationen litt. Ein weiteres Klopfstakkato an der Tür beseitigte den letzten Zweifel. Mein Albtraum begann gerade erst.
»Boss, du da drinnen? Es ist sechs Uhr!«
Die Tatsache, dass Vipal im Flur stand, erfüllte mich mit jähem Schrecken. Wie keine andere Person, die mir jemals über den Weg gelaufen war, besaß der Bengale die Fähigkeit, mich zur Weißglut zu bringen. Doch andererseits hatte er mir in der Vergangenheit immer wieder unschätzbare Dienste erwiesen; so war er mir zweimal behilflich gewesen, echte Knüller zu landen, die mich beruflich weitergebracht hatten. Daher schuldete ich ihm Dank und bemühte mich sehr, seine Gefühle nicht zu verletzen, so schwer mir dies oftmals auch fiel.
Auf all seinen Reisen scharte Vipal unfehlbar eine Herde von Kriechern, Helfern und Profiteuren um sich, allesamt halbwegs

gestrandete Existenzen, die verzweifelt auf eine Chance lauerten, als Journalisten Fuß zu fassen. Bei mehreren meiner Aufenthalte in Kalkutta hatte er seine Freunde mitgebracht, und gemeinsam hatten sie die Minibars in den Hotelzimmern ausgeräumt. Die Wahrscheinlichkeit, dass er diesmal allein vor meiner Tür stand, war gleich null.

»Aufmachen, Boss«, kreischte er, gegen die Tür hämmernd. »Keine Angst. Vipal ist hier!«

Ich lag auf dem Bett, von dem Wunsch beseelt, er möge sich in Luft auflösen. Zwei, drei Minuten herrschte Stille, doch dann trommelte er erneut gegen die Tür.

»Mist! Mist! Mist!«, zischte ich leise durch die Zähne, meinen Kopf im Kissen vergrabend. »Das darf nicht wahr sein.«

»Na, komm schon, Boss. Mach auf!«

Da mir offenkundig nichts anderes übrig blieb, stapfte ich zur Tür und öffnete sie widerstrebend. Da stand Vipal, sein Gesicht nur ein paar Zentimeter von meinem entfernt. Er lächelte verschmitzt wie ein Lausejunge.

»Hal-loo, Boss!«, schrie er mir direkt ins Ohr. »Üüber-laaschung!«

Er ballte die Fäuste wie ein Boxer und schlug mir im Spaß auf die Brust. »He, Boss, hübsches Zimmer«, sagte er, sich reckend, um einen Blick über meine Schulter zu werfen.

Dann drängte er sich wie ein ungeliebter Verwandter, der unangekündigt zu Besuch kommt, an mir vorbei. Wie ich vermutet hatte, war er nicht allein. Diesmal bestand Vipals Gefolge aus nicht weniger als sieben unterwürfig dreinblickenden Gestalten, die ihm ins Zimmer folgten und dabei einer nach dem anderen an mir vorbeischlüpften. Noch bevor ich protestieren konnte, hatten sie bereits auf verschiedenen Möbelstücken im Zimmer Platz genommen.

»Boss, das ist Venky, Pratap, SP, Dalchan, Mr. Jacob, Meraj und Supan. Alles meine Freunde.«

Sie streckten mir die Hände entgegen, die ich nacheinander schüttelte.
»Was um alles in der Welt machst du hier?«, fragte ich Vipal, aufrichtig erstaunt, und mein ganzes Sehnen und Trachten gipfelte in dem Wunsch, dass er den Grund meines Aufenthalts in Assam nicht kannte. Die Vorstellung, der Bengale könnte sich ungefragt der Elefantenjagd anschließen, war mir unerträglich.
Vipal war außer sich vor Freude. Nichts machte ihm mehr Spaß als eine gelungene Überraschung. Er stürzte auf mich zu und umarmte mich herzlich.
»Hahaha!«, entfuhr es ihm, und er blinzelte mir zu, als er am Fußende des Bettes Platz nahm. »Da bin ich, Boss.«
»Ich sehe, dass du da bist«, sagte ich, um Fassung ringend. »Aber wie hast du mich gefunden?«
»Hahaha«, prustete es erneut aus ihm heraus.
Ich spürte, wie sich meine Nerven anspannten. Erst hatte er mich um sechs Uhr früh geweckt, und jetzt spielte er auch noch den Schlaumeier.
»Jetzt mal im Ernst«, fuhr ich fort, »wie hast du mich gefunden? Niemand weiß, wo ich bin. Nicht einmal im Büro in Delhi.«
»Oh, Boss«, sagte er grinsend, »ich hab dir *so* oft gesagt, dass ich fünfzehn*tausend* Freunde hab.«
Es war die bittere Wahrheit, dass Vipal offenbar überall Leute kannte, die ihn mit Informationen versorgten – er besaß ein geradezu unheimliches Geschick, Menschen kennen zu lernen. Anscheinend erstreckte sich sein Netz bis in den entlegenen Nordosten Indiens.
»Schön, dich zu sehen, Vipal«, sagte ich und gab mir redlich Mühe, begeistert zu klingen, obwohl mein Denken noch immer argwöhnisch um die Frage kreiste, was ihn dazu getrieben hatte, hierher zu kommen. »Was hast du vor? Machst du hier Urlaub?«

»Nein, nein, nein. Ich höre, dass du hinter Eli-pant her bist. Ich liebe Eli-pant. Also reiste ich den ganzen Weg von Kal, um mit dir zu kommen.«

»Nur über meine Leiche«, entfuhr es mir.

Zum Glück ging genau in dem Moment der Fernseher an und übertönte meine Worte. Krächzende südindische Musik unterlegte den Anblick einer drallen, breithüftigen Tamilin, die sich in einem nassen, am Leib klebenden Chiffon-Sari auf allen vieren durch ein Margeritenfeld rekelte. Wütend entriss ich einem Mann aus Vipals Gefolge die Fernbedienung und schaltete das Gerät aus.

»Ja, ich komme, um Eli-pant zu jagen«, fuhr Vipal fort, wobei er mit seinen Fingern ein Gewehr nachstellte und auf ein imaginäres Ziel schoss.

»Ach ja?«, sagte ich, mit den Zähnen knirschend. »Und wie kommst du auf diese Idee?«

»Weil ich schon immer mal eine Tour mit einem Eli-pant machen wollte«, erwiderte er in aller Unschuld.

Ich spürte, wie die Wut in mir aufstieg. Jeden Moment konnte sie aus mir hervorbrechen. Ich ging steifbeinig ins Bad, um mich zu beruhigen, und kehrte einige Minuten später mit einem, wie ich glaubte, klugen Plan zurück.

»Also, Vipal, du kommst mit uns. Das ist toll. Wir werden eine Menge Spaß haben«, sagte ich.

»Ja, ja. Eli-pant ist Mordsspaß«, sagte er, vom Bett aufspringend.

Er tat so, als wäre sein Arm ein Rüssel, ließ ihn vor seinem Gesicht baumeln und gab Trompetenstöße von sich. Seine Freunde machten mit und ahmten ihn stupide nach.

»Das einzige Problem besteht darin«, fügte ich hinzu, »dass es nicht an mir liegt, ob du mitkommst. Nur der Jäger, Mr. Choudhury, kann dies erlauben, und er lässt sich nicht leicht überreden.«

Ich konnte den Unterton des Triumphes in meiner Stimme kaum unterdrücken.

»Ach, keine Sorge, Boss«, sagte Vipal mit wegwerfender Geste. »Ich hab mit Choudhury gesprochen. Er lädt mich ein.«

»Was? Du hast mit ihm gesprochen?«, zischte ich. »Wer hat dir das erlaubt? Woher kennst du ihn?«

»Ich kenne ihn mordsviele Jahre«, antwortete Vipal in einem Ton, aus dem klar hervorging, dass dies allgemein bekannt war. Mein Gefühlsausbruch schien ihn gekränkt zu haben, denn er zog eine Schnute. »Ich habe schon viele, viele Male die totale Reportage über ihn gedreht«, fügte er schüchtern hinzu.

Ich ließ mich aufs Bett fallen und schüttelte ungläubig den Kopf. Ob es mir passte oder nicht, es sah so aus, als würde Vipal mitkommen – es sei denn, mir fiele noch ein anderer Plan ein, ihn loszuwerden.

Nachdem ich mich der unerwünschten und ungeladenen Gäste entledigt hatte, wusch ich mich, kleidete mich an und ging dann hinunter ins Restaurant. Mr. Choudhury und Vipal standen am Frühstücksbüfett und wählten Speisen aus.

Als ich die beiden direkt nebeneinander stehen sah, wurde mir klar, wie kleinwüchsig Vipal war. Der Bengale maß nicht mehr als ein Meter fünfzig und reichte mir gerade bis an die Brust. Er war dürr und seine Kleidung viel zu weit für ihn. Seine ausgewaschenen Jeans, die in losen Falten um seine Beine schlotterten, waren in Knöchelhöhe umgeschlagen und seine Hemdsärmel um seine Handgelenke gekrempelt.

Wenn man ihn so sah, konnte man kaum glauben, dass er seit über zwanzig Jahren als Pressefotograf und in jüngster Zeit als Video-Kameramann arbeitete, der seine Tage damit verbrachte, sich in dem fürchterlichen Pressegetümmel Indiens durchzuboxen. Er hatte über Hungersnöte, Ausschreitungen und zahllose Volkserhebungen berichtet. An dem Tag, an dem

Indira Gandhi von ihren eigenen Leibwächtern erschossen wurde, war Vipal auf den Straßen Delhis unterwegs, auf denen es zu schweren Krawallen kam, und machte Fotos, als der entfesselte Mob Tausende unschuldiger Sikhs abschlachtete.

»Das war eine echt schreckliche Zeit. Überall lagen mordsviele Leichen herum«, erzählte er mir einmal. »Ich hatte alles total im Kasten. Und zu viele Fotos verschickt, Boss. Sie erschienen in mordsvielen Zeitungen.«

»War er es nicht gefährlich?«, hatte ich gefragt.

»Nicht für Vipal, Boss«, hatte er geantwortet. »Mordsviele Leute mögen mich.«

»Ich bin aus der Brahmanenkaste, aber ich wuchs in armem Dorf auf«, sagte er mir bescheiden, als wir uns kennen lernten. »Keine Schule. Kein Geld. Kaum etwas zu essen. Mordselend. Selbst wir haben nichts von den modernen Dingen.«

Wenn man bedachte, aus welch ärmlichen Verhältnissen Vipal stammte und dass er keine formale Bildung besaß, dann war es erstaunlich, wie weit er es aus eigener Kraft gebracht hatte. Seine Berichte wurden regelmäßig auf dem internationalen Satellitenkanal von BBC gesendet, und in seiner Heimatstadt war er eine Art Berühmtheit. Selbst in Bangladesch, wo er mehrere Dokumentarfilme gedreht hatte, war er ein fester Begriff, und kürzlich hatte ihn sogar die Regierungschefin, Scheich Hasina, empfangen.

Gemessen am indischen Standard verdiente er ein Vermögen, und sein Einkommen erlaubte ihm den Luxus von Auslandsreisen. Erst vor einem Monat war er als Gast von Dominique Lapierre, dem Verfasser von *Stadt der Freude,* nach Frankreich gereist. Im Jahr zuvor hatte er in Berlin bei der im Exil lebenden bangladeschischen Schriftstellerin und Frauenrechtlerin Taslima Nasrin gewohnt.

»Bald fliege ich in die Vereinigten Staaten von Amerika«, sagte er, als wir in dem Restaurant frühstückten. »New York, San

Francisco, Chicago, Los Angeles, die totalen Städte. Aber Boss, ich möchte einen Mann viel zu gern treffen.«
»Wen?«
»Ich bin *Mordsfan* von Frank Sinatra. Ich liebe sein Lied ›I am going it my way‹.«
Er begann zu singen, doch das war selbst Mr. Choudhury zu viel.
»Bitte nicht beim Frühstück«, sagte der Jäger höflich.
Vipal schien leicht gekränkt zu sein, fing sich aber sehr schnell wieder.
»Also, du denkst, dass ich Miester Frank sprechen kann?«, fragte er.
Nach dem, was ich in den Zeitungen gelesen hatte, lag Sinatra im Sterben. Andererseits besaß Vipal ein besonderes Talent, berühmte Personen zu einem Treffen mit ihm zu überreden, und seine Hartnäckigkeit zahlte sich immer wieder aus.
»Irgendwie spüre ich, dass du es schaffen wirst«, sagte ich. »Ja, ich bin auch ganz sicher«, fügte Choudhury hinzu, der Vipal unterhaltsam zu finden schien, auch wenn ich merkte, dass ihm das unaufhörliche Geplapper des Bengalen ein wenig auf die Nerven ging.
»Also schießen wir den totalen Eli-pant heute?«, fragte Vipal.
»Nein, heute erschießen wir ihn nicht«, erwiderte der Jäger. »Der Einzelgänger ist in Kaziranga.«
Ich fragte Mr. Choudhury, ob er glaube, Baba habe sich wirklich in einen Tiger verwandelt.
»Nein, ich glaube, er hat sich in überhaupt nichts verwandelt«, antwortete er. »Aber manchmal sehen diese Menschen Dinge, die uns verborgen bleiben. Sie sind im Einklang mit der Natur und besitzen gewisse Kräfte, die wir nicht verstehen.«
Ob er glaube, dass Baba den Goonda aufspüren werde?
»Vielleicht«, antwortete Choudhury. »Es ist schon Unerhörteres geschehen, finden Sie nicht?«

»Ja, sehr seltsam«, fiel ihm Vipal ins Wort. »Einmal sah ich, wie sich ein Mann nur in ein Schlange verwandelte.«
Der Bengale hielt inne in der Hoffnung, einer von uns würde ihn bedrängen, weitere Details zu enthüllen. Doch weder Choudhury noch ich hatten Lust, nach dem Köder zu schnappen, und nachdem wir die Rechnung beglichen hatten, strebten wir zur Vordertür des Hotels, noch bevor Vipal Gelegenheit hatte, sein Mundwerk wieder in Gang zu setzen.

Der Parkwächter, der das Haupttor zum Kaziranga-Park beaufsichtigte, war eine einsame Gestalt, nur mit einem *lathi* bewaffnet, mit dem er bei seinen Rundgängen auf den Boden klopfte. Dabei summte er ein assamesisches Volkslied und rieb sich die Hände, um sie warm zu halten, und seine Stiefel platschten durch Pfützen, in denen sich Regenwasser gesammelt hatte. Er trug einen dunkelgrünen Regenumhang, wollene Fäustlinge und einen Kopfschützer, der den größten Teil seines Gesichts verdeckte.
Während wir gegenüber dem Tor bei dem Landrover auf Baba und die anderen warteten, setzte sich der Parkhüter am Straßenrand auf seinen *charpoy*. Zu seinen Füßen brannte ein Holzfeuer, über dem ein Kessel pfiff. Er zog die Fäustlinge aus und wärmte sich die Hände an den Flammen. Dann, als der Tee fertig war, goss er die Flüssigkeit in ein Glas, das sofort beschlug, und nippte daran, wobei der Dampf sein Gesicht einhüllte.
Ein schneidender Wind peitschte das Stück Niemandsland am Rande des Parks. Ich senkte das Kinn tief auf die Brust und schlug den Kragen meines Mantels über die Ohren. Das Gesicht verziehend, blickte ich zum Himmel, um die Sonne ausfindig zu machen, doch sie war hinter einem Baldachin tief hängender Wolken verschwunden, die eben jetzt zu einem weiteren Sturmangriff auf den wehrlosen Erdboden ansetzten.
Im Süden waren die steilen Hänge der Karbi-Anglong-Berge

von einer wirbelnden Nebelbank umgeben, aus der die Wipfel der Baumfarne ragten und nach dem Himmel griffen wie die Arme ertrinkender Matrosen. Der Dschungel im Norden sah grau und trist aus, alle Farben waren aus seiner Flora herausgewaschen, als hätte ihn über Nacht saurer Regen gebleicht.
Selbst die in Indien allgegenwärtigen Krähen schien das Wetter verdrießlich gestimmt zu haben. Eine Reihe dieser sagenumwobenen Unheilkünder hockte zusammengekauert auf einem Überlandkabel, schweigend und triefnass. Rudra saß auf dem Fahrersitz des Landrover und klagte, die Feuchtigkeit werde seinen Betelnussvorrat verderben. Und selbst Vipal hatte es dieses eine Mal die Sprache verschlagen. Nur der Jäger schien das offenbar den Wintereinbruch ankündigende Wetter zu genießen. In Sandalen ohne Socken stand er am Straßenrand und ließ den Blick über die riesige Fläche Grasland schweifen, die sich vor uns erstreckte. Er sog die saubere Luft mit der Aufmerksamkeit eines Menschen ein, der sich der Natur mit Haut und Haar verschrieben hat.
Jetzt, da der Druck einstweilen von Choudhury abgefallen war, wirkte er sichtlich entspannter. Ihm und dem Elefanten wurde eine Gnadenfrist gewährt. Dennoch blieb der Jäger auf der Hut.
»Wir müssen ein wachsames Auge auf ihn haben. Wer weiß, was er vorhat! Vielleicht bleibt er im Park. Oder er durchschwimmt den Fluss erneut und richtet weiteres Unheil an. Wir dürfen ihn unter keinen Umständen entwischen lassen. Wenn uns Baba nicht helfen kann, dann müssen wir seine Fährte am Fluss aufnehmen und ihr mit Hilfe der *kunkis* in den Park folgen.«
»Werden Sie versuchen, ihn aus Kaziranga herauszulocken?«, fragte ich.
»Nein, nein. Er soll ruhig dort bleiben. Vielleicht wird er sich bessern.«

»Wie lange wollen Sie warten?«

»Wir werden sehen. Dies ist wie ein Schachspiel. Wir werden warten, bis er den nächsten Zug macht«, sagte er.

»Dann werden wir entscheiden, wie wir taktisch am klügsten vorgehen.«

»Es ist also noch nicht vorbei?«

»Nein«, antwortete Choudhury. »Ich bin sicher, dass wir schon bald wieder von diesem Elefanten hören werden. Er ist das außergewöhnlichste Tier, das mir je über den Weg gelaufen ist.«

Während wir am Tor warteten, erzählte er mir von seiner Zeit in Malaysia, wo er in den siebziger Jahren gearbeitet hatte, und von seiner Passion für Gewehre.

»Waren Sie jemals bei Holland and Holland?«, fragte er. »Ich glaube, sie sitzen in London. Ich hab ihren Katalog – die schönsten Gewehre der Welt.«

»Sie sollten mich in London besuchen, und ich werde Sie dorthin bringen«, bot ich ihm an, in der Erwartung, dass er den Vorschlag sogleich aufgreifen würde.

»Ich hab's nicht eilig, Assam zu verlassen«, erwiderte er stattdessen. Sein Bruder sei vor drei Jahren nach Kenia ausgewandert, und er habe ihn noch immer nicht besucht.

»Dies ist meine Heimat. Ich bin hier sehr glücklich«, sagte er. »Doch einen Wunsch hätte ich: einige Nummern von der *Shooting Times*. In Indien kommt man einfach nicht an diese Zeitschrift heran. Wenn Sie mir ein paar Hefte schicken könnten, wäre ich Ihnen überaus dankbar.«

Eine Minute später hielten zwei vollbesetzte Maruti Gypsies vor uns an. Gesichter lugten hinter den beschlagenen Scheiben des ersten Wagens hervor, und ich erkannte Churchill, Mole und Badger, die eingezwängt auf dem Beifahrersitz saßen. Die drei hatten die Nacht im Park verbracht und waren über den plötzlichen Temperatursturz alles andere als erfreut.

»Dieses Wetter macht einen fertig«, klagte Mole. »Wir haben fast kein Auge zugekriegt.«

»Ganz übler Regen, nein?«, sagte Churchill, als ich sie mit Vipal bekannt machte. »Zu viel Wasser fallen. Sogar *hathi* nicht mögen.«

»Was ist mit Baba passiert?«, fragte ich Badger. »Ist er noch immer ein Tiger? Oder hat er wieder seine ursprüngliche Gestalt angenommen?«

»Ach wo, der schläft sich im Camp aus«, sagte der Gurkha lachend. »Er wankte tief in der Nacht mit völlig zerkratztem Gesicht ins Lager und murmelte etwas von ›eurem Elefanten‹.«

Der alte Mahout, berichtete Churchill, habe den Elefantenbullen am anderen Ende des Parks aufgespürt und beschrieben, wie er zu finden sei.

»Er hat den Standort des Einzelgängers auf einer Landkarte markiert. Aber ich glaube es erst, wenn ich ihn sehe«, fügte Badger hinzu.

Mr. Choudhury und Vipal stiegen in das vordere Fahrzeug. Da ich die nächsten Stunden unbedingt meine Ruhe vor dem schwatzhaften Bengalen haben wollte, kletterte ich in den Fond des zweiten Jeeps, wo sich vier Forstwachen auf schmalen, an der Außenseite des Fahrzeugs befestigten Bänken gegenübersaßen. Ich quetschte mich zwischen zwei der Männer.

»Halten Sie sich daran fest«, sagte einer von ihnen auf Englisch, auf einen Lederriemen deutend, der am Dachrahmen hing. »Es ist eine holprige Straße, und der Fahrer tritt nur selten aufs Bremspedal.«

Der Fahrer wendete den Wagen, gab energisch Gas, und schon brausten wir in den Kaziranga-Park, und von den Pfützen, durch die wir fuhren, spritzte das Wasser gegen die Scheiben. Durch den schwarzen Rauch, der aus dem Auspuff quoll, spähte ich nach draußen. Die Straße hinter uns schien von Fröschen zu wimmeln, Hunderte von ihnen sprangen zwischen

den zerschmetterten Überresten jener Unglücklichen herum, die nur ein paar Sekunden zuvor von unseren Reifen platt gewalzt worden waren.
Zum Himmel aufblickend, sah ich einen Adler, der seine Kreise zog. Mit weit ausgestreckten Schwingen segelte er, getragen von den thermischen Aufwinden, dahin, als hinge er an einer unsichtbaren Schnur am Himmelszelt. Dann, urplötzlich, stieß er auf die Erde hinab, um sich nur wenige Sekunden später mit einem zappelnden Kalijfasan, den er mit seinen Klauen durchbohrt hatte, wieder in die Lüfte zu erheben.
Der Fahrer, der bei der Rallye Paris–Dakar zweifellos einen der vorderen Plätze belegt hätte, raste durch üppiges Grasland, wo ein vereinzelter Gaur weidete. Von unseren Motoren aufgeschreckt, drehte er sich um und trabte ins *Tara*-Gras davon, wo er eine Gruppe Barasinghas aufscheuchte, die hinter einem Wall aus dornigen Rotangpalmen Zuflucht suchten. Etwas später kamen wir an einem See vorbei, in dem sich Otter tummelten.
Schon bald ging das Grasland in Dschungel über. Moosbewachsene Bäume, drapiert mit vollgesogenen Schlingpflanzen, säumten den Weg. Die Piste verwandelte sich in dünnflüssigen Schlamm, und als wir zu rutschen begannen und ins Schleudern gerieten, schaltete der Fahrer auf Vierradantrieb. Die Reifen wirbelten den Matsch auf, der meine Knie und Schultern bespritzte, während der vor uns fahrende Jeep unsere Windschutzscheibe mit Schlamm bewarf, den die Scheibenwischer über das gesamte Glas schmierten.
Dann, mit einem Donnerknall, der sich anhörte wie eine Dynamitexplosion, öffnete der Himmel seine Schleusen. Hagelkörner, so groß und fest wie Schrotkugeln, prallten von der Motorhaube ab und klatschten auf die morastige Piste. Riesige Regentropfen folgten und trommelten auf das Laubwerk beidseits des Weges, das sich unter dem Ansturm neigte.

»Wenigstens hat der Regen den Fahrer abgebremst«, schrie der älteste der vier Forstwachen gegen das Getöse des Wolkenbruchs an. »Wir sollten dankbar dafür sein.«
Der Name der Wache war Dinesh, und wie sein Namensvetter Choudhury war auch er Mitte fünfzig. Seit fünfunddreißig Jahren schützte er die Wildtiere im Kaziranga-Nationalpark und wusste vermutlich mehr über das Schutzgebiet als irgendjemand sonst.
»Das Nashorn ist für die Assamesen ein ganz besonderes Tier«, schrie Dinesh gegen den dröhnenden Motor an. »Unser Gott Krishna brachte es hierher, damit es gegen einen bösen König kämpfte. Nachdem die Schlacht vorüber war, beschloss das Nashorn zu bleiben und diese Gegend zu seiner Heimat zu machen.«
Der Wildhüter trug einen eiförmigen Kristall um den Hals. Wie alle Assamesen war er als Kind unmittelbar nach der Geburt zum heiligen Tempel der Neun Planeten in Guwahati gebracht worden, dem einzigen astrologischen Tempel auf der Welt. Dort hatten die Priester sein Horoskop erstellt und seinen Lebensweg vorausgesagt. Der Astrologe seiner Familie hatte ihm den Kristall geschenkt, der ihm helfen sollte, den negativen Einfluss des Saturn abzuwehren.
»Jeder Assamese hat ein Horoskop. Es hat mir während meines gesamten Lebens geholfen, die richtigen Entscheidungen zu treffen«, sagte er mir. »Und dieser Kristall hat zerstörerische Kräfte abgehalten.«
Angesichts der Vielzahl von Gefechten, an denen Dinesh in Kaziranga teilgenommen hatte, und der Tatsache, dass er immer mit heiler Haut davongekommen war, lag der Eindruck nahe, dass sein Talisman zu wirken schien. Einige seiner Kollegen hatten nicht so viel Glück gehabt. Vor drei Monaten waren zwei seiner engsten Freunde bei einem Zusammenstoß mit Wilderern am Ufer des Brahmaputra getötet worden, und der

Forstwächter, der neben mir saß, hob voller Stolz sein Hemd hoch und zeigte mir die Narbe an der Stelle, wo bei demselben Zwischenfall eine Kugel seinen Körper durchschlagen und nur um Haaresbreite seine Leber verfehlt hatte.

»Einige Wilderer wollen einfach nicht aufgeben«, sagte Dinesh. »Sie bekommen für ein Rhinozeroshorn etwa zehntausend Dollar. Das ist genug für sie, um sich zur Ruhe zu setzen – wenn sie am Leben bleiben.«

Die Straße verengte sich zu einem Pfad, den die Bäume tunnelartig überwölbten. Niedrige Äste streiften am Leinwanddach entlang. Donner rollte in der Ferne, während Blitze selbst die düstersten Schlupfwinkel des Dschungels erhellten. Als der Jeep quer über den Pfad rutschte, wobei sich Hinterräder und Vorderräder in entgegengesetzte Richtungen drehten, wurde mir übel.

»Wissen Sie, wer die Blitze macht, nein?«, fragte Dinesh.

»Wer denn?«

»Elefanten«, sagte der Wildhüter.

»Und wie?«

»Es heißt, wenn zwei Elefantenbullen kämpfen, prallen ihre Stoßzähne zusammen, und dabei entstehen Blitze.«

Ich fragte Dinesh, ob er jemals vom Elefantenfriedhof gehört habe.

Der Forstwächter kannte die Brahma-Legende, wenngleich in seiner Version der Gottheit auch ein Rind zur Hilfe kam, dem er zum Dank das Geheimnis der Unsterblichkeit anvertraute, und ein Chamäleon, dem er das Geheimnis der Prophezeiung enthüllte.

Glaubte er also an die Existenz des Friedhofs?

»Selbst in Kaziranga bin ich noch nie auf den Kadaver eines Elefanten gestoßen«, sagte er, wobei seine Stimme im Takt mit dem Rütteln des Jeeps zitterte. »Das hat mich immer wieder verwundert. Was geschieht mit den Kadavern? Wie kann ein so großes Tier einfach spurlos verschwinden? Das ist ein großes Rätsel.«

Dinesh kannte noch eine weitere Legende, die ihm sein Großvater erzählt hatte: »Es heißt, dass manche Elefanten Perlen in ihren Schädeln haben. Bis auf den heutigen Tag gibt es Wilderer, die danach suchen. Diese Perlen werden *gaja-muktas* genannt. Sie sollen riesig groß sein und einen Wert von vielen Millionen Rupien haben.«

»Haben Sie selbst schon mal eine gesehen?«

»Nein«, sagte Dinesh lächelnd. »Es gibt sie nicht. Sonst wären die Elefanten schon seit langer Zeit ausgerottet.«

Die Jeeps rüttelten weiter über die Dschungelpiste Richtung Süden, auf die Stelle zu, die uns Baba angegeben hatte. Immer wieder quollen Sturzbäche quer über die Fahrbahn, und hier und da verschwand die Straße in überfluteten Wasserrinnen. Kurz nach Mittag, als der Regen allmählich nachließ, erspähte ich eine Gruppe von Männern, die sich mit geschulterten Gewehren, die Gesichter erdölgeschwärzt, im Gänsemarsch auf uns zu bewegten. Als sie näher kamen, erkannte ich, dass es Amu und seine Leute waren, die von ihrem Einsatz zurückkehrten.

Mit schmutzverkrusteten, durchnässten Uniformen hatten die Wildhüter die Nacht im Park verbracht, nur mit Regenumhängen vor der Gewalt der Elemente geschützt. Doch ihre Strapazen hatten sich gelohnt, und wieder einmal hatten sie weiteren Nashörnern das Leben gerettet.

Die Wilderer ihrerseits hatten ein gewaltsames Ende gefunden. Die Leichen zweier berüchtigter Naga, die angeblich mehrere Elefanten und Nashörner auf dem Gewissen hatten, lagen auf zwei Tragen. Einer hatte einen Herzschuss erlitten, und sein Hemd war blutverkrustet. Sein Kumpan hatte nach zwei Bauchschüssen fast zwanzig Minuten mit dem Tod gerungen.

»Wir wussten, welchen Weg sie nehmen würden. Sie mussten

über eine bestimmte Brücke gehen. Dort lauerten wir ihnen auf«, sagte Amu, während er die erbeuteten Waffen zeigte, furchteinflößende automatische Gewehre mit Zielfernrohren und Nachtsichtgeräten. »Wir forderten sie auf, die Waffen niederzulegen, aber sie eröffneten das Feuer. Das war ein großer Fehler.«

Die Wildhüter, wie immer sorgsam darauf bedacht, sparsam mit ihrer wertvollen Munition umzugehen, hatten nur sechs oder sieben Mal geschossen.

»Wir werden die Leichen ins Hauptquartier schaffen und sie dort zur Schau stellen. Das wird andere Wilderer abschrecken«, sagte Amu.

Als ich auf die fahlen Gesichter der Toten hinabschaute, musste ich daran denken, wie absurd es war, dass sie ihr Leben wegen ein paar Zentimetern Rhinozeroshorn verloren hatten. Schließlich hatte die moderne Wissenschaft zweifelsfrei bewiesen, dass die Substanz die Manneskraft nicht steigert. Dennoch sind Millionen asiatischer Männer nach wie vor bereit, ein Vermögen für ein paar Unzen zu zahlen.

»Das arme Nashorn steht unter einem Fluch, Mann«, sagte Mole, während wir im Sprühregen standen. »Wenn es dieses Horn nicht hätte, würde man es in Ruhe lassen. Vielleicht wäre es dann nicht so missmutig.«

Ich fragte ihn, ob Viagra die Nachfrage nach den Hörnern verringern könnte.

»Vielleicht«, sagte Amu, als er und seine Männer sich anschickten, wieder aufzubrechen. »Aber ich will es nicht drauf ankommen lassen.«

Etwa eine Stunde später hielten wir vor einer erhöhten Betonplattform an, von der aus Touristen wild lebende Tiere beobachten konnten. Endlich hatten wir das Gebiet erreicht, in dem Baba angeblich den bösartigen Elefantenbullen gesichtet hatte.

Nacheinander stiegen wir die Leiter hinauf. Von oben bot sich uns ein atemberaubender Anblick. In unserem Rücken erstreckte sich der Dschungel zum Brahmaputra hin, während er im Norden einer ausgedehnten Fläche zerklüfteten Graslands wich, auf der ein Dutzend Nashörner grasten. Gleich prähistorischen Panzern bewegten sie sich gemächlich, aber zielstrebig über die Weite – einsame Tiere, die sich in der Gesellschaft von ihresgleichen am wohlsten zu fühlen schienen.

Mr. Choudhury stand am Rand der Plattform und suchte mit seinem Feldstecher den Horizont ab. Doch weit und breit war keine Spur von einem Elefanten zu erkennen.

»Ich hab's gewusst«, brummte Badger. »Alles umsonst. Wir werden den Elefanten niemals mit Hilfe dieses verfluchten Baba aufspüren. Wir sollten zum Fluss zurückfahren und dort seine Fährte aufnehmen.«

»Es hat geregnet«, gab Mole zu bedenken. »Also ist sie mittlerweile verwischt.«

»Die Chancen, dass wir ihn nach meiner Methode finden, sind größer als das hier«, konterte der Gurkha.

»*Hathi* wird kommen, nein?«, fiel ihm Churchill ins Wort. »Besser, noch warten.«

Der Jäger beschloss, eine Stunde auszuharren, und so setzten wir uns auf den Rand des Ausgucks und ließen uns die Lunchpakete schmecken, die das Wild Grass Hotel für uns zubereitet hatte.

Während ich aß, erkundigte ich mich bei Mole über Amu. Obgleich doch die meisten indischen Institutionen Horte des Schlendrians sind, von Korruption zerfressen und durch Bürokratismus gelähmt, sind Inder im allgemeinen nicht gewillt, sich tatkräftig gegen diese Missstände aufzulehnen. Und doch begegnete ich von Zeit zu Zeit Personen wie Amu, die die Dinge selbst in die Hand genommen hatten und etwas bewirken wollten.

»Ja, Sie haben Recht. Hier funktioniert kaum was, weil man nicht zur Rechenschaft gezogen wird. Politiker können sich alles erlauben, manchmal sogar einen Mord, ohne behelligt zu werden«, antwortete Mole. »Doch einige Personen sind einfach anders, finde ich. Sie mögen den jetzigen Zustand nicht, also versuchen sie ihn zu ändern.«

»Aber die meisten Beamten in Indien sind korrupt«, sagte ich. »Wieso ist es ausgerechnet bei der Forstbehörde von Assam anders? Ihr alle scheint mir sehr aufrechte Kerle zu sein.«

»Klar, das ist echt komisch, Mann«, sagte Mole lächelnd; es machte ihm immer wieder großen Spaß, mich über die Besonderheiten des Lebens in Indien ins Bild zu setzen. »Schauen Sie, es gibt drei Abteilungen in der Forstbehörde: Schutz der Wildtiere, Wälder und Verwaltung. In der Sektion Wälder kann man eine Menge Geld machen, indem man die Hand dafür aufhält, dass man ein Auge zudrückt, wenn jemand Dschungel rodet. Und in der Verwaltung sitzen die Typen, die das gesamte Geld kontrollieren, sie können also leicht etwas für sich abzweigen. Doch die Männer, die sich für den Wildschutz entscheiden, sind meistens echte Tierliebhaber, sodass diese Abteilung recht sauber ist.«

»Die Sache muss einem also am Herzen liegen. Wollen Sie darauf hinaus?«

»Ich denke schon«, antwortete Mole. »Wenn einem wirklich an etwas gelegen ist, dann will man etwas bewirken. In diesem Land gibt es nicht genug Menschen, die sich ernsthaft engagieren. Außerdem sind wir einfach zu viele. Indien bräuchte im Grunde genommen dreihundert Millionen Menschen weniger. Dann könnte man hier gut leben.«

Eine Stunde verstrich, und noch immer hatte sich der Elefant nicht blicken lassen. Enttäuscht schickten wir uns an, die Plattform hinunterzuklettern. Mole ging als Erster, gefolgt von Vipal. Badger war als Nächster an der Reihe. Mr. Choudhury blickte ein letztes Mal durch seinen Feldstecher. Dann, gerade als der Gurkha begonnen hatte, die Leiter hinabzusteigen, stieß der Jäger einen leisen Schrei aus. »Der Einzelgänger«, flüsterte er.

»Ich glaub's nicht«, entfuhr es Badger, während er auf die Plattform zurückkletterte. »Lassen Sie mich sehen.«

Er griff nach Choudhurys Feldstecher und hielt ihn an die Augen. Der Elefantenbulle war etwa anderthalb Kilometer nördlich von uns aus dem Dschungel gekommen und trottete gemächlich Richtung Osten.

»Er ist es, das steht fest«, sagte der Jäger. »Ich erkenne ihn an seinem humpelnden Gang.«

Churchill gab dem Gurkha einen Rippenstoß.

»Siehst du, Mahout hat Recht gehabt, nein?«, prahlte er, so außer sich vor Freude, als hätte er im Lotto gewonnen. »Gurkha weiß nichts.«

»Ich glaub's einfach nicht«, wiederholte Badger. »Es muss reiner Zufall sein. Reiner Zufall.«

»Glauben Sie, was Sie wollen, jedenfalls ist er dort«, sagte Choudhury. »Wir haben ihn gefunden.«

Die anderen kletterten die Leiter wieder hinauf, um selbst einen Blick auf das Tier zu werfen. Vipal spähte durch sein Teleobjektiv, und seine Nikon F 2 begann zu klicken. Mole schielte durch ein Opernglas, das er in einem Theater in Amerika stibitzt hatte.

»Hallo, alter Freund«, sagte Choudhury. »Jetzt kann ich dich wenigstens ausgiebig betrachten.«

Der Elefant machte an einem Flüsschen Halt, um Wasserkraut zu fressen, das er mit seinem Rüssel ins Maul schob. »Das ist ja interessant«, sagte der Jäger, der sich seinen Feldstecher von Badger zurückgeholt hatte.

»Was ist interessant?«

Keine Antwort.
»Was ist interessant?«, wiederholte ich frustriert.
»Ach, es ist ein *koomeriah.*«
»Was ist das?«
»Es bedeutet, dass er ein Elefant aus einer hohen Kaste ist«, erklärte Choudhury, »eine Art Brahmane.«
Wie er weiter erläuterte, kannten die indischen Mahouts ein ausgeklügeltes Kastensystem *(bandh)* für Elefanten, eine Form der Klassifikation, die in einem der altüberlieferten Bücher, dem so genannten *Matanga-lila,* den *Abarten der Elefanten,* niedergelegt war. Langbeinige Dickhäuter mit kleinen Körpern fielen in die *Mreega*-Kategorie und galten als gewöhnlich. Doch für den Elefantenkenner war klar ersichtlich, dass der Einzelgänger einer hohen Kaste angehörte. In alten Zeiten hätte er, wenn er als Kalb eingefangen worden wäre, seinen Weg in die Ställe des Maharadschas gefunden.
»Nach der Länge seiner Stoßzähne zu urteilen«, fuhr Choudhury fort, »ist er etwa vierzig Jahre alt. Schauen Sie, wie stark sie an den Enden abgewetzt sind.«
Ich lieh mir sein Fernglas und konnte den Elefanten so endlich genauer betrachten.
Selbst aus dieser Entfernung hätte sein Elfenbein einem weißen Jäger den Mund wässrig gemacht. Die schlanken Stoßzähne aus blendend weißem Elfenbein krümmten sich wie Langbogen, und sein Körper war muskulös und wohlproportioniert. Doch abgesehen von dieser Pracht sah der Dickhäuter sehr mitgenommen aus. Seine Ohren fransten an den Rändern aus, als wären sie mit dem Alter durchgescheuert. Sein Rüssel war von Narben übersät – mehrere frische klaffende Wunden verliefen deutlich sichtbar über die obere Hälfte. Und noch immer hinkte er stark. Außerdem war er schmutzig. Seine linke Flanke war mit Erde überzogen – ein sicheres Anzeichen dafür, dass er sich hingelegt hatte, was Elefanten nur selten tun –, und sein

Rücken war mit Ästchen und Blättern bedeckt, als hätte er sich selbst zu tarnen versucht.
»Er will sich damit vor Insektenstichen schützen«, sagte der Jäger. »Ist Ihnen noch etwas an ihm aufgefallen?«
Ich schaute ein weiteres Mal durch den Feldstecher, konnte jedoch sonst nichts Bemerkenswertes entdecken.
»Eigentlich nicht«, antwortete ich.
»Schauen Sie sich seine Augen an, sie sind hell. So etwas hab ich noch nicht gesehen«, sagte Choudhury.
Es erstaunte mich, dass er ihren Farbton aus dieser Entfernung erkennen konnte.
»Was hat es damit auf sich?«, fragte ich.
Weiße und gelbe Augen, erklärte er, seien dem Elefantenkenner ein Gräuel.
»Es ist ein Zeichen dafür, dass er gefährlich ist. Obgleich er einer hohen Kaste angehört, würde ihn kein *phandi* in freier Wildbahn einfangen.«
Der Einzelgänger stapfte schweren Schrittes durch das Grasland, wobei er seinen Rüssel auf seinen Stoßzähnen ruhen ließ. Eine Krähe landete auf seinem Rücken und reiste ein Stück Weges mit ihm.
»Boss, ich sehe Eli-pant«, sagte Vipal, der nun auch durch den Feldstecher spähte. »Aber ich will näher ran. Um das Mordsfoto zu schießen.«
»Nein, das kannst du nicht«, sagte ich.
»Warum nicht?«
»Weil der Elefant dich umbringen wird.«
»Ach so«, antwortete Vipal. Er setzte sich neben mich an die Kante der Plattform und wirkte niedergeschlagen. »Aber Boss, ein Ding begreif ich nicht. Warum nehmen sie ihn nicht einfach?«
»Was meinst du? Wen nehmen?«, fragte ich.
»Du weißt schon: ihn nehmen. Mit den Faden.«

Ich hatte es satt, mich mit der Deutung von Vipals eigentümlicher Redeweise abzumühen.
»Vipal, ich versteh dich nicht«, sagte ich ungeduldig.
Der Bengale versuchte es nochmals.
»Ist kein Problem. Hab's auf BBC gesehen.« Vipal schien zu glauben, dass ich jetzt seinem Gedankengang folgen konnte. Wütend sah ich mich nach jemandem um, der mir zu Hilfe kommen könnte. Aber alle waren beschäftigt.
»Was wäre kein Problem?«, fragte ich.
»Ihn mit den Faden zu nehmen!«, wiederholte er.
Diesmal blickte Vipal verärgert drein.
Ich saß am Rand des Ausgucks und versuchte, einen Sinn in seinen Äußerungen zu entdecken.
»Willst du sagen, warum sie ihn nicht mit Seilen einfangen?«
»Ja, Boss. Das sag ich schon seit fünf Minuten!«
Seinem Tonfall entnahm ich, dass er mich für recht begriffsstutzig hielt.
»Nun, ich denke, dass der Versuch, ihn einzufangen, äußerst gefährlich wäre. Selbst die Betäubung eines Elefanten ist keine leichte Sache. Wenn der Elefant aufwachen würde, könnte es sein, dass er die Seile, mit denen er gefesselt wurde, zerreißt und Menschen tötet.«
Der Elefant hatte sich auf einen kleinen Hügel begeben, sodass Choudhury jetzt die Beine und den verletzten Fußknöchel, die bisher durch das hohe Gras den Blicken entzogen gewesen waren, genauer betrachten konnte.
»Ich glaub's nicht!«, rief er aus. »Schauen Sie sich sein lahmes Bein an, den Knöchel!«
Ich hatte Choudhury noch nie so lebhaft gesehen. Er war aufgeregt wie ein kleiner Junge.
»Sehen Sie?«, schrie der Jäger, als ich Vipal die Kamera aus den Händen riss. »Schauen Sie auf seinen linken Knöchel!« Ich holte das Tier so nahe heran, wie es das Teleobjektiv zuließ.

»Sehen Sie? Sehen Sie die Kette?«
Ich schielte durch den Bildsucher. Das Bild war körnig. Dennoch konnte ich etwas Metallenes erkennen, das um den Knöchel des Elefanten geschlungen war.
»Ja, ich seh sie.«
Mr. Choudhury setzte den Feldstecher ab und sah mich völlig verwirrt an.
»Was hat das zu bedeuten?«, fragte ich.
»Es bedeutet, dass er ein *bon-zharshia* ist!«, flüsterte er.
»Ein *bon* was?«, wiederholte ich mechanisch.
»Es bedeutet, dass unser Einzelgänger ein *kunki* ist, ein in die Wildnis zurückgekehrter domestizierter Elefant.«

8 Der Teich des Ganesha

Was aber sind ihnen Durst und gier'ges Ungeziefer und die Sonne, die ihnen den Rücken schwarz gerbt? Sie gehen und träumen von der Erde, die sie geerbt, von Feigenwäldern, die ihr Volk bargen tiefer.

Leconte de Lisle, *Les Elephants*

Die Tatsache, dass der Einzelgänger einst ein domestizierter Elefant gewesen war, erklärte eine Menge, zumindest versicherte mir dies Mr. Choudhury später am Nachmittag, als wir im komfortablen Ambiente des Wild Grass Hotels zusammensaßen.

»Er muss diese Kette schon seit mehreren Jahren mit sich herumtragen, denn sie hat sich tief in seine Haut eingeschnitten«, sagte der Jäger, während wir es uns vor einem Kaminfeuer bequem machten und heiße Schokolade tranken. »Rost und Reibung haben eine Infektion verursacht. Deshalb hinkt er. Und sie trägt zweifellos auch zu seinem grimmigen Naturell bei.«

Auch seien durch die neue Entdeckung gewisse Verhaltensauffälligkeiten des Goondas erklärbar. Die scheinbare Leichtigkeit, mit der er verschiedene Gebiete Assams durchstreife, statt standorttreu in einem »Areal« zu bleiben, lasse sich auf die Tatsache zurückführen, dass er als Kalb eingefangen worden sei und daher nicht wie ein typischer Bulle agiere. Außerdem müsse ihn irgendetwas in der Vergangenheit, ein furchtbares Ereignis oder eine schlimme Misshandlung, schwer traumatisiert haben.

»Ich behaupte nicht, dass er ursprünglich ein Engel war«, sagte Choudhury. »Aber irgendetwas hat das Fass zum Überlaufen

gebracht, und er übt Rache. Ich glaube, dass er den Menschen heimzahlen will, was sie ihm angetan haben.«
Ich fragte ihn, ob vielleicht etwas an Babas Behauptung dran sei, der Elefant sei dem Tode geweiht.
»Aus der Ferne lässt sich das schwer beurteilen«, sagte er. »Vielleicht hat er Wundbrand bekommen. In dem Fall sind seine Tage gezählt.«
»Warum, glauben Sie, sind die meisten seiner Opfer Betrunkene gewesen?«, fragte ich, während ein Ober dem Jäger ein Sandwich brachte.
»Wer weiß?«, antwortete er. »Vielleicht wurde er von jemandem misshandelt, der ein Trinker war. Das ist möglich.«
In Anbetracht dieser neuen Entwicklung war es Choudhurys Pflicht, seine Erkenntnisse der Forstbehörde in Guwahati mitzuteilen. Er beabsichtigte, innerhalb der nächsten Stunde Richtung Hauptstadt aufzubrechen.
»Mir wäre es lieb, wenn Sie hier blieben. Ich bin vermutlich nur einen Tag fort«, sagte er. »Es gibt eine sehr geringe Chance, dass ich die Behörde dazu überreden kann, den Abschussbefehl zurückzunehmen, weil es sich um einen *kunki* und nicht um einen wilden Elefanten handelt. Vielleicht schicken sie dann jemand anderen, um ihn einzufangen, die Kette zu entfernen und ihn in einen Zoo zu schaffen.«
Er wollte auch die Archivunterlagen durchsehen, um etwas über das Vorleben des Elefanten in Erfahrung zu bringen. »Es wäre interessant, seine Herkunft und die Namen seines Eigentümers und seines Mahouts zu kennen. Diese Leute werden eine Menge unangenehmer Fragen beantworten müssen.«
Choudhury bat Amu, zwei Wildhüter abzustellen, die mit zwei Mahouts und deren *kunkis* sowie ausreichend Proviant aufbrechen sollten, um das Tier im Auge zu behalten und seine Bewegungen dem Elefantenkommando zu melden.
»Halten Sie das für eine gute Idee?«, fragte ich, an den Tod des

Bauern im Regenwald denkend. »Sie wissen, was geschehen ist, als Sie das letzte Mal Wachen auf seine Spur ansetzten. Ein Mensch wurde getötet.«

»Diesmal wird es anders sein«, beruhigte Choudhury mich. »Solange der Einzelgänger im Park bleibt, besteht keine Gefahr. Ich werde morgen Abend zurück sein.«

Er ging nach draußen, wo Rudra im Landrover wartete. Der Fahrer hatte gerade eine frische Ration Betelnuss von einem Verkäufer auf der anderen Straßenseite erstanden.

»Was halten Sie von Baba?«, fragte ich. »Woher wusste er, wo er den Einzelgänger finden würde?«

Der Jäger zuckte mit den Schultern.

»Vielleicht war es eine wohlerwogene Vermutung. Das Gebiet, in dem wir ihn gesichtet haben, ist nicht weit vom Fluss entfernt. Es lag nahe, ihn hier zu suchen. Er musste sich irgendwo in dieser Gegend aufhalten.«

Choudhury nahm auf dem Beifahrersitz Platz und kurbelte das Seitenfenster herunter. In der Zufahrt stehend, muss ich einen bekümmerten Eindruck gemacht haben, als ich mich fragte, was wohl geschehen würde und wie lange ich im Hotel warten müsste.

»Keine Sorge. Diese Angelegenheit wird bald erledigt sein«, sagte der Jäger, bevor er davonfuhr. »Der Elefant wird nicht im Park bleiben. Er wird wieder Dörfer heimsuchen. Denken Sie an eines unserer assamesischen Sprichwörter: *lahe lahe,* immer mit der Ruhe. Wenn etwas geschieht, geschieht es.«

Das Hotelrestaurant war voller indischer Touristen aus Delhi. Mollige Tantchen aus dem Punjab mit schlaffen Bäuchen, die aus ihren Polyester-Saris hervorquollen, verschlangen *parathas* und Hühnchen in Butter, während sich ihre aufgedrehten Kinder um die Tische jagten. Ihre Ehemänner, die alle schwarze Schnurrbärte und Embonpoints zur Schau trugen,

kippten Whisky der Marke Royal Challenge in sich hinein, rissen Witze und lachten schallend.
Als ich sie von dem Sofa vor dem Kamin aus beobachtete, empfand ich nur Mitleid für den gehetzten assamesischen Kellner. Jedes Mal, wenn er ein neues Gericht auftrug, musste er die Kommentare der Matronen über sich ergehen lassen, die ihn bald für dieses, bald für jenes abkanzelten und ihn aufforderten, sich zu sputen. Die Männer schnalzten mit den Fingern, wenn sie nachgeschenkt haben wollten. Kein einziges Mal hörte ich einen von ihnen dem Kellner ein Dankeschön sagen.
»Ich mag die Delhi-Leute nicht«, murmelte Vipal, der sich zu mir gesellte. »Sie sind mordsaggressiv.«
Ich musste ihm Recht geben. Obgleich ich in Delhi gute Freunde hatte, waren die Bewohner dieser Stadt – anders als die meisten übrigen Inder – oftmals grob und unhöflich.
»Okay, was ist deine Idee für morgen?«, fragte der Bengale, das Thema wechselnd.
»Ich muss mich ausruhen«, sagte ich matt. »Es war eine lange Woche.«
Da ich befürchtete, Vipal könnte beim Morgengrauen an meine Tür klopfen, bat ich ihn, mich ausschlafen zu lassen.
»Keine Angst, Boss«, beruhigte er mich. »Ich hab ’nen totalen Plan.«
Bei diesen Worten rückte er zu mir heran und begann konspirativ zu flüstern.
»Weißt du, ich nehme Kontakt auf mit …«
In diesem Augenblick näherte sich ein Kellner. Der Bengale begann laut zu husten, offensichtlich in Sorge, der Mann könnte unser Gespräch belauschen.
»Ja«, fuhr er fort, nachdem der Kellner gegangen war, »ich nehme Kontakt mit den Leuten von der Bodo Liberation auf.«
Damit meinte er die Bodo Liberation Front, eine der größten

Rebellengruppen in Assam, die für ein eigenes Homeland innerhalb Assams kämpfte. Soweit ich wusste, war es schwierig, sich mit ihnen zu treffen.
»Kann ich mitkommen?«, fragte ich begierig.
Er kniff die Augen zusammen und nickte.
»Okay, Boss. Ich mach das totale Interview.«
Ich stand vom Sofa auf, sagte gute Nacht und ging die Treppe hinauf. Insgeheim war ich sehr froh über Vipals jüngsten Plan. Die Aussicht auf ein Interview mit den Bodos war reizvoll, aber noch erfreulicher fand ich die Tatsache, dass es ihn einige Zeit kosten dürfte, ein Geheimtreffen zu arrangieren. Wenigstens morgen, dachte ich, werde ich meine Ruhe haben.

Nachdem ich am nächsten Morgen gefrühstückt hatte, fragte mich der Empfangschef, ob ich meinen Kameraden gesehen hätte. Vipal war offenbar mitten in der Nacht in Begleitung zweier suspekt wirkender Gestalten fortgegangen – der Empfangschef beschrieb sie als »Unruhestifter« –, die auf Fahrrädern gekommen waren. Seither hatte keiner der Hotelbediensteten den Bengalen zu Gesicht bekommen, obwohl der Geschäftsführer unbedingt mit ihm sprechen wollte, da einige seiner Freunde eine hohe Rechnung an der Bar hatten auflaufen lassen und er darauf bedacht war, dass der ausstehende Betrag beglichen werde.
Beglückt über diesen Tag für mich kehrte ich auf mein Zimmer zurück. Etwa eine Stunde später klopfte es an meine Tür. Als ich öffnete, stand Vipal vor mir; er trug einen künstlichen schwarzen Bart, eine Kampfflieger-Sonnenbrille und eine Baseballmütze mit den Worten »WITH AN OPEN MIND«. Er sah aus wie ein zweitklassiger Zuhälter. »Vipal …«, setzte ich an, doch noch ehe ich fortfahren konnte, fuchtelte er wie wild mit seinen Händen vor meinem Gesicht herum und schlüpfte an mir vorbei ins Zimmer hinein.

»Nein, nein, nein«, quäkte er. »Sag nicht meinen Namen!« Dann steckte er seinen Kopf in den Flur, warf einen schnellen Blick nach links und rechts und schlug die Tür hinter sich zu.
»Weißt du, ich hab mich verkleidet!«, erklärte er, während er seinen Bart, der leicht schief hing, zurechtrückte.
»Sozusagen«, erwiderte ich. »Ich hab dich sofort wieder erkannt.«
Entsetzt ließ er die Schultern hängen und den Kopf sinken. Anscheinend hatte er sich große Mühe gegeben, sich unkenntlich zu machen.
»Das ist die Mordsverkleidung«, sagte er mit schwacher Stimme.
Vipal war äußerst empfindlich, und ich wollte ihn nicht kränken, also machte ich einen Rückzieher.
»Ich hab dich nur deshalb wieder erkannt, weil ich dich kenne, Vipal«, sagte ich wie ein Vater, der sein verunsichertes Kind aufmuntern will. »Ein anderer würde dich in dieser Verkleidung nicht erkennen. Sie ist ausgezeichnet.« Als sich Vipal im Spiegel betrachtete, konnte ich das Lachen kaum unterdrücken – besonders, als sich der Schnurrbart von seiner Oberlippe löste.
»Weshalb steckst du überhaupt in diesem Aufzug?«, fragte ich.
»Weil ich mich mit Leuten von der Bodo Liberation treffe«, tuschelte er, während er seinen Schnurrbart unter die Nase zu drücken versuchte.
Durch einen Freund eines Freundes eines Freundes hatte er ein Interview mit einem Bodo-Anführer »in nur drei Tagen Zeit« verabredet.
»Aber wozu jetzt die Verkleidung?«, fragte ich ein weiteres Mal.
»Weißt du, ich werd in einem anderen Hotel unter einem anderen Namen absteigen. Also treff ich die Verabredung total von da aus.«

»Wie lautet dein Deckname?«
Er kniff die Augen zusammen, und für den Bruchteil einer Sekunde spielte er die Rolle wirklich überzeugend.
»Ich bin Tagore. Mr. R. Tagore.«
Rabindranath Tagore, Vipals Rollenvorbild, war der bengalische Dichter und Dramatiker, der 1913 mit dem Nobelpreis für Literatur ausgezeichnet worden war. Aber ich verstand noch immer nicht so recht den Sinn der umständlichen Vorbereitungen für das Treffen mit den Terroristen. Mich beschlich der Verdacht, dass sie mehr mit dem zwanghaften Drang meines Freundes zu theatralischen Inszenierungen als mit einem echten Sicherheitserfordernis zu tun hatten. Doch davon abgesehen, klangen die Neuigkeiten ermutigend, und ich beglückwünschte ihn zu den Fortschritten, die er gemacht hatte.
»Danke, Boss«, sagte er, unter seinem dicken Polyesterschnurrbart hervorgrinsend. »Und was gibt's Neues vom Eli-pant?«

Beim Frühstück an diesem Morgen hatte ich mit dem Geschäftsführer des Hotels geplaudert, der, wie sich zeigte, ein profunder Kenner des Landes war. Als ich mein Interesse an Elefantenfriedhöfen erwähnte, riet er mir, ein nahe gelegenes Kloster aufzusuchen, dessen Mönche, wie er sagte, die Hüter der assamesischen Kultur seien.
Es gab nur ein Problem: Mole und die anderen waren beschäftigt, sodass ich keinen Dolmetscher hatte. Ich brauchte also Vipals Hilfe.
»Ich kann mordsviel tun«, erbot sich der Fotograf, der mittlerweile seine lächerliche Verkleidung abgelegt hatte und versuchte, einen Klecks Bühnenkleber auf seiner Oberlippe zu entfernen.
»Das glaube ich kaum«, sagte ich und wies darauf hin, dass er kein Assamesisch verstehe. »Ich bezweifle auch, dass die Mönche gut Bengali sprechen.«

»Oh, okay. Ich werde ein paar Freunde mitnehmen. Wir werden diese Mönchmänner zusammen besuchen.«
Ich bestand darauf, dass Vipal nur *einen* Dolmetscher organisierte.
»Einen nur?«, sagte er enttäuscht. »Aber Boss, ich hab mordsviel Freunde.«
»Ja, ich weiß. Aber ich möchte nur einen.«
Der Mann, den Vipal mitbrachte, war ein junger Fotograf, der in seinem Leben erst ein paar Fotos gemacht hatte, nichts von seinem Handwerk verstand und sich nichtsdestotrotz für den zweiten Cartier-Bresson hielt. Dennoch, versicherte mir Vipal, sei er ein »tipptopp« Dolmetscher.
Wir mieteten ein Auto im Hotel und fuhren auf der Fernstraße 37 in den Bezirk Nowgong, der etwa eine Fahrstunde westlich von Kaziranga liegt. Hier überzog Raps in üppiger Fülle weithin die Landschaft. Lastwagen, beladen mit Heubündeln, tuckerten vor uns dahin, und der Fahrtwind zupfte Büschel des getrockneten Grases aus, die sich auf unserer Windschutzscheibe sammelten.
Als wir eine Kurve durchfuhren, wurden wir von einer Gruppe von Schülern, die ein Seil quer über die Straße hielten, herbeigewunken; sie baten uns um eine Spende für Saraswati, die Göttin der Bildung. Es hörte sich nach einer Masche an, doch sie versicherten mir, das Geld werde für den Kauf von Unterrichtsmaterialien verwendet. Zum Beweis zeigten sie mir ihr sorgfältig geführtes Hauptbuch, in dem alle Geldbeträge, die sie erhalten hatten, verzeichnet waren. Hinlänglich überzeugt, spendete ich ihnen etwas.
»Danke, Mister«, riefen sie uns nach, als wir anfuhren. »Fröhliche Weihnachten!«
Ein Stück weiter, neben einem wenig genutzten Bahnübergang, bot ein Quacksalber Allheilmittel für alle erdenklichen Leiden, von Aids bis Schwachsinn, feil. Wir hielten an, um sein

seltsames Sortiment von Flaschen in Augenschein zu nehmen, die zusammen mit Glücksbringern in Form menschlicher Zähne, angeblich von Heiligen stammend, auf Bananenblättern ausgestellt waren. Der Verkäufer zeigte mir einen Schneidezahn, der, wie er behauptete, einst Buddha persönlich gehört hatte. Einer örtlichen Legende zufolge hatte er die Erleuchtung – Nirwana – nicht weit von Guwahati empfangen.

An einem Stand direkt daneben gab es eiskalten Fruity Mango Drink, Litschi-Bündel und grüne Kokosnüsse. Ich fragte den Verkäufer, ob er wisse, wo das Kloster sei, doch er hielt einfach ein Ei zwischen den Fingern in die Höhe und sah mich scheel an.

»Ei«, sagte er auf Englisch.

»Ja, das ist ein Ei«, bestätigte ich, und bat unseren Dolmetscher, meine Worte zu übersetzen. »Wissen Sie denn, wo das Kloster ist?«

Er hielt das Ei weiterhin in die Höhe.

»Ei«, wiederholte er, strahlend vor Stolz.

Um ihn bei Laune zu halten, kaufte ich das Ei und vier Kokosnüsse. Der Verkäufer hackte mit einer Machete ihre Spitzen ab und reichte uns Strohhalme, mit denen wir die Milch aufsogen. Nachdem wir unseren Durst gestillt hatten, spaltete er die Schalen, und wir löffelten das weiche Fruchtfleisch heraus.

Dann schlenderten wir ein paar Schritte über die Gleise und entdeckten eine Bank, die aussah, als habe ein Feuer in ihr gewütet.

»Vielleicht wurde sie ausgeraubt«, sagte ich, als wir einen Blick durch die Fenster warfen. »Der Raum ist völlig leer.«

Vipal musste sich auf die Zehenspitzen stellen, um durch das Fenster zu schauen.

»Weißt du, Boss, einmal hab ich eine Bank überfallen.«

»Wie bitte?«, rief ich aus, wobei mir ein Stück Kokosnuss im Halse stecken blieb.

»Es stimmt. Ich hab das Ding total ausgeräumt.«
Irgendwie konnte ich es mir nicht vorstellen, wie der zwergwüchsige Bengale mit einer abgesägten Schrotflinte in eine Bank stürmte und alle Anwesenden zwang, sich flach auf den Boden zu legen.
»Klar doch, das kannst du deiner Großmutter erzählen«, sagte ich spöttisch. »Als Nächstes wirst du mir weismachen, dass du ein Löwenbändiger warst.«
»Aber es ist wahr, Boss«, beteuerte er nachdrücklich.
Sein Tonfall klang fast überzeugend.
»Und wann war das?«, fragte ich skeptisch.
»Als ich erst jung war«, sagte er. »Ich kämpfte gegen Pakistanis.«
Wenn es stimmte, was er sagte, musste es Anfang der siebziger Jahre gewesen sein, als Ostpakistan, heute der selbstständige Staat Bangladesch, um die Unabhängigkeit von Islamabad gekämpft hatte.
»Ich werde Freiheitskämpfer, als ich siebzehn war«, sagte er. »Ich will nicht töten, nicht einmal einen Pakistani. Also schließ ich mich einer Gruppe an und zerstör mordsviel Infrastrukturen.«
Die Hauptziele seiner Einheit seien die Brücken, Kraftwerke und Staatsbanken des Landes gewesen. Die Widerstandsbewegung habe Bargeld gebraucht, und durch den Zugriff auf die Rücklagen des pakistanischen Regimes sei dessen Verwaltungsapparat gelähmt worden.
»Hast du eine Maske getragen und den Leuten befohlen, die Hände hoch zu heben?«, fragte ich, wobei ich mir Vipal mit umgebundenem Halstuch und sechsschüssigem Revolver vorzustellen versuchte.
»Nein, wir rauben die Banken nur nachts aus, braten den Wachen eins über. Dann nehmen wir Dynamit und machen 'ne Mordsexplosion«, erklärte Vipal.

»Wie viel hast du geraubt?«
Der Bengale scharrte mit den Füßen.
»Wie viel hast du für dich abgezweigt?«, insistierte ich.
»Nun, nicht sehr viel, Boss«, gestand er. »Dynamit ist sehr stark. Es hat Mordsschäden gemacht. Das totale Geld wurde in die Luft gejagt.«
»Du hast also keine einzige Rupie bekommen?«
»Nein, nichts«, bestätigte Vipal, sichtlich verlegen.
Ich lachte noch immer, als wir zum Auto zurückkamen.
»Aber wir haben große Probleme gemacht«, versicherte er mir.
»Wir waren alle totale Helden.«

Wir setzten unsere Fahrt über die Straße fort und fragten ab und zu Passanten nach dem Weg. Bezeichnenderweise wusste niemand den genauen Standort des Klosters, aber jeder erteilte uns bereitwillig Auskunft.
»Fahren Sie immer weiter auf dieser Straße, und Sie können es nicht verfehlen«, riet uns ein Radfahrer.
»Da drüben werden Sie es sehen«, meinte ein freundlicher Büffelhirte, in Richtung eines Feldes winkend.
»Es ist hier ganz in der Nähe«, sagte ein anderer. »Machen Sie kehrt, und fahren Sie dorthin zurück, von wo Sie gekommen sind.«
Als wir anhielten, um uns bei zwei Verkäufern an einem Zigarettenstand nach dem Weg zu erkundigen, deutete der eine nach links und der andere nach rechts.
Schließlich, nachdem wir einen reisenden Schlangenbeschwörer, einen Geistesgestörten, einen Motorrikscha-Fahrer, der sich ebenfalls nicht auskannte, einen Bettler in Gesellschaft einer fünfbeinigen heiligen Kuh und ein Dutzend weitere Personen gefragt hatten, fuhren wir vor dem Eingang des Klosters vor.
An den rostigen Toren vorbeischlüpfend, gingen wir zu Fuß

einen Feldweg hinab, der durch dichtes Gehölz führte. Karmesinrote Blüten von Wollbäumen überzogen den Weg wie Konfetti. Bülbüls saßen im Geäst, plusterten ihr Brustgefieder und riefen sich etwas zu, als wollten sie ihre Artgenossen vor uns warnen.

Der Weg brachte uns an den Rand eines Teichs, bevölkert von Weichschildkröten, deren Rückenschilde winzige Inseln zwischen den Wasserhyazinthen bildeten. Eines dieser urtümlichen Geschöpfe, die von den meisten Indern als heilig verehrt werden, tauchte nahe am Ufer auf und knabberte mit seinem zahnlosen Maul an treibendem Kraut, bevor es ins trübe Wasser zurückglitt.

Auf der gegenüberliegenden Seite des Teichs kauerte eine Gestalt, die in eine Bahn weißer Baumwolle geschlungen war. Ihre Brust und ihre Oberarme waren nur teilweise bedeckt, sodass Muskeln zum Vorschein kamen, die so prall waren wie die eines Bodybuilders.

Doch als der Mann aufsah, bemerkte ich, dass er unverkennbar feminine Gesichtszüge hatte. Seine Lippen waren unnatürlich rosa, als hätte er Lippenstift aufgelegt, seine Wimpern schienen mit Mascara geschwärzt zu sein, und sein Haar fiel auf seine Schultern herab, wobei die Enden eingerollt waren, als hätte ihm ein Friseur Dauerwellen gelegt. Zunächst glaubte ich, er sei ein *hijra,* ein Eunuch. Doch als er aufstand und mit fromm gekreuzten Händen auf uns zukam, wurde mir klar, dass er einer der Mönche war.

»Willkommen in unserem Zuhause«, sagte er. »Ich heiße Pitambar.«

Obgleich der Mönch offenbar nur wenig Kontakt zur Außenwelt gehabt hatte und daher etwas schüchtern war, empfing er uns freundlich und erbot sich, uns durch das *satra,* das Kloster, zu führen.

»Danach werde ich Sie dem *satradhikar* vorstellen, unserem

Meister«, sagte er selig lächelnd. »Er weiß über alles Bescheid und wird Ihnen alles mitteilen, was Sie wissen müssen.«

Wie die übrigen zwei Dutzend Mönche des Klosters hatte auch Pitambar ein Keuschheitsgelübde abgelegt. Er und seine asketischen Mitbrüder lebten in einer Flucht kahler Zellen, die aus Lehm und Bambusrohr erbaut waren. Die Zugänge zu ihren Behausungen waren nur einige Fuß hoch, und als wir daran vorbeigingen, musste ich mich bücken, um einen Blick ins Innere zu werfen.

Auf dem irdenen Boden hockend, beugten sich Männer in weißen Baumwollgewändern über ihre heiligen Schriften. In einer Zelle machte ein halbwüchsiger Mönch, die Beine hinter dem Nacken verschränkt, yogaartige Verrenkungen.

Nebenan rezitierte ein blinder Eremit mit langem silbrigem Haar Mantras, wobei er sich in der Hüfte vor- und zurückwiegte.

»Okay, Boss, gehen wir«, sagte Vipal, nachdem Pitambar uns seine Zelle gezeigt und uns mehrere Hände voll Nüsse und Rosinen sowie Kokosnussstücke angeboten hatte. »Jetzt hast du alles gesehen. Mehr gibt's nicht.«

»Was soll das heißen? Wir haben noch gar nichts gesehen. Wir haben noch nicht einmal mit dem Vorsteher des Klosters gesprochen. Wenn du willst, kannst du ja im Auto warten«, sagte ich. »Es wird mindestens eine Stunde dauern.«

Schmollend trabte Vipal nun, mehrere Schritte Abstand haltend, hinter uns her, als wir uns dem Hauptgebäude des *satra* näherten. Es wurde von zwei tönernen Löwen bewacht, die Blumensträuße zwischen ihren Zähnen hielten. Dieses so genannte *nam ghar* – Gebetshaus – erinnerte von außen eher an ein Rathaus als an einen Tempel. Doch im Innern sah es anders aus als in sämtlichen hinduistischen Kultstätten, die ich bis dahin besucht hatte.

Pitambar stieß die mit Schnitzereien verzierten schweren Holz-

türen auf, und wir traten ein. Das Heiligtum wurde von einer sieben Meter hohen Holzpyramide beherrscht, die mit grellrotem Tuch überzogen war. Die Basis schmückten geschnitzte Holzlöwen, die mit wilden Elefanten kämpften. Die Spitze dieses seltsamen Baues bildete ein Exemplar eines ledergebundenen Buches, das die fünfhundert Jahre alten heiligen Handschriften dieser Glaubensgemeinschaft enthielt. Vor der Pyramide standen zwei schmiedeeiserne Kerzenständer, deren Spitzen bronzene Pfauen krönten.
Nachdem wir unsere Schuhe ausgezogen hatten, folgten wir Pitambar ins Innere. Zwei Pauken standen zu beiden Seiten der Tür, gleich neben einer fast zwei Meter hohen Darstellung des Garuda, jenes mythischen Wesens, halb Mensch, halb Vogel, auf dem nach alter Überlieferung der Gott Vishnu flog. Das einzige Licht in dem Raum spendete eine Gruppe von Kerzen und Senföllampen, die in der Düsternis flackerten und eine gespenstische Atmosphäre erzeugten. Kondensstreifen von Ruß stiegen spiralförmig empor zu den kunstvollen roten und goldenen Baldachinen, die von der Decke hingen.
»Dies ist unsere Kultstätte«, erklärte Pitambar, als mehrere ortsansässige Assamesen hinter uns eintraten und sich mit gesenktem Haupt der Pyramide näherten, wo sie ihre Nuss- und Obstgaben darbrachten. »Dies ist der heiligste Ort in ganz Assam.«
Ich hatte den Hinduismus mit seinen zahllosen Kulten, Gottheiten, Inkarnationen und Deutungen schon immer für praktisch unbegreiflich gehalten, sodass ich tief Luft holte, bevor ich Pitambar fragte, zu welcher besonderen Spielart des Hinduismus sich die Mönche bekannten.
Doch seine Erklärung erwies sich als einfach.
Die Mönche seien Anhänger des heiligen Shankaradeva, erwiderte er, dem nachgesagt werde, er habe das biblische Alter von hundertzwanzig Jahren erreicht. Bis zu seiner Geburt im Jahr

1449 seien tantrische Kulte, die schwarze Magie und Menschenopfer praktiziert hätten, in Assam tonangebend gewesen.

»Eine Form der Weissagung, die damals üblich war, bestand darin, ein Kind zu beschauen, das aus dem Leib einer im neunten Monat schwangeren Frau geschnitten wurde«, sagte Pitambar. »Es war eine düstere Zeit.«

Doch der Erlöser von Assam predigte gegen solche scheußlichen Bräuche und bemühte sich zudem darum, die Gemeinschaft der Gläubigen zu einen, indem er das Kastensystem, die Mitgift und die Götzenanbetung abschaffen wollte und die Gläubigen dazu aufrief, nur noch einen Gott, Krishna, zu verehren.

»Shankaradeva ist der Vater der assamesischen Nation«, sagte Pitambar. »Er schmiedete uns zu einem Volk zusammen.«

Wie ich auf meinen Reisen entdecken sollte, hat jede Ortschaft in Assam einen *nam ghar,* wo die Dramen, die Shankaradeva geschrieben hat, um soziale Rechte und Gleichheit zu lehren, noch immer aufgeführt werden. Die assamesische Vaishnava-Bewegung, die von dem Propheten begründete Schule des Hinduismus, bleibt die vorherrschende Religion des Brahmaputra-Beckens.

»Sie ist nur in Assam anzutreffen. Man findet sie nirgendwo sonst«, sagte Pitambar. »Wir sind die Hüter seiner Lehre und der assamesischen Kultur.«

Doch der Zustrom Hunderttausender illegaler Einwanderer aus Bangladesch, ganz zu schweigen von den Millionen von *adivasis,* die im Gefolge der Briten ins Land gekommen seien, habe die assamesische Kultur in Gefahr gebracht.

»Heute müssen wir stärker denn je daran arbeiten, sie zu erhalten«, sagte er. »Ohne unsere Überlieferungen sind wir verloren.«

Wir gingen um die Rückseite der Pyramide herum, wo ein kleiner Alkoven einen weiteren Schrein beherbergte, der eine

Sammlung von Reliquien Shankaradevas enthielt. Vipal wollte ein paar Fotos machen, doch der Mönch bat ihn, davon Abstand zu nehmen.
»Boss, was ist mit dem Friedhof der Eli-panten? Sie müssen sich mordsgut auskennen.«
Ich fragte Pitambar, ob er etwas über Elefanten wisse.
»Kommen Sie«, sagte er, »ich werde Sie zum Meister bringen.«

Ein um die Hüfte geschlungenes Baumwolltuch, eine tönerne Schale und ein Rosenkranz aus *Rudraksha*-Perlen bildeten den gesamten Besitz des Meisters. Seine Zelle, die er mit einer schillernden Vielfalt assamesischer Insekten teilte, war kalt, feucht und unbeleuchtet. Ein Loch im Boden hinter der Zelle diente als Latrine. Doch trotz seiner Armut strahlte der Mönch eine heitere Zufriedenheit aus. Ich hatte erwartet, einem älteren Geistlichen zu begegnen, aber der Meister war höchstens vierzig. Doch trotz seines vergleichsweise jungen Alters waren die anderen Mönche davon überzeugt, dass er ein drittes Auge besaß.
»Ich sehe alles. Ich sehe durch Sie hindurch, in Sie hinein und über Sie hinaus«, sagte er mir, als Pitambar uns vorstellte.
Er meditierte, hieß es, manchmal mehrere Tage am Stück und ernährte sich nur von Milch und hin und wieder einer Schale Reis. Pitambar erzählte mir auch, der Meister habe – beginnend im Alter von sieben Jahren – sämtliche heiligen Schriften der Vaishnava auswendig gelernt.
Als wir vor ihm saßen, hineingezwängt in den winzigen Raum, den Rücken an die Wand gelehnt, neigte sich der Meister nach vorn, sodass ich zum ersten Mal sein Gesicht deutlich sehen konnte, dessen Züge wie bei seinen Glaubensbrüdern ausgesprochen effeminiert wirkten. Seine Wangen waren mit Pockennarben übersät. Die Augen lagen tief in seinem asketischen Gesicht, und die Natur hatte ihn mit einer hängenden Unterlippe versehen.

Durch den schwachen Lichtstrahl, der durch einen schmalen Fensterschlitz in der Wand drang, starrte mich der Meister an. »Die westliche Gesellschaft zerstört unsere Kultur«, sagte er. »Wir müssen dafür sorgen, dass sie erhalten bleibt. Sie ist unser wertvollstes Gut.«

»Wie wollen Sie den Verfall aufhalten?«, fragte ich. Wollte er wie die Taliban in Afghanistan Fernsehapparate zertrümmern?

»Nein, wir probieren andere Methoden aus«, erklärte er. »Zunächst einmal haben wir an den Präsidenten der Vereinigten Staaten geschrieben und ihn gebeten, nicht länger die amerikanische Kultur nach Indien zu exportieren. Und zweitens fördern wir die Verbreitung der Theaterstücke von Shankaradeva, um so unsere Überlieferungen zu bewahren.«

»Haben Sie eine Antwort aus Washington erhalten?«

»Nein. Aber wenn sie nicht aufhören, werden wir völkerrechtliche Schritte gegen sie unternehmen. Am Ende wird unsere Kultur obsiegen. Sie hat Jahrtausende überdauert, und sie wird auch Amerika überleben.«

Bevor ich ihn nach Elefanten fragen konnte, begann er, uns einen Vortrag über das Leben von Shankaradeva und die Wunder, die er gewirkt hatte, zu halten. Ich hörte ihm geduldig zu, teils aus Interesse, teils aus Hochachtung und teils, um Vipal zu ärgern, der, wie ich sehen konnte, immer ungeduldiger wurde.

Doch schließlich unterbrach ich den Meister und fragte ihn, ob er etwas über den Elefantenfriedhof wisse.

»Ja, es gibt eine Legende«, sagte er und fügte ergänzend hinzu, sie sei nicht Teil der Vaishnava-Überlieferung selbst, sondern von einheimischen Assamesen mündlich weitergegeben worden.

»Wenn ein Elefant spürt, dass der Tod naht, sucht er einen Teich auf, den so genannten Teich des Ganesha. Dieser Teich ist sehr tief – es heißt, er reiche bis zum Mittelpunkt der Erde.

Kommt der sterbende Elefant zu ihm, badet er zunächst in dem heiligen Wasser und taucht dann, mit seinem letzten Atemzug, in den Teich ein, wo er für immer verschwindet.«
»Wissen Sie, wo sich dieser Teich befindet?«
Der Mönch schüttelte den Kopf. »Man sagt, er sei im Dschungel, nicht weit von hier, im Bezirk Nowgong. Als ich ein kleiner Junge war, erzählte mir einer der Freunde meines Vaters, er habe gesehen, wie ein Elefant zum Ufer des Teiches getrottet und hineingeglitten sei. Der Elefant sei nicht mehr herausgekommen.«
Ich fragte ihn, ob er mir den Weg nicht genauer beschreiben könne, doch er verneinte.
»Sollte dieser Teich jemals austrocknen, wird das Geschlecht der Elefanten aussterben. Wir beten dafür, dass dieser Tag niemals kommen möge. Denn wenn der Elefant stirbt, wird der Mensch bis ans Ende aller Tage in tiefem Kummer leben.«
Unser Gespräch wurde von einem monotonen metallischen Klang unterbrochen. Er stammte von einer gusseisernen Glocke, die am Ast eines am Rande des Teiches stehenden Mangobaumes hing. Es war Zeit fürs Gebet. Unsere Audienz war vorüber.
Zur gleichen Zeit, als wir den Raum verließen, traten die anderen Mönche aus ihren Zellen blinzelnd in die Nachmittagssonne. Mit ihrem Meister an der Spitze schritten sie in würdevollem Ernst hintereinander zum *nam ghar*. An den Stufen des Tempels lud uns Pitambar ins Innere ein, doch es war schon spät, und so dankte ich ihm für die Zeit, die er sich genommen hatte, und verabschiedete mich.
Wir gingen den Feldweg zurück zum Auto, wo der Fahrer wartete. Gerade als wir losfahren wollten, kam Pitambar hinter uns hergerannt und überreichte mir ein Baumwolltuch, das am Rand mit roten geometrischen Stickereien verziert war.
»Mein Meister hat mich gebeten, Ihnen dies zu schenken. Es ist

ein Zeichen seiner Achtung. Tragen Sie es immer, und das Glück wird Ihnen hold sein.«

Während unseres Besuchs im Kloster hatte Vipal kaum ein Wort gesagt. Mir kam es so vor, als habe er sich durch die Mönche bedroht gefühlt. Zumindest hatte ich dies seiner Körpersprache und seiner Weigerung entnommen, von den geweihten Nahrungsmitteln zu essen, die uns angeboten worden waren. Als wir Richtung Kaziranga zurückfuhren, fragte ich ihn, was los sei.
»Ich mag diese Mönchmänner nicht«, murrte er.
»Und warum nicht? Sie haben uns doch sehr freundlich empfangen.«
»Nein, sie sind nicht gut«, sagte er kategorisch.
»Alle Mönche sind etwas sonderbar«, meinte ich.
»Nein, du hast keine Ahnung«, erwiderte er spöttisch. »Du bist Ausländer. Du verstehst total nichts.«
»Was hast du gegen sie?«, fragte ich.
»Sie sind mordshomosexuell«, sagte er verächtlich.
»Das ist doch lächerlich.«
»Ich weiß es.«
»Sie sind nicht schwul. Und selbst wenn, was wäre schon dabei?«
Vipal starrte wütend aus dem Fenster und winkte mit beiden Händen abfällig in meine Richtung.
»Was hast du überhaupt gegen Homosexuelle?«, hakte ich, lauter werdend, nach.
»Die haben Aids!«, platzte es aus ihm heraus. »Wir können es von ihnen kriegen!«
»Aids!«, schnaubte ich wütend. »Du könntest dich nur dann mit Aids infizieren, wenn du Sex mit ihnen hättest. Oder wenn du eine Bluttransfusion erhalten würdest und sie das Blut gespendet hätten. Wenn mich nicht alles täuscht, haben wir we-

der Sex mit ihnen gehabt noch eine Bluttransfusion erhalten, während wir dort waren.«

»Du hast ihre Kokosnüsse total gegessen«, sagte er. »Ganz sicher kriegst du jetzt Mords-Aids.«

Wir sprachen auf der gesamten Rückfahrt zum Wild Grass Hotel kein Wort mehr miteinander. Dennoch hatte sich der Tag als sehr erfolgreich erwiesen. Ich hatte eine weitere Legende über den Elefantenfriedhof in Erfahrung gebracht und sogar vagen Aufschluss über seine Lage erhalten.

Zurück in meinem Hotelzimmer, fand ich eine Nachricht von Mr. Choudhury unter meiner Tür: »Treffen uns morgen Nachmittag um vier im Camp. Hab alles über den Elefanten herausgefunden.«

9 Tod eines Mahout

Elefanten werden immer wieder wohlmeinend mit dem Menschen verglichen. Dies ist als großes Kompliment gedacht. Dabei kann es für diese außergewöhnlichen Geschöpfe keine größere Herabwürdigung geben.

Bill Canning, *Elephant Days*

In raue Decken gekuschelt, hatten sich die Mitglieder des Elefantenkommandos und die Mahouts des Kaziranga-Parks in der Dunkelheit um ein schwelendes Lagerfeuer geschart und spielten mit einem Satz abgegriffener Bordkarten von British Airways eine Art Rommé.

Jedes Mal, wenn sie zwischendurch brennende Ästchen aus dem Feuer zogen, um die Enden ihrer Stumpen anzuzünden, konnte ich einen flüchtigen Blick auf ihre Gesichter erhaschen. Das Schattenspiel meißelte ihre Physiognomien heraus, hob Hakennasen und Blumenkohlohren hervor, während Rauch und flackerndes Licht ihr finsteres Aussehen verstärkten.

Die Mahouts beäugten einander argwöhnisch und schielten vorsichtig in die dicht mit der Hand umfassten Blätter. Seine Gegner konzentriert musternd, ob sie nicht ein Anzeichen von Bluff oder Schwäche zeigten, kaute ein Mann auf der Haut seines linken Daumens herum. Ein anderer sog an seiner Unterlippe und prüfte sein Blatt mit gespannter Aufmerksamkeit, als wäre das Spiel eine Frage von Leben und Tod.

Langsam nahm ein Mahout nach dem anderen eine Karte aus dem Stapel auf und steckte sie zu seinem Blatt. Bei jeder neuen Runde wurden nur wenige Rupien gewettet. Dies war kein Spiel mit hohem Einsatz. Dennoch häufte der Älteste von ihnen – ein Mann, dessen Brauen sich über seiner Nasenwurzel trafen – ein erkleckliches Sümmchen an. Jedes Mal, wenn er ein Spiel gewann, stieß er einen Jubelschrei aus und sammelte seinen Gewinn wie ein habgieriger Geldverleiher mit beiden Händen ein. Dem enttäuschten Murren seiner besiegten Gegner war zu entnehmen, dass sie alle bald aussteigen müssten, wenn sich ihr Glück nicht zum Besseren wenden sollte.

Ich saß auf einem Baumstamm in der Nähe, eingehüllt in einen Schlafsack, um mich warm zu halten, und wartete auf Mr. Choudhury. Mole, Badger und Vipal plauderten mit Baba. Churchill, der offenbar die Kälte nicht spürte und lediglich ein dünnes Hemd und schmuddelige Hosen trug, saß zu meinen Füßen, mit dem Rücken an den Stamm gelehnt, und versuchte, sein Kurzwellenradio auf den BBC World Service einzustellen. Er drehte am Bedienungsknopf, und zwischen dem Rauschen und Krächzen des Lautsprechers ertönten fremdsprachige Wortfetzen. Ich erkannte viele der Sender. Zunächst war der amerikanisierte osteuropäische Akzent der »Stimme Russlands« zu hören, dann der enthusiastische Schwung eines Australiers, der auf ABC ein Programm über Haustierpflege moderierte. Dann ertönte Musik von Radio China, die sich wie Pingpong anhörte, und einen Moment lang stellte der Mahout die Voice of America ein. Schließlich kam die tröstliche Ansage der BBC: »Hier spricht London.«

»BBC ist bester, nein?«, sagte der Mahout, der das Radio vor Jahren auf dem birmanischen Schwarzmarkt erstanden hatte. »Gutes Englisch. Macht Mahout international.«

Mir war aufgefallen, dass Churchill die Angewohnheit hatte, immer dann Radio zu hören, wenn er beunruhigt war. Es war seine Art der Flucht. Diesmal waren es die jüngsten Bewegungen des Goondas, die ihn mit wachsender Sorge erfüllten.

»*Hathi* will trinken, nein?«, sagte der Mahout. »Ihm klebt … wie sagt man, die Zunge im Hals.«

»Du meinst wohl ›die Zunge am Gaumen‹«, korrigierte ich ihn.
»Hals, Gaumen, Rachen, alles dasselbe. *Hathi* will trinken. Kein Drink in Kaziranga, glaub ich, nein?«
Laut Auskunft der Wildhüter, die dem Elefantenbullen folgten, würde er in etwa sechsunddreißig Stunden den östlichen Rand des Parks erreichen. Er könnte dann jederzeit in mehrere Ortschaften im Bezirk Nowgong, nahe dem *satra,* dem wir einen Besuch abgestattet hatten, eindringen.
»Bald müssen wir gehen«, sagte er. »*Hathi* ist große Gefahr.«
Ein Moderator auf BBC kündigte eine Sendung über Menschen an, die zwanghaft Körperpflege betrieben. Dies war ein merkwürdiges Thema für eine Radiosendung, die sich an eine internationale Hörerschaft wandte, besonders angesichts meiner gegenwärtigen Gesellschaft.
Churchill kniff mich ins Bein und riss mich aus meinem Tagtraum.
»Wie ist Hotel? Sehr schön, nein?«, fragte er.
Ich nickte begeistert und wünschte, ich läge in einem der übergroßen Betten.
»Du magst warmes Zimmer und schönes Bad«, stellte der Mahout fest.
»Ja«, sagte ich bedachtsam und fragte mich, worauf er hinauswollte.
»Ha!«, sagte er verächtlich. »Du weich. Magst nicht Leben von Mahout. Zu hart für *firang,* nein?«
Es stimmte – ich fand die Lebensweise der Leute vom Elefantenkommando strapaziös. Dennoch kränkte mich seine Äußerung, auch wenn ich vermutete, dass seine untypische Strenge mehr mit seiner Nervosität wegen des Elefanten als mit einer echten Missbilligung meiner mangelnden Zähigkeit zu tun hatte.
»Das stimmt nicht«, widersprach ich. »Ich campe gern und kümmere mich auch gern um die *kunkis.*«

Churchill stieß ein lautes »Ach was!« aus.
»Du wie Mädchen«, sagte er, »ganz weich.«
Er schaute auf seine Uhr, das Zifferblatt in das Licht des Lagerfeuers haltend.
»Wo ist Shikari?«, fragte er. »Vielleicht er macht Halt für einen Drink. Genau wie *hathi,* nein?«

Es war nach elf Uhr, als die Scheinwerfer des Landrover auf der Kaziranga Road auftauchten und langsam auf das Camp zukamen.
Während sich das Fahrzeug näherte, wuchs meine Spannung. Welche dunklen Geheimnisse waren gelüftet worden? Woher stammte der Einzelgänger? Weshalb waren seine Opfer hauptsächlich betrunkene Männer? Und wie war er aus der Gefangenschaft entkommen? Mit etwas Glück würden all diese – und weitere – Fragen gleich beantwortet werden.
Mr. Choudhury stand bald vor uns. An einem Becher Tee nippend, reckte er seine Beine und massierte seinen Nacken. Er hatte eine lange Fahrt hinter sich. So zerschlagen, wie er aussah, schien der Jäger in den letzten sechsunddreißig Stunden nur wenig oder gar nicht geschlafen zu haben. Auch die Tatsache, dass er noch dieselben Kleidungsstücke trug und sich nicht rasiert hatte, deutete darauf hin, dass er von Termin zu Termin gehetzt war. Dennoch funkelten seine Augen vor Erregung. Anscheinend war in Guwahati alles gut gegangen.
»Es tut mir Leid, dass ich so spät dran bin«, hob er an, während wir uns um ihn versammelten. »Bitte habt noch ein wenig Geduld. Ihr werdet feststellen, dass sich das Warten gelohnt hat.«
Er bückte sich nach einem Teekessel, der über dem Feuer kochte, und füllte seinen Becher nach.
»Die Fahrt war erfolgreich. Ich weiß jetzt mehr über das Vorleben des Einzelgängers«, fuhr Mr. Choudhury fort. »Es ist eine der erstaunlichsten Geschichten, die ich je gehört habe. Und

eine wie geschaffen für einen Journalisten.« Er hielt inne und nickte mir mit einem konspirativen Lächeln zu. »Ich habe jemanden mitgebracht, der diese Geschichte besser kennt als irgendjemand sonst.«

Er drehte sich zu der Straße um, auf der ein Hindustan Ambassador neben dem Landrover zum Stehen kam.

»Mr. Jain«, rief Choudhury aus, »bitte kommen Sie, und leisten Sie uns Gesellschaft.«

Die Scheinwerfer des Autos erloschen. Ein Fahrer stieg aus und huschte um das Heck des Ambassador, um die Tür auf der gegenüberliegenden Seite zu öffnen. Wir reckten die Köpfe, um zu sehen, wer der geheimnisvolle Gast sei, doch das Wageninnere war pechschwarz. Dann trat einer der Mahouts mit einer Sturmlaterne vor und leuchtete den Bereich aus, in dem die Fahrzeuge abgestellt waren. Eine Gestalt kroch aus dem Wagen, und als sie auf uns zuging, konnten wir einen ersten, flüchtigen Blick auf den geheimnisvollen Mr. Jain werfen.

Er war ein vierschrötiger Herr mit prallen Wangen und ausladender Taille, die seinen Gürtel bis zum Anschlag spannte. Mit seinem wie die Barthaare einer Katze abstehenden Schnurrbart erinnerte mich der Fremde an einen überfütterten Kater. Im Übrigen fiel mir an Choudhurys neuem Bekannten nichts Ungewöhnliches auf – bis er in den Schein des Lagerfeuers trat. Da bemerkte ich, dass etwas mit ihm nicht stimmte. Mr. Jain hatte keine Beine. Er bewegte sich mit Hilfe einer Krücke auf zwei Aluminiumprothesen fort.

»Ich freue mich, euch den Eigentümer des Goondas vorzustellen, hinter dem wir her sind«, sagte Mr. Choudhury, der anscheinend einen Sinn für Theatralik entwickelte.

Der Jäger begleitete Mr. Jain zu dem Baumstamm. Mit einiger Mühe, die künstlichen Beine von sich streckend, setzte der Mann sich hin. Die Mahouts brachten ihrem Gast einen Betelbissen, der in ein Betelpfefferblatt gewickelt war, und anschließend etwas Tee. Ihre Gastfreundschaft war rührend, doch meine Ungeduld wuchs.

»War er wirklich der Eigentümer des Elefanten?«, flüsterte ich Mr. Choudhury zu. »Wie haben Sie ihn gefunden?«

»Ja«, warf Churchill ein, »erzählen uns Geschichte von *hathi*, nein?«

Der Jäger hob die Hände, und schon kehrte Ruhe ein.

»Ich glaube, es wäre das Beste, wenn Mr. Jain euch selbst alles erzählt.«

Mr. Jain lehnte sich zurück, wobei er sich auf die Handteller stützte, um nicht vom Baumstumpf zu fallen. Obwohl es eine kalte Nacht war, liefen ihm dicke Schweißperlen den Nacken hinunter. Bevor er mit seinem Bericht begann, zog er eine zerdrückte Schachtel Zigaretten aus seiner Anzugtasche und zündete sich eine an. Dann, nachdem er sich die wenigen verbliebenen Haarsträhnen auf dem Kopf glatt gestrichen hatte, wandte er sich zu Mr. Choudhury und runzelte die Stirn, als wartete er auf Inspiration.

»Ich schlage vor, Sie erzählen die Geschichte von Anfang an«, half ihm der Jäger auf die Sprünge.

Mr. Jain nickte und nahm einen kräftigen Zug von seiner Zigarette.

»Ich bin Geschäftsmann«, begann er und leckte sich dabei den Schweiß von der Oberlippe. »Ich bin Inhaber eines Transportunternehmens. Ich handle überwiegend mit Tee. Von Assam verschicken wir den Tee nach Kalkutta, und von dort verschiffen wir ihn nach Europa, vor allem Großbritannien.«

Ich vermutete, dass er ein Marawari war, wie die Geschäftsleute aus dem Bundesstaat Rajasthan genannt werden, die angeblich halb Indien besitzen. Die meisten der Inder verachten sie wegen ihres unverhohlenen Materialismus und ihres sprichwörtlichen Geizes.

»Als Kind«, fuhr er fort, »träumte ich davon, einen Elefanten zu besitzen, aber mein Vater gestattete dies nicht. Er sagte, die Tiere seien gefährlich und würden mich gewiss verletzen … Wie Recht er hatte«, fügte er hinzu und stieß eine Rauchwolke aus.

»Viele Jahre später, 1986, stand eines Tages ein Mahout vor der Tür meines Hauses, das vor den Toren Guwahatis am Rand des Dschungels lag. Er war mit einem Elefanten unterwegs, einem schönen Tier mit langen Stoßzähnen. Der Mahout sagte, er wolle das Tier verkaufen, und ich konnte der Verlockung nicht widerstehen. Wie schon gesagt – ich hatte mir von klein auf einen Elefanten gewünscht. Nach einigem Feilschen wurden wir schließlich handelseinig.«

Mr. Jain gab zu, dass er trotz seiner Passion für Elefanten nichts über die Tiere wusste. In seiner Euphorie vergaß er, sich nach der Herkunft des Bullen zu erkundigen. Auch versäumte er es, einen Sachverständigen darüber zu befragen, ob sich der Elefant überhaupt als Haustier eigne.

»Es gab nur eine Bedingung bei der Übereinkunft«, fuhr unser Gast fort und zündete sich eine zweite Zigarette an. »Ich konnte ihn nur kaufen, wenn ich gleichzeitig den Mahout in Dienst nahm. Dabei habe ich diesen Mann von Anfang an nicht gemocht und ihm misstraut. Schon bei unserer ersten Begegnung roch er stark nach Alkohol. Ich hätte ihm sofort den Laufpass geben sollen. Er zettelte ständig Raufereien an und war nur selten nüchtern. Er hieß Dev, doch ich nannte ihn schon bald Devil.«

Mr. Jain war oft auf Geschäftsreise in Indien unterwegs und verbrachte nur wenig Zeit in seinem Haus bei Guwahati. Manchmal blieb er wochenlang fort.

»Eines Tages kehrte ich von einer Reise nach Delhi zurück und fand das Tier in einem erbärmlichen Zustand vor. Der Elefant hatte nicht genügend Futter bekommen und sah ausgezehrt aus. Er war mit einer Kette an einen Baum gebunden, die zu fest um seinen Knöchel saß, sodass er sich wund gerieben hatte.

Narben auf dem Rücken, den Beinen und dem Kopf des Elefanten deuteten darauf hin, dass der Mahout das arme Tier mit seinem *ankush* geschlagen hatte. Doch von Dev fehlte jede Spur. Ich suchte nach ihm und spürte ihn schließlich im örtlichen Gefängnis auf, wo er wegen einer Kneipenschlägerei einsaß.«

Mr. Jain ballte seine linke Hand zur Faust, als er weitersprach, und presste seine Finger zusammen.

»Ich fand heraus, dass der Mahout das Futtergeld für den Elefanten gestohlen und davon Arrak und Whisky gekauft und sein Glück beim Kartenspiel versucht hatte.«

Churchill und die anderen Mahouts waren empört.

»Wenn Mahout Futter stehlen, *hathi* wissen, nein?«, warf Churchill ein, dem die Geschichte offensichtlich sehr nahe ging und der fortwährend durch Zwischenrufe seine Entrüstung bekundet hatte. »Das macht *hathi* äußerst *schwer* wütend.«

»Was haben Sie als Nächstes getan?«, fragte Mr. Choudhury, darauf bedacht, dass der Marawari mit seiner Erzählung fortfuhr.

»Ich schmiss den Mahout raus. Ich sagte ihm, er solle sich aus dem Staub machen und nie mehr zurückkommen. Andernfalls würde ich ihn ins Gefängnis werfen lassen. Er ging fort, und ich fand bald einen anderen Mann, der sich um den Elefanten kümmerte.«

Einige Wochen lang schien alles gut zu gehen. Der neue Mahout behandelte den Bullen freundlich, fütterte ihn ordentlich und pflegte ihn gesund. Doch dann, eines Tages, kam Dev zurück. Betrunken und fluchend, forderte er von Mr. Jain Geld, das ihm zustehe, wie er behauptete.

»Ich sagte ihm, er solle verschwinden, und machte mich auf den Weg, um die Polizei zu rufen. Ich ging hinters Haus, wo wir den Elefanten hielten. Der Mahout folgte mir, aus vollem Halse schreiend. Der Elefant, der in der *musth* und daher sowieso leicht reizbar war, reagierte augenblicklich auf seine Gegenwart. Er zerrte an seiner Kette. Er scharrte den Boden. Er trompetete. Er wollte sich losreißen und den Mahout packen, der knapp außer Reichweite stand. Seine Augen waren wie toll. Er raste.«

Die Worte sprudelten jetzt aus Mr. Jain hervor.

»Doch selbst jetzt verhöhnte ihn Dev noch. Er stand da und lachte wie ein Clown. Dann, plötzlich, riss die Kette. Der Elefant war frei. Er griff den Mahout an. Dev wollte davonrennen, aber das Tier packte ihn und schleuderte ihn zu Boden. Da lag er, seine Arme zum Schutz in die Höhe gereckt. Er befahl dem Elefanten aufzuhören und schrie: ›Halt! Knie nieder! Leg dich hin!‹ Doch sein Schicksal war besiegelt. Ich konnte den Rachedurst in den Augen des Elefanten sehen.«

Mr. Jains Hände begannen zu zittern, und ein Muskel in seinem Auge zuckte unwillkürlich.

»Der Elefant umschlang Dev und wuchtete ihn empor. Er schrie um Hilfe, aber ich konnte nichts tun. Ich stand da und schaute zu, starr vor Entsetzen. Da schmetterte ihn der Bulle zu Boden. Ich hörte, wie seine Knochen zermalmt wurden. Er war auf der Stelle tot. Er hatte Glück.«

Doch der Elefant war noch nicht mit ihm fertig. Er begann auf die Leiche zu treten, wie er es auch bei seinen späteren Opfern tat.

»Schließlich stampfte er die sterblichen Überreste in die Erde. Der Elefant war über und über mit Blut bespritzt. Seine Stoßzähne waren voller Blut, sein Rüssel voller Blut …«

Die Stimme des Marawaris schnappte über, und er hielt inne, um sich den Schweiß von der Stirn zu wischen.

»Dann ging er auf mich los. Das Letzte, woran ich mich erinnere, ist sein gewaltiger Leib, der mich überragte. Dann muss ich ohnmächtig geworden sein. Oder ich habe verdrängt, was als Nächstes geschah.«

»Als ich wieder zu mir kam, hatte ich unerträgliche Schmerzen.

Ich lag auf dem Boden in einer Lache meines eigenen Blutes. Mit großer Mühe richtete ich mich auf. Dann schaute ich an mir hinunter und sah, dass meine Beine … meine Beine …«
Mr. Jain brach die Stimme, während er den Kopf sinken ließ.
»Meine Beine waren zermalmt«, wisperte er. »Ich glaube, der Elefant hat dies absichtlich getan«, sagte er nach langer Pause, mit wieder gefasster, nachdenklicher Stimme. »Er wollte, dass ich Qualen litt. Er wollte, dass ich mich bis ans Ende meines Lebens jeden Tag an ihn erinnerte. Und so ist es die letzten zehn Jahre geschehen.«
Er führe seine Behinderung nicht auf einen unglücklichen Zufall zurück, erklärte der Marawari. Vielmehr sehe er darin die Strafe für eine furchtbare Sünde, die er in einem früheren Leben begangen haben mochte.
»Ich muss etwas sehr Böses getan haben, um dies zu verdienen«, sagte er. »Aber ich habe keine Ahnung, was es gewesen sein könnte.«
Ein Nordwind wehte durch Kaziranga und wirbelte Blätter und loses Stroh vom Boden auf. Die Glutasche im Feuer wurde angefacht, und rot glühende Kohlen kamen unter der grauen Asche zum Vorschein. Die Mahouts wickelten sich noch enger in ihre Decken.
Choudhury setzte sich auf den Baumstamm neben Mr. Jain und nahm den Faden der Geschichte dort auf, wo sein Gast aufgehört hatte.
»Der Elefant floh und wurde zu einem bösartigen Einzelgänger erklärt«, sagte er. »Nach ein paar Tagen nahm ein anderer Jäger, der mittlerweile im Ruhestand ist, die Verfolgung auf. Der Elefant entkam durch den Brahmaputra. Schließlich gelangte er nach Arunachal Pradesh.«
Der Jäger holte tief Luft und atmete wieder aus.
»Die Vergangenheit hat die Tendenz, sich zu wiederholen, ist es nicht so?«

Wir saßen da und sannen einige Minuten schweigend über die Geschichte nach. Dann fragte ich Mr. Choudhury, ob er bei der Forstbehörde etwas ausgerichtet habe. War der Abschussbefehl widerrufen worden?
Der Jäger schüttelte bedrückt den Kopf.
»Leider nein«, sagte er. »Der Elefant hat zu viele Menschen getötet. Er ist zu gefährlich. Er muss erschossen werden.«
»Was meinen Sie dazu, Mr. Jain?«, fragte ich. »Wollen Sie, dass er getötet wird?«
Der Morawari nickte.
»Mir liegt nichts an Rache«, beteuerte er. »Ich gebe ihm keine Schuld für das, was er mir angetan hat. Ich werfe mir selbst vor, dass ich mich nicht ausreichend um das Tier gekümmert habe. Und ich fühle mich verantwortlich für das, was es angerichtet hat.«
»Wenn Sie den Elefanten erschießen können«, sprach er Choudhury an, »würden Sie viel Leid und Elend ein Ende setzen. Vor allem seinem eigenen.«
Choudhury nickte.
Mr. Jain erhob sich von dem Baumstamm. »Zufälligerweise hatte ich einen Termin hier in der Gegend, und so habe ich die Einladung von Mr. Choudhury, meine Geschichte zu erzählen, gern angenommen. Aber jetzt muss ich los, wenn ich die Verabredung einhalten will. Ich wünsche Ihnen viel Glück.«
Wir schüttelten uns die Hände, dann humpelte er zum Auto. Choudhury half ihm, während wir Übrigen den beiden folgten.
»Ich habe noch eine letzte Frage, bevor Sie fortfahren«, sagte ich, als sich Mr. Jain in den Fond des Ambassador quetschte. »Wie heißt der Einzelgänger? Er muss einen Namen haben.«
»Ja, natürlich«, antwortete er. »Er heißt Phandika.«

10 Eine Begegnung mit Terroristen

Wenn man einen Elefanten am Hinterbein gepackt hat und er sich davonmachen will, lässt man ihm am besten laufen!

Abraham Lincoln

Um halb fünf am nächsten Morgen schlich ich auf Zehenspitzen an Vipals Zimmer vorbei und ging mit meinem Gepäck hinunter in die Lobby. Mr. Choudhury erwartete mich an der Rezeption.

»Wo ist Vipal?«, fragte er, während ich die Rechnung beglich. »Kommt er mit?«

»Er wird später zu uns stoßen«, sagte ich nicht ganz wahrheitsgemäß.

Tatsächlich waren der Bengale und ich bis spät in die Nacht aufgeblieben. Ich hatte bei einer Spirituosenhandlung eine Flasche Old-Monk-Rum gekauft, und während ich den Stoff nicht anrührte, hatte Vipal sieben oder acht Gläser davon getrunken. Es dauerte nicht lange, bis er Hits von Frank Sinatra sang, mit einer Stimme, die selbst in einer Karaoke-Bar weit aus dem Rahmen des gerade noch Erträglichen gefallen wäre. Kurz nach Mitternacht begann er dann mit einer ohrenbetäubend eigenwilligen Interpretation von »New York, New York«, und kaum hatte er den letzten Vers beendet, wobei er in ein kreischendes Crescendo verfiel, das mein Trommelfell zum Platzen zu bringen drohte, fiel er in ganzer Länge auf sein Bett und entschlummerte spornstreichs. Ich war mir ziemlich sicher, dass er nicht vor dem Mittagessen aufwachen würde, und zu diesem Zeitpunkt waren wir längst über alle Berge.

»Er wird uns später von selbst finden müssen«, sagte Choudhury, als wir unser Gepäck im Landrover verstauten. »Ich werde auf niemanden warten. Das hier ist kein Pfadfinderausflug.«

Der Jäger hatte keine Lust auf zusätzliche Schwierigkeiten. Es war vorauszusehen, dass der bösartige Elefant am nächsten Morgen den Rand des Parks erreichen würde. Choudhury wollte ihm den Weg abschneiden, indem er Richtung Osten über die Straße fuhr, die am Rand des Parks entlangführte. Dann, sobald wir den Bezirk Nowgong erreichten, würden wir nach Süden in den Regenwald abbiegen.

»Wenn wir jetzt mit den Elefanten aufbrechen, werden wir die äußere Grenze des Parks genau dann erreichen, wenn er aus Kaziranga herauskommt«, sagte der Jäger, als wir zum Camp des Elefantenkommandos rasten. »In diesem Gebiet liegen keine Dörfer, also werden wir niemanden in Lebensgefahr bringen.«

Es gab nur ein Problem.

Die größte Untergrundbewegung von Assam, die ULFA, hatte für einen Tag einen *bandh* ausgerufen, einen Streik, um gegen die Verhaftung eines Mitglieds ihres Führungsgremiums zu protestieren. Die Kämpfer hatten die gesamte Bevölkerung mit Ausnahme der Personen, die in Notdiensten tätig waren, aufgefordert, von sechs Uhr morgens bis sechs Uhr abends zu Hause zu bleiben. Sämtliche Geschäfte sollten geschlossen bleiben und alle Fabriken den Betrieb einstellen. Kein Tee durfte gepflückt, kein Erdöl gefördert werden und kein Flugzeug auf dem Flughafen von Guwahati landen. Gemüse würde verrotten, Fisch würde verderben und Fleisch verfaulen. Keine einzige Behörde würde funktionieren – nicht einmal das Büro des »Chief Minister«. Kurz, der gesamte Bundesstaat mit seinen dreiundzwanzig Millionen Einwohnern sollte zum Erliegen kommen.

»Wie ist das möglich?«, fragte ich Mole, als wir das Camp des

Kommandos im Innern Kazirangas erreichten, wo Churchill und die anderen ihre Zelte zusammenpackten. »Ein Haufen Gangster kann doch nicht einfach das gesamte öffentliche Leben lahm legen.«
»Und ob sie das können. Es geschieht mehrmals monatlich«, sagte Mole lässig. »Es führt beim Staat und bei der Wirtschaft zu Einnahmeausfällen in Millionenhöhe. Aber es gibt nichts, was sie oder die Armee dagegen tun könnten, Mann.«
»Tritt ihnen denn niemand entgegen?«, fragte ich.
Mole sah mich an.
»Würden Sie?«
»Klar würde ich.«
»Na, dann sind Sie dumm, und man würde Sie erschießen, Mann. Die ULFA legt jeden um, den sie während eines *bandh* auf der Straße antrifft.«
»Okay, also dann würde ich auch zu Hause bleiben«, räumte ich ein. »Aber ich wäre nicht glücklich darüber.«
»Sie sind kein Assamese, Mann«, erwiderte Mole. »Wir sind ein fauler Schlag, und die meisten von uns lieben Streiks. Tatsächlich ruft die ULFA sie meistens für freitags oder montags aus, sodass alle ein schönes verlängertes Wochenende haben und zu Hause Videos anschauen können.«
Meinte er nicht, dass es angesichts der Erfolgsbilanz der ULFA eine schlechte Idee sei, ausgerechnet über die einzige Fernstraße Assams zu fahren? »Man sieht uns schon von weitem. Können wir nicht durch den Park fahren?«, fragte ich, uns schon tot im Straßengraben sehend. »Das wäre sicherer. In Kaziranga sollten sich eigentlich keine Kämpfer aufhalten.«
Aber uns blieb keine Wahl. Die Fahrt durch den Park hätte zu lange gedauert.
»Beruhigen Sie sich«, sagte Mole, »es wird nichts passieren.«
»Sie haben doch gerade gesagt, dass man erschossen wird, wenn sie einen auf der Straße erwischen!«

»Keine Sorge, Mann. Ich kenne diese Kerle. Sie werden uns kein Haar krümmen. Vermutlich sitzen sie alle zu Hause und schauen Videos.«

Wir brachen unter einem blutroten Himmel auf. Wir winkten Baba und den anderen Mahouts von Kaziranga, die aus ihren Zelten kamen, um sich überschwänglich von uns zu verabschieden.

Rittlings auf Raja sitzend, war ich glücklich, wieder in freier Natur zu sein. Auch wenn ich die Annehmlichkeiten des Wild Grass Hotels genossen hatte, war mir doch klar geworden, dass eine Tour auf einem Elefanten einen unvergleichlichen Reiz besaß. Das gemächliche Tempo ließ mich die schöne Landschaft weit intensiver genießen, als wenn ich in einem Reisebus oder einem PKW unterwegs gewesen wäre. Es gab mir auch ein Gefühl der Freiheit und Zeitlosigkeit, das ich angesichts der nervlichen Anspannung durch die Jagd als sehr erholsam empfand. Die Fortbewegung auf einem Tier statt in einer Maschine ließ die ganze Mühe des Reisens irgendwie lohnender erscheinen. Mit jedem Kilometer wuchs in mir ein Stolz, etwas geleistet zu haben, den ich bis dahin nicht gekannt hatte.

Jasmine folgte uns nach, sie riss Büschel saftigen grünen Grases am Wegesrand aus. Nachdem sie die Büschel gegen eines ihrer Knie geschlagen hatte, um das Erdreich zu entfernen, stopfte sie sie ins Maul und schien mir zu winken, als wollte sie mir sagen, dass ich gar nicht wisse, was mir entging. Der Landrover mit Badger, Mole, Rudra und zwei Wildhütern, die Amu zu unserem Schutz abgestellt hatte, bildete die Nachhut.

Raja, der während unseres Aufenthalts in Kaziranga eine Affäre mit einer attraktiven jungen Elefantenkuh gehabt hatte, war sehr lebhaft. Wäre da nicht die Tatsache gewesen, dass er knapp sieben Tonnen wog, hätte ich geschworen, dass er mit federnden Schritten gehe. Mehrfach stieß er aus dem Innern seiner Brust ein tiefes, wohliges Knurren aus. Es hörte sich an wie ein schwerer Fall von Magenverstimmung, doch laut Mr. Choudhury war es die Haut über seinem Nasengang, die wie eine Trommel vibrierte und die Unterschallwelle erzeugte, die sich über eine Entfernung von zwanzig Kilometern fortpflanzte und von allen anderen Elefanten in diesem Umkreis wahrgenommen wurde.

»Es ist eine sehr viel höher entwickelte Form der Kommunikation als alles, wozu wir Menschen in der Lage sind«, sagte der Jäger, der hinter mir saß. »Wenn wir uns über eine größere Entfernung miteinander verständigen möchten, müssen wir ein Funksprechgerät benutzen.«

Ich fragte mich, ob Raja wohl mit seiner Freundin in Kaziranga plauderte. Wie mir schien, machte er ihr in eben diesem Moment mit einem erlesenen Dickhäuterpoem den Hof. Vielleicht warnte er aber auch den Einzelgänger vor unserem Kommen. Galt seine Loyalität dem Elefantenbullen oder seinen menschlichen Herren?

Der dumpfe Klang der Rotorblätter eines Helikopters riss mich aus meinen Betrachtungen. In den Himmel blickend, erspähte ich bald einen getarnten Chinook-Hubschrauber des Heeres, der über die Kuppen der Karbi-Anglong-Berge glitt und dann, etwa achthundert Meter vor uns, auf die Straße herabstieß, wo er wie ein Greifvogel rüttelte, der Ausschau hielt nach seinem Frühstücksschmaus. Die Kraft der Rotorblätter wirbelte eine Staubwolke auf, die Büsche zerzauste und Bäume krümmte. Dann stürmten mitten aus diesem Wirbelwind zwei Formationen Black Cats heraus, Angehörige einer Eliteeinheit der indischen Armee, die mit Maschinenpistolen bewaffnet waren. In straffer Formation zickzackförmig über die Straße laufend, bezogen sie entlang der Hecken Stellung, während die Offiziere das Gelände mit Feldstechern absuchten.

Dann tauchten weitere Armeeangehörige auf. Soldaten marschierten entlang des Seitenstreifens, bepackt mit Granaten, Bajonetten, Pistolen, Messern und Maschinengewehren. Jeeps rasten an ihnen vorbei. Trupps schwärmten in Reisfelder aus und verständigten sich mit Handzeichen. Der Chinook drehte nach Süden ab, stieg auf und schwebte in großer Höhe davon. Offensichtlich waren wir mitten in eine größere Operation geraten.

»Die ULFA hat gestern zwei Soldaten getötet«, sagte Churchill, der die allgegenwärtige indische Armee hasste, da er sie als Besatzungsmacht ansah. »Jetzt fahnden sie. Nehmen Rache.«

Kurze Zeit später wurden wir an einem Kontrollpunkt angehalten, der von einer Gruppe finster dreinblickender assamesischer Sicherheitskräfte in Zivil besetzt war. Ihr Befehlshaber, der Uniform trug, war ein sich großspurig gebärdender Punjabi, der dringend eine Einführung in die Grundregeln zivilisierten Benehmens gebraucht hätte.

»He, ihr räudigen Dschungeltröpfe«, rief er Churchill und den anderen auf Hindi zu, wobei er auf den Boden spuckte. »Wo zum Teufel wollt ihr hin?«

Der Mahout versuchte, unseren Auftrag zu erklären, doch der Punjabi grinste nur höhnisch und spuckte nochmals aus.

»Halt's Maul, Dschungeltropf«, schrie er gereizt. »Steig von dem Elefanten runter und gib mir deinen Ausweis!«

Zum Glück behielt Churchill trotz der Schmähungen des Soldaten einen kühlen Kopf und befahl Raja, auf die Knie zu gehen. Mr. Choudhury, der Mahout und ich rutschten an der Flanke des Elefanten auf die Straße. Der Befehlshaber sah verächtlich auf Churchill herab.

»Deinen Ausweis, los!«, bellte er und entriss Churchill das Dokument.

Ich wusste aufgrund früherer Erfahrungen, dass die Einstellung des Punjabi typisch war für viele Soldaten und Offiziere, die in krisengeschüttelten Bundesstaaten wie Kaschmir und Assam stationiert waren. Diese Männer stammen größtenteils aus anderen Regionen Indiens, und sie neigen dazu, alle Kaschmiris und Assamesen als Unruhestifter anzusehen. An Kontrollpunkten lassen sie die Einheimischen im Allgemeinen offen ihre Geringschätzung spüren – ein Verhalten, das sie bei der Bevölkerung nicht gerade beliebt macht.

»He, Sie, Ausländer«, raunzte der Offizier auf Englisch, als er mich erblickte. »Was zum Teufel machen Sie hier?«

Er stolzierte zu der Stelle zwischen Raja und Jasmine, wo ich stand, und baute sich vor mir auf.

»Ich bin auf dem Weg nach Nowgong«, antwortete ich.

»Aus welchem Land stammen Sie?«, fragte er gebieterisch. »Ich bin Brite«, erwiderte ich.

Er streckte die Hand aus.

»Pass.«

»Wie wär es mit einem ›bitte‹?«, sagte ich, verärgert über seinen Tonfall.

»Pass!«, zischte er.

Ich hielt ihm das Dokument hin. Er schnappte danach und prüfte, die Seiten durchblätternd, eingehend jedes Visum und jeden Stempel. Die aufgeführten Staaten hätten aus einer Liste von Nationen stammen können, die den Terrorismus unterstützten: Afghanistan, Sudan, Irak, Iran, Algerien. Nur Libyen fehlte. Schließlich kam er zu einem grünen Aufkleber, der mit einem islamischen Halbmond bedruckt war, und las das Wort vor, das in einem Wappen oben auf dem Visum stand: »Paa-ki-staan.«

Ich konnte geradezu seine Gedanken lesen, als er alle erdenklichen weithergeholten und paranoiden Schlussfolgerungen zog. Aus seiner Sicht stempelte mich allein die Tatsache, dass ich Indiens Erzrivalen besucht hatte, zu einem gefährlichen Terroristen. Schließlich könnte ich ein Agent des pakistanischen Geheimdienstes ISI sein, der bekanntlich die Rebellen in Assam

unterstützte, oder ein Waffenschmuggler, der die verschiedenen Gruppen von Aufständischen mit Kriegsgerät belieferte.
»Ich nehme Sie zur Vernehmung mit«, sagte er und packte mich an der Schulter. »Kommen Sie.«
Ich versuchte ihm zu erklären, dass ich Journalist sei, aber er hörte nicht zu. Unter dem Protest von Mr. Choudhury schickte er sich an, mich über die Straße ins Wachgebäude abzuführen.
Genau in diesem Augenblick intervenierte Mole, der sich mit dem Aussteigen aus dem Landrover Zeit gelassen hatte; er sagte, er sei ein hochrangiger Beamter der Forstbehörde und ich sei ein voll akkreditierter Journalist und sein Gast in Assam.
»Was steht ihr dann noch hier herum?«, brüllte der Offizier. »Zieht Leine! Macht euch aus dem Staub, oder ich werde euch alle verhaften lassen!« Er stapfte auf die andere Straßenseite, während wir auf die Elefanten stiegen.
Churchill schmiegte seine Füße hinter Rajas Ohren, und auf seinen Ruf hin torkelten die *kunkis* los. Mit verächtlich geschürzten Lippen grüßte mich der Punjabi militärisch, indem er seine Hand ruckartig zur Stirn führte, und spuckte, nachdem er sich geräuspert hatte, einen Schleimklumpen auf die Straße.
Erst als wir außer Hörweite waren, begann der Mahout zu fluchen.
»Scheißkerls, nein?«, sagte Churchill. »Die paaren sich mit Büffeln.«

Die Soldaten waren bald weit hinter uns. Dennoch hatte der Zwischenfall bei den Angehörigen des Kommandos ein Gefühl der Wut und Verärgerung zurückgelassen, und eine Zeit lang unterhielten sie sich mit lauter Stimme auf Assamesisch, sodass ich aus dem allgemeinen Gespräch ausgeschlossen war.
Mole hatte mit Mr. Choudhury den Platz getauscht und saß jetzt hinter mir. Als er und die anderen sich beruhigt hatten, er-

kundigte ich mich bei ihm nach den Assamesen in Zivil, die wir am Kontrollpunkt gesehen hatten.

»Sie sahen nicht aus wie Soldaten«, sagte ich. »Weshalb trugen sie keine Uniform?«

»Sie sind SULFA, also ULFA-Kämpfer, die die Seiten gewechselt haben und jetzt im Sold der Armee stehen«, sagte er. »Sie bringen ihre früheren Kameraden zur Strecke. Sie sind ein *sehr* gefährlicher Haufen, Mann.«

Diese so genannten »Kämpfer, die kapituliert haben«, dürften ihre Waffen behalten und würden angewiesen, gewisse Gebiete zu überwachen. Diese Strategie habe die ULFA zwar nachhaltig geschwächt, aber zugleich den SULFA-Einheiten freie Hand gegeben, Schutzgelder zu erpressen und die einheimische Bevölkerung zu terrorisieren. Jeder, der ihnen im Weg stehe, werde zum Terroristen erklärt und bei »feindlichen Begegnungen«, wie es heiße, festgenommen oder erschossen.

»Die Regierung will nur, dass die Kämpfer unter Kontrolle sind und aus den Schlagzeilen verschwinden, und es ist ihr egal, auf welche Weise dies geschieht«, sagte Mole. »Aber es ist eine miese, feige Strategie. Sie liefert die einheimische Bevölkerung diesen Gangstern auf Gedeih und Verderb aus. Sie haben ein Monster erschaffen, und es wird zurückkommen und ihnen gewaltige Scherereien machen.«

Aufgrund des Streiks waren die Straßen wie ausgestorben, ebenso die Dörfer, die verstreut an unserem Weg lagen, und nur einige wenige unfügsame Menschen wagten es, aus ihren Häusern herauszukommen, um den *kunkis* Geschenke zu machen.

»Gott segne dich«, rief eine schlanke assamesische Frau aus, die mit einer Banane für Jasmine auf die Straße stürzte, um sogleich wieder in ihrem Haus zu verschwinden.

»Gott schütze dich«, sagte freudestrahlend ein zahnloser alter

Mann, der Raja ein paar Litschis brachte und sie dem Elefanten so darbot, dass er sie von seinem Handteller auflesen konnte.

Im nächsten Dorf kam der Vorsteher des örtlichen *nam ghar* auf die Straße heraus und lud uns ein, Rast zu machen und Tee mit ihm zu trinken.

»Seien Sie meine Gäste. Bitte kehren Sie ein und beehren Sie mein Haus«, bat er uns inständig.

Doch es gab keine Zeit zu verlieren, und Mr. Choudhury drängte den Trupp zur Eile, nachdem er dem Mann für seine freundliche Einladung gedankt hatte.

Zur Mittagszeit jedoch brauchten wir alle – besonders aber die Elefanten – dringend eine Verschnaufpause, und als wir zu einer Tankstelle mit Café kamen, trotteten wir auf den Parkplatz. Über den Zapfsäulen hing ein Schild mit der Aufschrift: SWASTIKA-TANKSTELLE. Direkt daneben hing eine Swastika, deren Arme entgegen dem Uhrzeigersinn ausgerichtet waren, ein Emblem, das in fast allen großen Religionen Indiens vorkommt. In der buddhistischen Überlieferung symbolisiert die Swastika die Fußabdrücke Buddhas; für die Jains ist sie ein Symbol ihres siebten Heiligen und für die Hindus einfach ein glückverheißendes Zeichen.

Wir saßen vor einem niedrigen Betongebäude ab, in dem das Café untergebracht war. Zu unser aller Überraschung war es sogar geöffnet. Als Churchill die Türen aufstieß, huschten zwei schlammbraune Jungen mit Holzkisten heraus, die zum Bersten mit Politurtöpfchen und Bürsten gefüllt waren, und riefen: »Schuhputzen! Schuhputzen! Schuhputzen!«

Sie deuteten auf meine Turnschuhe.

»Polieren gut!«, kreischten beide. »*Panch ruppeea!* Fünf Rupien!«

Ich zeigte auf meine Nikes.

»Die könnt ihr nicht polieren«, sagte ich. »Sie bestehen aus Schaumstoff und Gummi.«

»Ja, ja«, riefen die Jungen. »Polieren!«
Ich schüttelte bedauernd den Kopf.
»Weshalb putzt ihr *ihnen* nicht die Schuhe?«, sagte ich, auf Rajas und Jasmines riesige Füße deutend.
Die beiden Jungen schauten sich verdutzt an und blickten an den Elefanten hoch, wobei sie ihre Köpfe hoben wie junge Hunde, die auf ein ungewohntes Geräusch reagieren. Dann kreischten beide »Okay!« und rannten hinüber zu den Mahouts, um sie um die Erlaubnis zu bitten, die Füße der *kunkis* zu polieren.
Wir Übrigen gingen in das Café, wo uns der penetrante Geruch ranziger Butter in die Nase stach. Die Ventilatoren an der Decke waren mit Spinnweben überzogen, in der Unmengen von Fliegenskeletten hingen. Hinter der Kasse saß der Eigentümer, ein Mann mit Spitzbubengesicht und gierigen, blutunterlaufenen Augen, und zählte ein Bündel schmutziger Banknoten. Ein Zahnstocher ragtc aus seinen verfärbten Zähnen hervor, und das sichtbare Ende war abgenagt wie ein Hundeknochen. Die Augen zusammenkneifend, wies er uns durch ein Handzeichen einen Tisch zu, über dem ein Schild mit der Aufschrift »Verunreinigen verboten!« an der Wand hing.
Ein Kellner brachte jedem von uns einen Metallbecher, randvoll mit Leitungswasser. Durstig führte ich einen an die Lippen; erst jetzt entdeckte ich die Stückchen fein zerkauten Fleisches, die am Boden schwammen. Auf diesen Schock hin fand ich mich mit einer Flasche warmer Thums-Up-Cola und einem Päckchen alter Hombre-Nacho-Chips ab. Ich litt noch immer unter den Nachbeben des Essens im ABBA-Restaurant und wollte keine weiteren Risiken eingehen.
Meine Kameraden waren ebenso entschlossen, ihre Bestellungen aufzugeben. Das Tagesmenü bestand aus Joghurt und Reis und sonst nichts. Es dauerte weniger als fünf Minuten, bis ihre

Speisen kamen, und als ich sie anschaute, überkam mich unwillkürlich der Ekel. Allein schon der Geruch war widerwärtig. Die einzigen weiteren Gäste im Swastika-Café waren vier Männer, die alle die gleichen weißen *Kurta*-Pyjamas trugen. Mit ihrer gelben Haut, ihren drahtigen Bärten, orientalischen Gesichtszügen und blauen Turbanen sahen sie aus wie Hazaras, Angehörige eines Volks, das in Zentral- und Westafghanistan heimisch ist und das angeblich von den Horden Dschingis Khans abstammt.

Aus Neugier ging ich zu ihnen hinüber, um sie zu begrüßen. Doch als ich näher an sie herankam, bemerkte ich, dass sie keine afghanischen Turbane trugen, sondern *pagris* – indische Turbane –, die nach traditioneller Art der Sikhs gewickelt waren.

»Wir leben in einem Dorf namens Barkola«, sagte der Jüngste aus der Gruppe auf Englisch, als ich sie fragte, woher sie kämen. »Unser Wagen hatte am frühen Morgen eine Panne, und jetzt stecken wir hier fest, bis der *bandh* vorbei ist.«

Sie mochten zwar wie Sikhs aussehen und gekleidet sein, doch sie waren im Vergleich zu denen, die ich in Amritsar gesehen hatte, spindeldürr. Dort trugen die Männer lange schwarze Bärte, und zeremonielle Dolche steckten in ihren Gürteln.

»Sie denken, dass wir nicht den Sikhs im Punjab gleichen, die Sie in Nordindien gesehen haben«, sagte der junge Mann – offenbar konnte er meine Gedanken lesen. »Das hängt damit zusammen, dass wir assamesische Sikhs sind. Ich heiße Gurudutt Singh.«

Er gab mir die Hand und ersuchte mich, neben ihm Platz zu nehmen. Erpicht darauf, mehr zu erfahren, zog ich einen Stuhl heran.

»Unsere Vorfahren kamen 1824 hierher«, fuhr er fort. »Sie dienten als Sepoys in der britischen Armee und kämpften gegen die Birmanen. Nach vielen Schlachten beschlossen sie, hier

zu bleiben. Sie verliebten sich in das Tal des Brahmaputra und die schönen einheimischen Mädchen.
Als sich unsere Ahnen hier niederließen, verloren sie ihre Bindungen an ihre frühere Heimat. Ihre Kinder wurden zwar als Sikhs geboren, doch im Lauf der Jahre geriet unsere Überlieferung größtenteils in Vergessenheit. Wegen unserer assamesischen Abstammung ließen wir uns nur kurze Bärte stehen.«
In den siebziger Jahren schließlich hätten die Dorfältesten Maßnahmen eingeleitet, um ihr Brauchtum zu retten. Sie hätten Geld gesammelt, um einen Vertreter nach Amritsar zu entsenden, der dort an ihre Wurzeln anknüpfen und eine Abschrift des heiligen Buchs der Sikhs, des Guru Granth Sahib, beschaffen sollte.
»Als er im Goldenen Tempel in Amritsar, unserem höchsten Heiligtum, eintraf, wurde er von den anderen Sikhs ausgelacht. Sie sagten: ›Was für ein seltsamer Sikh bist du denn? Du sprichst weder Punjabi noch Hindi. Und du hast deinen Bart gestutzt, was einem Sikh strengstens verboten ist.‹«
Mit Mühe sei es dem Abgesandten gelungen, sie davon zu überzeugen, dass er ein echter Sikh sei, und schließlich sei er mit einem Lehrer in sein Dorf zurückgekehrt; dieser habe den assamesischen Sikhs geholfen, ihr Brauchtum wieder zu beleben und Punjabi zu lernen.
»Heute sind wir wieder gründlich mit unserer Religion vertraut, wenn auch die alten Männer etwas langsam sind«, sagte er lachend. »Sie nehmen sich ein Beispiel an uns.«
Über Gurudutts Schulter blickend, sah ich, dass Mr. Choudhury und die anderen an der Kasse ihr Essen bezahlten und der Tür zustrebten. Bevor ich mich verabschiedete, fragte ich die Sikhs, ob sie etwas über Elefantenfriedhöfe wüssten.
Sie schüttelten den Kopf.
»Wir wissen nichts über Elefanten«, sagte Gurudutt. »Aber ich kenne einen Mann, der Ihnen vielleicht helfen kann. Er lebt in

einem Dorf nicht weit von hier. Sie sollten ihn besuchen. Er kann Ihnen viele Dinge erzählen.«
Der Sikh schrieb den Namen und die Adresse des Mannes auf einen Zettel. Ich bedankte mich für die Zeit, die er sich für mich genommen hatte, und folgte den Mitgliedern des Elefantenkommandos in den Sonnenschein. Wieder auf dem Rücken von Raja sitzend, erinnerte ich mich an eine Unterhaltung über Sikhs, die ich mit einem Freund in Delhi geführt hatte.
»Sikhs sind wie Kartoffeln«, hatte er eines Abends bei einem Bier gesagt, »sie gedeihen überall! Einmal war mein Onkel im Himalaja. Er stieg hoch, hoch hinauf ins Gebirge. Wirklich sehr hoch. Weit und breit kein Lebewesen, nicht einmal eine Ziege. Nur Schnee und Wind und die Berge. Schließlich kam er zu einer abgelegenen Höhle. Und weißt du, wer in jener Höhle saß?«
»Wer?«
»Ein Sikh! Selbst *dort* im Hochgebirge stieß mein Onkel auf einen Sikh. Ich sag dir, diese Sikhs sind wirklich überall.«
Ich nahm mir fest vor, meinem Freund von der Begegnung mit Gurudutt und seinen Kameraden zu erzählen. Gewiss würde es ihn amüsieren, zu hören, dass selbst in den Nordostprovinzen Indiens Sikhs anzutreffen waren.

Am späten Nachmittag erreichten wir den Bezirk Nowgong. Hier erhielten die *kunkis* am Straßenrand Futter und Wasser, während wichtige Ausrüstungsgegenstände wie Zelte und Kocher auf den Rücken der Tiere gepackt wurden. Wir ließen unser übriges Gepäck im Landrover zurück – Rudra sollte ihn zum nächstgelegenen Außenposten der Forstbehörde fahren und dort auf weitere Anweisungen warten – und brachen zu Fuß auf. Nur Churchill und Chander ritten auf den Elefanten.
Wir waren kaum ein paar hundert Meter gegangen, als ein Wagen mit kreischenden Bremsen auf der Straße hinter uns an-

hielt. Aus ihm sprang Vipal heraus und hüpfte elastisch wie eine gewundene Feder die Böschung hinunter.
»He, Boss! Warte!«, schrie er.
Er rannte über die Felder und winkte mir begeistert zu. Offenbar hatte sich die Wirkung des Rums verflüchtigt.
»Hallo, Vipal«, sagte ich, wobei ich mein Möglichstes tat, freudig überrascht zu klingen. »Schön, dass du uns gefunden hast. Aber was ist mit dem Streik? Es ist gefährlich, sich heute im Freien aufzuhalten.«
»Kein Problem«, stieß er keuchend hervor, da er gleichzeitig nach Luft schnappte und zu sprechen versuchte. »Ich bin mordsschnell gefahren. Du musst jetzt sofort mit mir kommen.«
»Ich kann nicht. Wir sind hinter dem Elefanten her. Mr. Choudhury hat die Absicht, ihn morgen zu erschießen.«
Ungeduldig zog mich der Bengale zur Seite und flüsterte mir in konspirativem Ton ins Ohr.
»Ich hab total alles eingefädelt.«
»Was meinst du damit?«, fragte ich.
»Das Treffen mit den Bodo-Befreiungsleuten.«
»Tut mir Leid, Vipal, aber ich kann jetzt nicht weg. Ich muss beim Elefantenkommando bleiben.«
Er machte ein langes Gesicht, wobei er den Kopf hängen ließ wie ein trauriger Hund.
»Du machst das Interview. Ich bin sicher, du kannst das sehr gut. Wir werden uns in ein paar Tagen treffen.«
Der Bengale scharrte abwechselnd mit dem linken und rechten Fuß und blickte betrübt zu Boden. Ich begann schwach zu werden.
»Sobald dies vorbei ist, unternehmen wir zusammen eine Reise. Ich möchte Majuli besuchen, die größte Flussinsel der Welt. Vielleicht könnten wir zusammen hinfahren.«
Sein Gesicht hellte sich auf.

»Okay, Boss«, sagte er. »Wir werden Mordsspaß haben.«
Der Trupp setzte sich wieder in Marsch. Mr. Choudhury erinnerte mich daran, dass wir keine Sekunde zu verlieren hatten.
»Ich treff dich in ein, zwei Tagen im Wild Grass Hotel«, sagte ich. »Wir können dann unsere Pläne schmieden.«
»Super, Boss«, schrie der Bengale. »Du bist mein bester, bester Freund auf der ganzen Welt. Ich hab dich wirklich lieb.«
Er umarmte mich, wobei er mich mit seinen kurzen Armen nicht ganz umfassen konnte. Dann drehte ich mich um, spurtete hinter den anderen her und mühte mich damit ab, meine Gewissensbisse zu ersticken.

Der Landstrich war menschenleer. Kleine Gehölze – laut Churchill heilige Haine, die niemand abzuholzen wagte, aus Furcht, die Götter zu erzürnen – waren die einzigen Dissonanzen in der flachen Landschaft. Schmale Pfade verliefen zwischen Reisfeldern. An jedem anderen Tag wären hier Bauern bei der Arbeit gewesen, doch als wir nach Südwesten auf den Regenwald zu hielten, der in der Ferne schemenhaft sichtbar wurde, war kein Mensch zu sehen.
In regelmäßigen Abständen benutzte Mr. Choudhury sein Walkie-Talkie, um sich über den Standort der Parkwächter zu informieren, die dem Einzelgänger in Kaziranga auf den Fersen blieben. Der letzten Meldung zufolge bewegte sich der Elefantenbulle noch immer langsam, aber stetig in östliche Richtung.
»Wenn wir nicht herumtrödeln, können wir ihn morgen früh aufhalten. Falls uns das aber nicht gelingt, wird er wieder Menschen umbringen. Zur Mittagszeit muss alles vorbei sein«, sagte er.
Der Elefant habe hinreichend Gelegenheit erhalten, sich zu bessern, erklärte er. Diesmal gebe es keine Gnadenfrist. Ich spürte, dass seine Worte dazu dienten, nicht nur mich, sondern auch ihn selbst zu bestärken.

»Da ist etwas, das ich Ihnen gestern Abend nicht erzählt habe«, fuhr er fort, als wir hinter Raja und Jasmine hergingen. »Ich habe in der Forstbehörde die Unterlagen über den Einzelgänger eingesehen. Was ich gelesen habe, hat mich ein für alle Mal davon überzeugt, dass dieser Elefant getötet werden muss.«

»Was haben Sie herausgefunden?«, fragte ich.

»Vor ein paar Jahren erhielt ein anderer Jäger in Arunachal Pradesh den Auftrag, ihn zu erschießen. Er brauchte mehrere Tage, um den Elefanten aufzuspüren. Am vierten Abend campierte er in einem Wald, unweit der Stelle, wo der Elefant gesichtet worden war. Doch der Einzelgänger schlug als Erster zu. Er stürzte ins Lager des Jägers, riss sein Zelt nieder und trampelte ihn zu Tode.«

Diese Begebenheit beunruhigte Mr. Choudhury ganz offensichtlich, und zum ersten Mal spürte ich einen Anflug von Angst in seiner Stimme.

»Heute Abend werden wir eine Wache aufstellen, nur für den Fall, dass der Elefant auf dumme Gedanken kommen sollte«, sagte er. »Wir wollen uns doch nicht überrumpeln lassen.«

»Wie verjagt man einen bösartigen Elefanten?«, fragte ich. »Fürchten sie sich vor Mäusen?«

Choudhury lachte.

»Nein. Das sind Ammenmärchen«, sagte er. »Sie fürchten sich vor Pferden und Feuer – und vor Jägern wie mir. Daher sollten wir heute Abend ein paar Lagerfeuer um die Zelte herum anzünden. Es ist besser, auf Nummer sicher zu gehen, finden Sie nicht auch?«

Als wir den Saum des Regenwaldes erreichten, brach die Abenddämmerung herein. Eine allgemeine Stille senkte sich auf die Landschaft herab, während sich die Hitze des Tages verflüchtigte und die ersten Fledermäuse durch den klaren Himmel flatterten. Unsichtbare Insekten surrten im Unterholz,

begleitet von quietschenden Dschungelmainas und Teichhühnern, die vor Einbruch der Dunkelheit zurück in ihre Nester huschten.
Im Wald war es finster. Wir bahnten uns einen Weg durch das strauchige Unterholz. Knorrige Baumstämme ragten hoch über uns auf, deren verdrehte Astknoten dämonische Gesichter formten. Lianen streiften uns über den Rücken, als wären sie lebendig, und Zweige ächzten in der Brise, die von den Feldern her wehte.
Badger und Mole schalteten ihre Taschenlampen an, deren Lichtstrahlen von den Augen eines Dutzends Schakale zurückgeworfen wurden, die im Unterholz lauerten. Schwingen schlugen unsichtbar über unseren Köpfen. Eine Wildkatze stieß einen gellenden Schrei aus. Irgendetwas zu meiner Rechten zischte missbilligend ob unserer Gegenwart. Dann ertönte aus dem Kronendach der unheimliche Schrei einer Eule.
»Ein Schrei gutes Zeichen, nein?«, bemerkte Churchill, als wir tiefer in den Wald eindrangen.
Die Eule schrie ein weiteres Mal.
»Ach je, das ist zwei Schreie«, sagte der Mahout. »Das ist kein gutes Zeichen.«
»Bedeuten zwei Schreie denn, dass uns ein Unglück zustoßen wird?«, fragte ich, nervös in der Düsternis umherblickend.
»Es bedeutet, dass die Eule geil ist, wenn Sie mich fragen«, fiel mir Mole ins Wort.
Der Vogel schrie ein drittes Mal.
»Das macht jetzt drei. Was halten Sie davon?«, fragte ich.
»Es bedeutet, dass die verdammte Eule nicht weiß, wovon sie spricht«, scherzte Badger. »Ich schlag vor, wir schießen das Miststück ab.«
Bald stießen wir auf einen Pfad, der zu einer Lichtung an einem Bach führte. Choudhury beschloss, hier das Nachtlager aufzuschlagen.

»Wir sollten uns nicht zu spät schlafen legen, damit wir frühmorgens wieder auf den Beinen sind«, sagte er. »Wir werden im Morgengrauen aufbrechen.«
Erschöpft nach dem vielstündigen Marsch, luden wir das Gepäck von Raja und Jasmine, die sich anschließend in dem Flüsschen satt tranken. Wir zündeten mehrere Feuer an, um unerwünschte Besucher abzuschrecken, fütterten die Elefanten, bauten unsere Zelte auf und bereiteten dann unser Abendmahl zu. Okraschoten – *bindhi* – wurden mit Zwiebeln, Gewürzen und jeder Menge *ghee* gebraten und mehrere Hand voll grobkörniger assamesischer Reis in einem großen rußgeschwärzten Topf gekocht. Das Dessert bestand aus saftigen Mandarinen, die von den Cherapunjee Hills stammten, der Heimat Churchills – »die köstlichsten der ganzen Welt, nein?«
Als wir mit dem Essen fertig waren, raschelte es plötzlich im Gebüsch auf der anderen Seite der Lichtung. Anschließend hörten wir das Geräusch brechender Zweige. Jemand – oder etwas – bewegte sich durchs Unterholz weniger als hundert Meter vom Lager entfernt.
Erschrocken verharrten wir reglos, unsere Augen auf die Bäume geheftet, wo wir nach Anzeichen von Bewegung Ausschau hielten und auf weitere Geräusche lauschten. Ganz langsam griff Choudhury nach seinem Magnum-Gewehr und zog die Waffe aus dem Futteral. Die Wildhüter hoben vorsichtig ihre Maschinenpistolen auf und entsicherten sie. Ein weiterer Ast knackte. Badger schaltete seine Taschenlampe ein und richtete den Lichtkegel auf den Rand der Lichtung. Einen Moment lang sah ich eine Gestalt, die hinter einen Baum flitzte.
Choudhury und Mole flüsterten miteinander. Dann rief der Forstinspektor etwas auf Assamesisch. Keine Antwort. Die Wildhüter, die jetzt flach im Gras lagen, richteten ihre Maschinenpistolen auf die Bäume und lugten durch Kimme und

Korn. Der Forstinspektor rief erneut in lautem, herrischem Ton.
Diesmal antwortete ein Mann. Mole stand auf und stellte sich vor. Wieder Schweigen. Stimmen raunten im Gehölz. Dann ein weiterer kurzer Wortwechsel. Mole ließ die Schultern sinken, und Choudhury atmete erleichtert auf und senkte seine Waffe. Die Wachen folgten seinem Beispiel.
»Kein Grund zur Angst, Mann«, beruhigte mich Mole. »Es sind nur ein paar ULFA-Leute.«
»ULFA!«, keuchte ich, mit noch immer pochendem Herzen. »Sagten Sie nicht, dass die gefährlich sind?«
»Ich kenne diese beiden, Mann. Wir sind zusammen zur Schule gegangen. Sie wollen nicht, dass man ihre Gesichter sieht, deshalb kommen sie nicht aus ihrem Versteck heraus. Ich werde zu ihnen gehen und sie begrüßen. Kommen Sie mit, wenn Sie wollen.«
Choudhury riet mir, zu bleiben. Es sei gefährlich, meinte er, sich mit den Kämpfern einzulassen.
»Wer weiß, was daraus wird?«, gab er zu bedenken. »Diese Leute bringen nur Ärger, finden Sie nicht auch?«
Doch Mole versicherte mir, ein kurzer Plausch könne nicht schaden.
»Ich hab Ihnen doch gesagt, dass ich sie kenne. Sie werden uns kein Haar krümmen.«
»Was ist, wenn Sie sich irren? Es könnte eine Falle sein.«
»Ich versichere Ihnen, dass Sie nichts zu befürchten haben. Kommen Sie schon.«
Er begann über die Lichtung zu gehen. Mit meiner Taschenlampe bewaffnet, folgte ich ihm, nachdem ich dem Jäger versprochen hatte, in ein paar Minuten zurück zu sein.
Die beiden ULFA-Leute kauerten hinter einem Baum und teilten sich eine Zigarette. Sie trugen Baseballmützen mit nach unten geklappten Sonnenblenden, sodass ich nur ihren Mund

und ihr Kinn erkennen konnte. In ihren Jeans und T-Shirts wären sie nirgends aufgefallen. Doch die Pistolen, die aus der Innenseite ihres Hosenbunds ragten, ließen keinen Zweifel an ihrem Gewerbe aufkommen.

»Wir sind ständig auf Achse. Wir schlafen nie zweimal im selben Bett«, sagte der Ältere der beiden, dessen Worte Mole übersetzte. »Es ist gefährlich für uns, zu lange an einem Ort zu verweilen.«

Die beiden Männer, die ich auf Anfang zwanzig schätzte, hatten die letzten drei Jahre ein hartes Leben geführt. Sie waren in Lagern der ULFA in Bhutan ausgebildet worden und organisierten jetzt terroristische Attacken auf »legitime Ziele« in Assam, wobei sie sich größtenteils nachts fortbewegten.

»Wir haben ein Hauptziel. Es besteht darin, Assam von den Millionen von Bangladeschis und *adivasis,* die sich auf unserem Land niedergelassen haben, zu befreien. Wir wollen, dass Assam den Assamesen gehört.«

Die beiden Männer beklagten sich bitterlich über die indischen Politiker, die, wie sie behaupteten, den Nordosten ausbeuteten. Die Hälfte der indischen Erdölförderung und ein Großteil der weltweiten Teeproduktion entfielen auf diese Region.

»Aber was gibt uns die Regierung zurück? Nichts. Wir haben weder Straßen noch Schulen. Wir haben nicht einmal Trinkwasser.«

Während meines kurzen Aufenthalts in Assam hatte ich von Dutzenden von Menschen einen ähnlichen Refrain gehört. Die Assamesen und die Politiker in Neu-Delhi hatten offenkundig nichts füreinander übrig. Zudem betrachteten sich nur wenige der im Brahmaputra-Becken ansässigen Menschen, mit denen ich sprach, als Inder.

»Wenn ich nach Delhi fahre«, sagte mir der leitende Redakteur einer Zeitung zwei Wochen später in Guwahati, »ist mir diese Stadt so fremd wie Rom. Weil ich asiatisch aussehe, hält mich jeder für einen japanischen Touristen und versucht mich auszunehmen. Ich kann mich nur auf Englisch mit den Leuten verständigen, und niemand weiß das Geringste über mein Heimatland.«

Der Redakteur sagte mir, das Zusammenwirken von Korruption, Vernachlässigung und wirtschaftlicher Stagnation habe erheblichen Unmut und hohe Arbeitslosigkeit erzeugt, was wiederum den zahlreichen Rebellengruppen starken Zulauf beschere. Jeden Tag komme es zu neuen Ausbrüchen von Gewalt und Morden.

»Man kann sich in Neu-Delhi nur dadurch Gehör verschaffen, dass man Waffen benutzt«, sagte der ältere ULFA-Mann. »Gewalt ist die einzige Sprache, die sie verstehen.«

Ich wusste, dass die ULFA Tausender von Morden und Entführungen sowie der organisierten Erpressung bezichtigt wurde, die den Staat alljährlich Millionen von Rupien kostete. Ich fragte die beiden Kämpfer, wie sie derartige Maßnahmen gutheißen könnten.

Etwas Unverständliches murmelnd, zogen sie es vor, meine Frage nicht zu beantworten. Stattdessen standen sie auf, wechselten hastig ein paar Worte mit Mole und entschwanden in den Wald. Das Interview war offensichtlich zu Ende.

»Tut mir Leid. Ich hoffe, ich habe Ihnen keine Scherereien gemacht«, sagte ich, als wir zurück ins Lager gingen.

»Keine Sorge, Mann«, sagte Mole mit leisem Lachen und klopfte mir sanft auf den Rücken. »Sehen Sie, ich kenne diese Männer schon sehr lange. Wir waren als Kinder enge Freunde. Wenn dies nicht wäre, würde ich sie anzeigen, Mann. Sie lösen gar nichts. Tatsächlich wüsste ich nicht zu sagen, wer mir unsympathischer ist – die indische Armee, die Politiker oder die ULFA. Einer ist so schlecht wie der andere.«

»Aber sympathisieren Sie denn nicht mit ihrer Sache?«

»Auf keinen Fall, Mann. Wir sind ein Teil Indiens, ob es uns passt oder nicht. Glauben Sie kein Wort von dem Getöne der ULFA. Wie schon gesagt, es geht ihnen einzig und allein ums Geld.«

Wir kehrten ins Lager zurück. Mole und die Mitglieder des Elefantenkommandos legten sich schlafen, während Dinesh Choudhury am Lagerfeuer Wache hielt. Statt mich gleich in den Schlafsack zu rollen, nahm ich gegenüber dem Jäger Platz. Er spitzte mit der Klinge seines Leatherman ein Stück Holz.

»Haben Sie jemals ein Tier getötet?«, fragte er, zu mir aufschauend.

Seine Frage überraschte mich, und ich musste angestrengt nachdenken. Ich erinnerte mich nur an einen Vorfall. Bei einer Fahrt durch Kent war mir einmal ein Hase vors Auto gelaufen.

»Ich musste ihn durch einen Schlag mit einem Reifenheber von seinen Qualen erlösen«, sagte ich.

»Sie mussten also noch kein Tier töten, um etwas zu essen zu haben?«

»Nein, noch nie. Das haben mir immer andere abgenommen.«

Choudhury lächelte. Ihm sei von klein auf beigebracht worden, wie man Tiere tötet, und das sei ihm in Fleisch und Blut übergegangen.

»Ein Tier zu töten, um Fleisch für den Kochtopf zu haben, bringt einem die Natur näher«, sagte er. »Aber mit Elefanten ist es anders. Das Leben eines Elefanten ist wie ein Menschenleben. Es sollte nicht genommen werden.«

Er schaute auf zum Himmel. Wolken trieben über den Sichelmond. Eine Kaltfront zog von Norden heran, und der auffrischende Wind begann, die Baumkronen durchzurütteln. Der Jäger hüllte sich in eine Decke und schürte das Feuer mit einem Bambusstab.

»Ich erinnere mich noch, wie ich zum ersten Mal einen Elefanten erschießen musste«, sagte er. »Es war ein *makhna*, ein Bulle ohne Stoßzähne. Er hatte ein halbes Dutzend Menschen umgebracht, aber ich sah, dass er in der *musth* war. Ich beschloss, sein Leben zu schonen, da ich wusste, dass er nach einiger Zeit wieder in den Wald zurückkehren würde. Doch um sicherzugehen, behielt ich ihn im Auge. Dann, eines Morgens, als ich ihn aus einiger Entfernung beobachtete, brach die Sonne hinter mir durch die Wolken. Mein Schatten fiel auf ihn, und er drehte sich um und griff an. Mir blieb keine Zeit, ihm auszuweichen. Instinktiv hob ich mein Gewehr und drückte ab. Er war auf der Stelle tot.«

Der Jäger blickte hinab ins Feuer. Einen Moment lang schien es, als wäre er übermannt von Traurigkeit, und ich war versucht, zu ihm hinüberzugehen und ihn zu trösten. Doch Choudhury war ein Mann, der auf Distanz bedacht war, und ich wusste, dass es ihn unangenehm berühren würde, wenn ich mein Mitgefühl bekundete. Also blieb ich sitzen und schwieg. Schließlich blickte er wieder auf.

»Es ist spät. Es wäre besser, wenn Sie ein wenig schlafen würden. Sie müssen um vier Uhr aufstehen.«

Es war unverkennbar, dass er allein sein wollte.

»Wie steht's mit Ihnen?«, fragte ich.

Der Jäger schüttelte den Kopf.

»Ich kann heute Nacht nicht schlafen«, antwortete er.

11 Das letzte Trompeten des Einzelgängers

Die meisten Menschen, die Elefanten erschießen, bedauern dies im Nachhinein.

J. H. Williams, *Elephant Bill*

Mr. Choudhury öffnete den Reißverschluss seines Gewehrfutterals und zog die Winchester Magnum Kaliber .458 vorsichtig heraus. Er legte die wuchtige Waffe quer über seinen Schoß. Im Licht einer Sturmlaterne betrachtete er sie eingehend. Seine scharfen Augen prüften den Stecher und den Lauf aus schwarzem Metall, bevor sie sich dem glänzend polierten Kolben zuwandten.

Wie eine Mutter, die ihr Neugeborenes in den Armen wiegt, drehte er das Gewehr, seinen kostbarsten Besitz, sachte auf die Seite und strich mit der Hand darüber. Als er eine Unregelmäßigkeit im Firnis nahe dem Patronenrahmen entdeckte, befeuchtete er die Spitze seines Zeigefingers mit etwas Speichel und rieb ihn in das Walnussholz.

Ein, zwei Minuten lang starrte der Jäger, der auf einem Baumstamm vor seinem Zelt saß, ausdruckslos auf seine Waffe; er schien die Mitglieder des Elefantenkommandos, die die *kunkis* in hektischer Geschäftigkeit für unseren nahe bevorstehenden Aufbruch rüsteten, nicht wahrzunehmen. Die Augen schließend, beugte er sich nach vorn und seufzte tief, wobei er die Schultern in eckigen Bewegungen hob und wieder sinken ließ, als wären sie rostig und müssten dringend geschmiert werden.

Während ich Choudhury vom anderen Ende des Camps aus beobachtete, fragte ich mich, ob er vielleicht die Willensstärke und Entschlossenheit verloren hatte, die er brauchte, um die gefährliche Aufgabe, die vor ihm lag, zu Ende zu führen. Doch irgendwie gelang es ihm in den nächsten Minuten, sich wieder zu fangen, und nachdem er sich gerade aufgesetzt und den Rücken durchgestreckt hatte, brachte er das Gewehr in Anschlag und spähte durch Kimme und Korn.

Befriedigt, dass alle Teile gut geölt waren, entfernte er ein rundes Stück Kork, das er in die Mündung gepresst hatte, um zu verhindern, dass Insekten hineinkrochen. Dann griff er in seinen Rucksack und zog ein kleines, in Kunststoff gewickeltes Päckchen heraus. Es enthielt mehrere Kissen mit Siliziumgel, die die Feuchtigkeit abhalten sollten, und eine kleine Pappschachtel, auf der die Worte »WARNUNG: FÜR KINDER UNZUGÄNGLICH AUFBEWAHREN« standen. Vorsichtig, als hantiere er mit leicht explodierendem Dynamit, nahm er den Deckel ab, worauf eine Reihe von Messingpatronen zum Vorschein kam. Jede einzelne war so dick wie der Zeigefinger eines Mannes, und ihre glänzenden Metallkegel steckten unschuldig in ihrer Verpackung aus Polystyrolschaum.

Der Jäger wählte eine aus der Mitte aus und hielt den todbringenden Gegenstand hoch ins Licht. Wie ein Juwelier, der eine kostbare Gemme begutachtet, drehte er die Patrone zwischen den Fingern. Dann steckte er sie in einen Schlitz auf der Unterseite des Gewehrs und zog mit einem metallischen Klick das Eisenschloss zurück, um die Patrone in die Kammer zu laden.

»Ich werde nur Zeit für einen Schuss haben«, sagte er zu mir, als ich mich seinem Zelt näherte. »Aber um auf Nummer sicher zu gehen, halt ich besser noch ein paar im Ärmel bereit. Vorsicht ist besser als Nachsicht.«

Er nahm vier weitere Patronen aus der Schachtel und drückte sie in den Magazinrahmen, den er dann an der Unterseite des Gewehrs befestigte.

»Hier, nehmen Sie«, sagte er. »Sie ist gesichert. Sie kann nicht losgehen. Sehen Sie?«

Er betätigte den Abzug, und nichts geschah.

Vorsichtig nahm ich das Gewehr von ihm und hielt es in beiden Händen. Ich hatte schon mit einer Vielzahl unterschiedlichster Waffen hantiert, von Pistolen bis zu Granatwerfern. Aber die Magnum war eine Klasse für sich.

»Kommen Sie mit. Ich werde Ihnen etwas zeigen«, sagte Choudhury und führte mich an den Saum der Lichtung, wo sich das Morgengrauen gerade über den Baumwipfeln ankündigte. »Können Sie das?«

Er löste das Schloss, stieß die Patrone aus der Kammer aus und ließ sie zur sicheren Verwahrung in seine Hosentasche gleiten. Nachdem er das Gewehr gegen eine Schulter gepresst hatte, als wollte er abdrücken, richtete er die Waffe auf Brusthöhe parallel zum Boden aus.

»Nehmen Sie diese Münze und bringen Sie sie am Ende des Laufs ins Gleichgewicht«, sagte er.

Er überreichte mir eine Rupie, und ich tat wie geheißen. Dann, als ich die Münze ausbalanciert hatte, hob er das Gewehr behutsam mit absolut ruhiger Hand hoch, bis es eine Linie mit seinem Kinn und seinen Schultern bildete. Er linste über das Rohr und betätigte den Abzug. Verblüffenderweise rührte sich die Münze nicht.

»Jetzt probieren Sie's mal«, sagte er. Er warf die Rupie hoch und fing sie mit der Linken auf. »Sie haben eine ruhige Hand, nicht wahr?«

»Ziemlich ruhig, auch wenn jetzt eine Zigarette und ein Scotch nicht schaden würden.«

Ich hielt das Gewehr so, wie es Choudhury getan hatte, und versuchte dieselbe Übung. Doch meine Hände zitterten, sodass die Münze zu Boden fiel.

»Wie gut, dass Sie den Einzelgänger heute nicht erschießen

müssen«, lachte der Jäger, während er das Gewehr wieder lud. »Sie würden wahrscheinlich seine Schläfe um ein paar Zoll verfehlen, und das wäre Ihr Ende.«

Wir schlenderten zurück zum Lager. Die Mahout-Lehrjungen waren damit beschäftigt, Sackleinen auf den Rücken der *kunkis* festzubinden, während Churchill, Mole und Badger um das Hauptfeuer herum saßen und ein mageres Frühstück aus kaltem *rotis* mit heller, radioaktiv aussehender Marmelade verschlangen. Der Mahout bot mir einen Teller an, doch ich war nervös, und das Einzige, was mein Magen akzeptierte, war ein bisschen Tee.

Nachdem Choudhury seinen Becher gefüllt hatte, rief er alle in der Mitte des Camps zusammen und skizzierte seinen Plan.

»Prat und Sanjay, ihr bleibt hier und hütet das Lager. Ihr haltet über Sprechfunk Kontakt zu uns«, sagte er bestimmt. »Ihr teilt uns sofort mit, wenn etwas Ungewöhnliches passiert. Wenn uns der Einzelgänger entschlüpft, wird er auf euch losgehen. Seid also auf der Hut.«

Die beiden Lehrjungen nickten ernst.

»Ich werde mit Churchill auf Raja reiten. Badger, du und die Wildhüter, ihr geht zu Fuß. Ich brauche euch als Kundschafter. Schießt nur dann auf den Elefanten, wenn euch nichts anderes übrig bleibt. Wenn er euch angreift, zielt auf seine Knie. Das ist die einzige Möglichkeit, um ihn zu Fall zu bringen. Mole, Sie reiten mit Chander auf Jasmine.«

Der Jäger nahm die silberne Rupienmünze, seinen Talisman, heraus und drehte sie zwischen seinen Fingern.

»Und was ist mit mir?«, fragte ich.

»Zu Ihnen wollte ich gerade kommen«, sagte Choudhury. »Tarquin, Sie reiten mit Mole und Chander auf Jasmine. Aber denken Sie daran: Steigen Sie unter keinen Umständen ab, wenn uns der Einzelgänger angreift. Auf Jasmines Rücken sind Sie am sichersten. Es geschieht nur selten, dass ein

Elefant versucht, einen Menschen von einem *kunki* herunterzureißen.«

»Ja, das stimmt«, fiel ihm Churchill ins Wort. »Mahout und *hathi* gleich riechen, nein?«

»Wenn der Einzelgänger Sie dennoch angreifen sollte«, fuhr Choudhury fort, »spucken Sie auf die Spitze seines Rüssels. Elefanten verabscheuen das zutiefst. Es sollte ihn abschrecken.«

Er hielt inne und schaute uns alle nacheinander an.

»Irgendwelche Fragen?«

An jedem anderen Tag hätten Churchill, Badger oder Mole ein, zwei Witze gerissen, um die wachsende Anspannung zu mildern. Doch jetzt wirkten alle drei todernst.

»Churchill, bist du bereit?«, fragte der Jäger.

»Wir sind immer bereit, nein?«

»Badger?«

»Ja, Kamerad. Bereit.«

»Gut«, sagte Choudhury und wünschte uns allen Glück. »Der bösartige Bulle befindet sich nur ein paar Kilometer von hier. Bringen wir es hinter uns.«

Der Jäger setzte seine Baseballmütze auf und kletterte auf den Rücken von Raja, sein Gewehr quer vor die Brust haltend. Churchill nahm seinen Platz im Nacken des *kunki* ein. »Vorwärts!«

Raja trottete in den Dschungel, nach Osten, dem Kaziranga-Park und unserer letzten, entscheidenden Kraftprobe mit dem Goonda entgegen.

Irgendetwas verstörte Jasmine. Zur Fütterungszeit am früheren Morgen hatte sie ihren Reis kaum angerührt und wenig getrunken. Jetzt, da wir einem schmalen Pfad durch den Dschungel folgten, blieb sie alle paar hundert Meter stehen und rührte sich nicht von der Stelle, was ihren Mahout, Chander, zur Weißglut brachte. Nur die strengste Rüge brachte die Elefantenkuh dazu, weiterzugehen, und selbst dann blieb sie bockig.

Ich fragte mich, ob diese plötzliche Veränderung in ihrem Verhalten etwas mit der Jagd zu tun haben könnte. Graute ihr, wie mir, bei dem Gedanken, mit ansehen zu müssen, wie der Elefant erschossen wird? Oder hatte sie einfach einen schlechten Tag, wie Churchill meinte?

Was immer der Grund sein mochte, Jasmine war jedenfalls nicht die Alte. Als ich ihr ein Päckchen Polo-Drops mit *Paan*-Geschmack hinhielt, die sie bislang noch nie verschmäht hatte und die sie normalerweise mitsamt Verpackung hinunterschlang, wandte sie den Rüssel angeekelt ab. Und während wir weiter den Pfad entlangstapften, trompetete sie unaufhörlich, wobei sie die quiekenden Töne in rascher Folge ausstieß.

Leider war Jasmines Rüssel, wie ich alsbald bemerken sollte, nicht die einzige Körperöffnung, durch die der *kunki* Luft abließ. In regelmäßigen Abständen entfuhr dem Zentrum ihrer großen, hängenden Hinterbacken eine Reihe tiefer, hallender Töne, die in ihrer Dauer und Intensität den Paukencrescendi in Sibelius' *Finlandia* nicht nachstanden. Auf diese Ausbrüche folgte durchweg ein lautes Zischgeräusch und dann ein stechender Geruch nach Sauerkraut, der noch lange, nachdem der begleitende Donner verklungen war, in der Luft lag, was mich dazu veranlasste, das Hemd über Mund und Nase zu ziehen und durch die Baumwolle zu atmen.

Unterdessen rumorte es vernehmlich in Jasmines Bauch, und bei jedem Grummeln hob sie den Schwanz hoch in die Luft und stieß große Dungklumpen aus. Diese plumpsten auf den Dschungelboden, wo sie dampfend in der kalten Morgenluft lagen.

»Dieser verfluchte Elefant erzeugt mehr Wind als ein Sturm der Stärke neun«, sagte Badger, der, zu Fuß, sein Möglichstes tat, um vor dem *kunki* zu bleiben. »Wir brauchen den verflixten Einzelgänger gar nicht abzuknallen, wir benutzen einfach Jasmine als Gaskanone.«

Doch es dauerte nicht lange, da stießen wir auf etwas, das selbst den erstickenden Ausdünstungen des *kunkis* gewachsen war. Der süßliche, widerwärtige Gestank von verwesendem Fleisch drang uns in die Nasen, der mir vor lauter Anstrengung, den Brechreiz zu unterdrücken, die Tränen in die Augen trieb. Wenig später entdeckten wir die Überreste eines Mischlingshundes, die quer über den Pfad verstreut waren. Kehle und Magen des Tieres waren herausgerissen worden, und die Spuren der Zähne des Angreifers zeichneten sich in dem übrig gebliebenen Fleisch deutlich ab. Ein paar Meter weiter erspähten wir die halb aufgefressenen Eingeweide, die vom unteren Ast eines Baumes herabhingen, auf dem irgendeine große Katze gehockt haben musste.

Doch etwas weiter wich der scheußliche Gestank schon wieder einem angenehmeren herbstlichen Duft nach Kompost, hervorgerufen durch einen nächtlichen Regenguss, der dem Dschungel ein glänzend frisches Aussehen verliehen hatte. Mittlerweile stand die Sonne hoch am Himmel und blitzte wie ein Stroboskoplicht durch das Kronendach aus smaragdgrünen Blättern. Kristallklare Perlen von Regenwasser tropften von Ästen, prallten von den niedrigeren Pflanzen ab und plätscherten auf den Teppich aus vermoderndem Blattwerk, der in einer dicken Schicht auf dem Boden lag.

Die Elefanten trotteten über diese weiche, organische Matte und streiften dabei frisch gewobene Spinnennetze, in deren engmaschigen Mustern aus Seidenfäden sich nur Regentropfen verfangen hatten.

Nach einer Weile schaltete Mr. Choudhury sein Walkie-Talkie an und rief die beiden Wildhüter, die den Elefanten auf seinem Weg durch Kaziranga verfolgten.

»Elefantenkommando an Team zwei«, meldete er sich. »Bitte kommen, Team zwei.«
Der Jäger ließ die Sprechtaste los. Der Lautsprecher rauschte.
»Elefantenkommando ruft Team zwei. Bitte kommen, Team zwei«, wiederholte er.
Keine Antwort.
Ich wechselte einen besorgten Blick mit Badger, der neben Jasmine ging. Choudhury wirkte beunruhigt.
»Vielleicht ist mit meinem Funkgerät was nicht in Ordnung«, sagte der Jäger. »Mole, versuchen Sie's mal.«
Der Forstinspektor schaltete sein Walkie-Talkie ein und wiederholte unser Rufsignal. Doch noch immer kam keine Antwort.
Ein kalter Schauer lief mir den Rücken hinunter.
»Beten wir, dass es nicht wahr ist«, sagte Mole, der hinter mir saß. »Ich kenne diese beiden Wächter. Sie waren – *sind* – gute Kerle, Mann.«
»Nur sachte, keine überstürzten Schlüsse, Kamerad«, sagte Badger. »Vielleicht sind ihre Batterien leer oder so was. Vielleicht pissen sie gerade.«
»Er hat Recht. Wir sollten nicht den Teufel an die Wand malen«, sagte Choudhury.
Doch in Anbetracht der Gewaltbereitschaft, die der Elefant gezeigt hatte, drängten sich die düsteren Gedanken geradezu auf. Der Einzelgänger hatte mehrfach seine Schläue und äußerste Gefährlichkeit unter Beweis gestellt, und jetzt, so schien es, hatte er erneut zugeschlagen und uns dadurch unseren Vorteil geraubt. Ohne Amus Wildhüter hatten wir keine Möglichkeit, den genauen Standort des Elefantenbullen in Erfahrung zu bringen. Choudhury konnte nur hoffen, dass die Richtung, die wir eingeschlagen hatten, stimmte.
Während der nächsten zehn Minuten wechselten wir fast kein Wort. Alle starrten stoisch, in ihre eigenen Gedanken versun-

ken und die Gesichter starr vor Anspannung, auf den Weg vor uns.
Richtung Osten weiterziehend, kamen wir an einer aus termitenzerfressenen Holzbohlen und Wellblech erbauten illegalen Schnapsbrennerei vorbei, deren Dach aus Plastiktüten zusammengeflickt war. Eine matte Rauchfahne und der Geruch gärenden Zuckerrohrs stiegen aus dem verrosteten, schiefen Kamin auf. Wenn irgendetwas den Einzelgänger anziehen würde, dachte ich bei mir, dann wäre es dieser Ort.
Über die nächsten anderthalb Kilometer wurde der Pfad allmählich schmaler, und der wuchernde Dschungel umschloss uns. Nur wenig Licht drang in diese Schattenwelt, wo Schlangen durch das Unterholz glitten und Echsen uns aus glänzenden runden Pupillen misstrauisch beäugten. Churchill zog eine Machete aus der Scheide, die um den Hals seines *kunki* hing, und hieb die niedrigen Zweige und elastische Bambusrohre ab.
Dann blieben Raja und Jasmine unvermittelt und ohne ersichtlichen Grund stehen. Sie richteten gleichzeitig ihre Rüssel steil empor, wobei sie die Spitzen rechtwinklig nach vorn bogen und seitlich drehten wie U-Boot-Periskope, die die Meeresoberfläche nach feindlichen Schiffen absuchen. Churchill hielt die Hand hoch, zum Zeichen, dass wir uns ruhig verhalten sollten. Badger kauerte sich nieder wie eine sprungbereite Katze. Choudhury hielt sein Gewehr schussbereit. Die Forstwachen streiften ihre Maschinenpistolen von der Schulter und richteten sie auf das Unterholz. Wir Übrigen verharrten völlig reglos.
Seltsamerweise war auch der Dschungel verstummt, als spürten seine Bewohner irgendetwas Ungewöhnliches ganz in der Nähe. Nur das Fächern von Rajas Ohren und das Schlagen von Jasmines Schwanz waren zu hören.
Nur Sekunden später indes gellte der markerschütternde Schrei einer Frau durch den Dschungel. Dieser verzweifelte Ausdruck

nackten Entsetzens lähmte mich einen Moment und ließ dann mein Herz rasen. Augenblicklich brach im Dschungel ein wildes Getöse los – die Rufe Hunderter von Tieren erschallten, ein Kreischen und Gackern, Piepsen und Quieken, das von panischer Angst und Verstörung zeugte.

Die Frau schrie wieder – und dann noch einmal. Sie schien ganz in der Nähe zu sein. Doch bei all dem Lärm, der um uns herum tobte, war es unmöglich, ihren Standort auszumachen. Sie schrie ein viertes Mal.

»Schnell! Da drüben!«, brüllte Choudhury und deutete nach rechts. »Sie ist da drüben!«

Churchill trommelte mit den Füßen auf die Rückseiten von Rajas Ohren ein und rief energische Befehle. Der Mahout dirigierte den *kunki* weg vom Pfad in den dichten Dschungel. Der gewaltige Körper des Tieres wälzte sich wie ein Panzer durch die Vegetation, zerquetschte Pflanzen und drückte Schösslinge nieder.

Badger und die Wachen stürmten hinter Raja drein, und Jasmine folgte ihnen dicht auf den Fersen. Während ich mich mit aller Kraft festklammerte, peitschten Dornen und dünne Zweige auf mein Gesicht und meine Hände ein. Niedrige Äste drohten uns von Jasmines Rücken zu fegen, doch irgendwie hielten wir uns oben. Wenig später kamen wir mit blinzelnden Augen an eine weitläufige Lichtung, die in Sonnenlicht getaucht war.

Wieder blieben die *kunkis* abrupt stehen. Die Forstwachen gaben mit ihren Pfeifen ein Signal, um die Aufmerksamkeit der Frau auf sich zu ziehen.

»Wo zum Teufel ist sie, Mann?«, murmelte Mole, während er um sich blickte. »Sie muss hier irgendwo sein.«

Doch das Schreien hatte aufgehört, und die Frau war nirgends zu sehen.

Choudhury rutschte an der Flanke von Raja zu Boden und trat

vorsichtig, sein Gewehr quer vor die Brust haltend, auf die Lichtung. Da kam vor uns eine Frau strauchelnd aus dem Gehölz gerannt. Herzergreifend wimmernd und ängstlich rückwärts blickend, lief sie, wild mit den Armen fuchtelnd, auf den Jäger zu. Zweimal stolperte sie und stürzte zu Boden.
Choudhury eilte ihr entgegen und verhinderte, dass sie ein drittes Mal fiel. Auch Badger war sogleich zur Stelle, und gemeinsam halfen die beiden Männer der Frau zum Rand der Lichtung, wo die Elefanten standen.
Die zu Tode erschrockene Frau hielt sich krampfhaft die Beine, die übel zugerichtet waren. Ihre Kleider waren zerfetzt. Blut sickerte aus einer Wunde an ihrem linken Fuß.
Choudhury hockte sich neben sie nieder, bot ihr einen Schluck Wasser aus einer Taschenflasche an und versuchte sie zu beruhigen. Derweil keuchte und schluchzte die Frau, mühsam darum ringend, das Geschehene in Worte zu fassen.
»Was sagt sie?«, fragte er Churchill.
Die Augen des Mahouts waren starr auf den Dschungel geheftet, während er antwortete.
»*Hathi* greift sie an«, sagte Churchill schnell, fast flüsternd. »*Hathi* jagt. Gleich dahinter. Dort im Dschungel, nein?«
Mr. Choudhury stand auf. Er zog seinen Regenmantel aus und legte ihn auf den Boden wie ein Matador, der sich wappnet, dem Stier entgegenzutreten. Dann schob er die Brille hoch, bis sie fest auf der Nasenwurzel saß, und entsicherte sein Gewehr. Mit der Anweisung, wir sollten uns nicht vom Fleck rühren, ging der Jäger zurück in die Mitte der Lichtung. Dort kniete er sich nieder und suchte mit den Augen die Baumreihe ab, die sich etwa zehn Meter vor ihm erhob.
Die Brustkörbe der *kunkis* begannen zu rumpeln – ihr Frühwarnsystem hatte sich eingeschaltet. Jasmine ging mehrere Schritte rückwärts, als erwäge sie, sich aus dem Staub zu machen.

»*Hathi* ist hier«, flüsterte Churchill. »Jetzt er kommt.«
Rechter Hand von Choudhury begannen die Bäume zu zittern, als sei ein Erdbeben im Gange. Der Jäger drehte sich, noch immer kniend, und legte das Gewehr an. Den Kolben fest gegen die Schulter gedrückt, neigte er den Kopf, lehnte die rechte Wange auf den Kolbenhals der Magnum und visierte durch Kimme und Korn.
Aus dem Dschungel ertönte ein gedehntes Krachen, als der Ast eines Baumes abbrach und zu Boden stürzte.
Moles Hände umklammerten meine Schultern, und seine Fingernägel gruben sich in meine Haut. Auch mir war der Schrecken in die Glieder gefahren, und ich erkannte, dass ich vom *hathi jokar,* dem »Elefanten-Schauder«, befallen war, ein Ausdruck, mit dem die Mahouts das Gefühl beschreiben, das einen überkommt, wenn man in freier Wildbahn einem bösartigen Einzelgänger gegenübersteht. Dann plötzlich, mit einem lauten Knirschen, erschien am Rand des Dschungels, unmittelbar hinter einer Baumgruppe, der Goonda, dessen Kopf von einigen Büschen verdeckt wurde. Er trompetete wild, und einen Moment lang konnte ich seine Stoßzähne sehen, die schneeweiß aus dem grünen Blattwerk hervorblitzten. Dann folgte die Spitze seines Rüssels, der sich wand wie ein zorniger Python.
Choudhury bog seinen Zeigefinger um den Abzug und senkte das Gewehr um mehrere Grad. Sein ganzer Körper versteifte sich in der Erwartung, dass sich der Einzelgänger ganz enthülle.
Der Elefant machte einen weiteren Schritt nach vorn. Ich konnte die Zehen seiner Vorderfüße erkennen. Endlich war der Augenblick der Vergeltung gekommen. Und doch spürte ich selbst jetzt, trotz allem, was ich über ihn wusste, den Drang, ihm zuzurufen, er solle fliehen. »Lauf weg. Lauf weg!«
Dann, als hätte er meine warnenden Worte gehört, zog er sich zurück. Flüchtig erblickten wir seinen massigen Körper, als er

nach links unmittelbar hinter die Baumlinie stapfte. Choudhury hielt sein Gewehr weiterhin auf ihn gerichtet, doch der Elefantenbulle verschwand aus dem Blickfeld.

Zwei, drei Minuten vergingen. Der Jäger kauerte noch immer im Gras, seine Magnum auf den Regenwald gerichtet. Er bewegte das Gewehr in einer flüssigen, gleichmäßigen Bewegung von rechts nach links und wieder zurück.

Wir Übrigen verharrten weiterhin wie angewurzelt, starrten auf den Wald vor uns und lauschten gespannt auf den leisesten Ton. Der gellende Schrei eines Affen hinter uns ließ uns zusammenzucken und unsere Herzen noch schneller pochen. Eine weitere Minute verging. Der Jäger entspannte sich und senkte das Gewehr. Er stand auf, den Blick nach wie vor auf die Bäume geheftet. Vorsichtig bewegte er sich rückwärts Richtung Elefantenkommando.

In diesem Moment ging der Goonda zum Angriff über. Wild trompetend stürzte er aus dem Wald hervor in einem letzten, verzweifelten Versuch, sich des Jägers zu entledigen. Der Elefant raste in tollkühnem Rausch. Seine Ohren waren breit ausgestreckt, den Rüssel hielt er steif wie einen Speer, und seine Stoßzähne schnitten wie Krummsäbel durch die Luft. Er warf den Kopf nach links und rechts. Jede Faser seines massigen Körpers kannte nur ein Ziel: Mord.

Der Einzelgänger senkte den Kopf, seine Augen drehten sich wie toll in ihren Höhlen. Er machte sich bereit, sein Opfer niederzuschmettern.

Doch dieser Moment sollte nie kommen. Selbst jetzt, Auge in Auge mit dem dämonischen Elefanten, der nur knapp hundert Meter von ihm entfernt war, behielt Dinesh Choudhury die Nerven. Wieder kniete er sich auf den Boden und legte sein Gewehr an. Er neigte den Kopf und zielte. Zum letzten Mal trompetete der Elefantenbulle herausfordernd. Und dann drückte der Jäger ab.

Ich sah, wie die starke Waffe hart gegen seine Schulter schlug. Ein ohrenbetäubender Donnerschlag krachte durch den Dschungel. Dann brach Totenstille über den Ort herein, und die Zeit schien stillzustehen.
Der Kopf des Elefanten wurde ruckartig nach hinten geschleudert, als das Hochgeschwindigkeitsgeschoss seine Schläfe durchschlug. Ich konnte deutlich den Blutstrahl sehen, der sich auf sein Ohr ergoss und seine Wange herablief. Sein Rüssel schnellte in der Luft zurück. Sein Maul öffnete sich weit und enthüllte seine sich krümmende schwarze Zunge. Er bäumte sich auf und schlug trotzig aus. Da verließ ihn die Kampfkraft. Seine Ohren fielen auf die Seiten. Sein Rüssel hing schlaff herab. Sein Kopf sank nieder, als hätte ihn eine plötzliche Müdigkeit übermannt. Wie ein ungezogenes Kind, das erst jetzt einsah, dass es sich schlecht benommen hatte, versuchte der Einzelgänger kehrtzumachen und davonzulaufen.
Dann, in einer ungestümen Bewegung, bäumte er sich noch einmal auf und reckte seinen Rüssel in den Himmel, als wollte er seine scheidende Seele packen. Er stieß ein gequältes Krächzen aus. Dann knickten seine Beine ein. Sein Körper sackte in sich zusammen, und er fiel mit einem dumpfen Schlag zu Boden, wobei sich seine Stoßzähne in das weiche Erdreich bohrten.

Mir wurde übel, als hätte ich einen Unfall gehabt oder mich in der Nähe einer Bombenexplosion aufgehalten. Ich war wie betäubt. Ich verlor den Berührungs- und Geruchssinn. Ein Klingeln in den Ohren und das Pochen meines Herzens waren die einzigen Geräusche, die ich vernahm. Es war, als sei ich nicht länger ein Teil der Ereignisse, die sich um mich herum abspielten, sondern ein Geist, der nur schweigend zusehen konnte. Nach unten blickend, sah ich, wie Choudhury sein Gewehr auf den Boden legte. Noch immer kniend, senkte er den Kopf.

Niemand sonst rührte sich oder sagte ein Wort.
Wenigstens fünf Minuten vergingen, und jede Minute war wie eine Stunde. Dann spürte ich, wie ich langsam in die Wirklichkeit zurückkehrte. Ich bemerkte, dass mein Mund weit offen stand und meine Hände sich krampfartig um eines von Jasmines Seilen geschlossen hatten. Mit einem Mal verflüchtigte sich das Adrenalin, das durch meine Adern gejagt war, und ein Gefühl völliger Erschöpfung überkam mich. Ich wollte einfach nur schlafen und mich von der Welt abwenden.
Dann richtete ich meine Augen auf den Elefanten. Er war vornüber zu Boden gefallen, hatte den Rüssel um sich gewickelt, die Beine unter dem Bauch begraben, und die Backen wurden von den Ohren beschirmt. Er sah friedlich aus. Selbst jetzt war es nur schwer vorstellbar, dass er Menschen zerrissen hatte.
Irgendwie fand ich die Kraft, von Jasmine hinunterzusteigen. Choudhury kniete noch immer und hielt den Kopf gebeugt, als betete er. Ich ging an ihm vorbei und näherte mich, die Hände vor mir faltend, dem Elefanten.
Ich hätte schwören können, dass er mich beobachtete. Sein glasig gewordenes linkes Auge, aus dem nun alle Bosheit für immer gewichen war, schien mir zu folgen, während ich zu ihm ging.
Als ich vor ihm stand, streckte ich meine Hände aus und berührte seinen Kopf. Die Haut war noch warm, die Haare fühlten sich weich an. Ich sah, wie eine Träne über die linke Wange des Elefanten lief und ins Gras fiel. Im Innersten gerührt, spürte ich, wie auch mir die Tränen kamen.
Choudhury trat zu mir heran und legte seine Hand auf meine Schulter. Er ließ sie eine Zeit lang dort und tätschelte mich aufmunternd. Dann beugte er sich zum Elefanten hinab und fuhr ihm, seine Lider schließend, mit der Handfläche über die Augen.

12 Zum Elefantenfriedhof

Was den wilden Tieren widerfährt, wird auch dem Menschen widerfahren. Alles ist miteinander verwoben. Sind erst einmal die großen Tiere verschwunden, wird der Mensch an einer großen Einsamkeit der Seele sterben.

Chief Seattle of the Nez Percé, 1884

Ein älteres Paar trat zaghaft auf die Lichtung und ging mit tief geneigtem Kopf zu der Stelle, wo der Elefant reglos auf dem Boden lag. Sie trugen schmutzige, zerschlissene Kleider, ihre Gesichter waren gezeichnet von Jahren des Elends, und beide hinkten sichtlich. Die linke Hüfte der Frau schien deformiert zu sein, und der rechte Fuß des Mannes war verdreht.

Es sind gewiss Tagelöhner, die ihre Arbeitskraft verpfändet haben, dachte ich. Wie Millionen anderer Inder verbrachten sie vermutlich ihre Tage damit, am Straßenrand Steine zu brechen oder Ziegel in höllisch heißen Öfen zu brennen – nur um zu erleben, dass ihre Kinder denselben skrupellosen Geschäftemachern in die Falle gingen. Dennoch hatten sie barfuß über acht Kilometer zurückgelegt, um hierher zu kommen, und in ihren Händen häuften sich prächtige Blüten, die sie unterwegs im Dschungel gepflückt hatten.

Ohne es zu wissen, blieben sie genau an der Stelle stehen, wo Choudhury geschossen hatte, und starrten wie versteinert auf den Kopf des Einzelgängers, wobei Ehrfurcht und ungläubiges Staunen ihnen deutlich ins Gesicht geschrieben standen.

In den wenigen Stunden, die vergangen waren, seit der Jäger dem mörderischen Wüten des Tieres schließlich ein Ende gesetzt hatte, hatten die Forstwachen mit einer Axt die Stoßzähne herausgeschlagen und dabei das Fleisch bis zu ihren Wurzeln weggeschnitten, um auch noch den letzten Zentimeter Elfenbein zu entfernen. Seither hatte sich um den Körper eine Blutlache gebildet, da die dunkle Flüssigkeit literweise aus den Wunden aufs Gras gesickert war. Dieser Anblick erschütterte das Paar bis ins Mark. Langsam vorwärts schlurfend, drückte der Mann beide Hände an seinen Kopf und brach in bitteres Wehklagen aus. Seine Frau, die vor Gram zitterte, fiel auf die Knie, und die Tränen strömten ihr über die Wangen. Dann begannen sie gemeinsam zu beten und legten, ihre Blicke zum Himmel richtend, die Blüten auf den Kopf des Kadavers.

Die Nachricht von dem Abschuss hatte sich wie ein Lauffeuer in nah und fern verbreitet und Hunderte von Menschen aus einem Umkreis von mindestens zehn Kilometern angelockt. Einige kamen, weil sie nichts Besseres zu tun hatten, und verbrachten ihre Zeit damit, am Saum der Lichtung zu kauern und das Kommen und Gehen zu begaffen, wie sie es auch bei jedem anderen öffentlichen Ereignis getan hätten. Andere waren herbeigeeilt, um für die Seele des Elefanten zu beten.

Auch die Mitglieder des Elefantenkommandos waren in düsterer Stimmung. Selbst Churchill sprach kein Wort. Er saß allein auf einer grasüberwachsenen Böschung und beobachtete mit bekümmerter Miene das Defilee der Ortsansässigen vor dem toten Elefanten. Hin und wieder sah er auf seine Füße und rieb gedankenverloren an den Hornhautballen auf der Unterseite seiner Zehen.

Auch Raja und Jasmine schienen bedrückt zu sein. Ihre Ohren hingen schlaff und teilnahmslos an den Seiten ihrer gebeugten Köpfe herab. Jasmine hatte bemerkenswerterweise ihren Appetit noch nicht wiedererlangt und rührte keine der Früchte an, die die Trauernden neben dem Kopf des erschossenen Bullen auf die Erde gelegt hatten. Raja stand nur wenige Fuß von dem

toten Elefanten entfernt und beschnupperte den Kadaver mit seiner Rüsselspitze.
Choudhury schien von den Ereignissen dieses Morgens sichtlich angegriffen zu sein. Der Schlafmangel der letzten Tage hatte ihn eingeholt. Er sah erschöpft und blass aus, und dunkle Ringe zeichneten sich unter seinen Augen ab. Obwohl die schwere Prüfung jetzt vorbei war, wirkte er alles andere als entspannt. Er saß auf einem Baumstamm am Rand der Lichtung und beäugte argwöhnisch die herbeigeströmten Menschen.
»Die Assamesen halten jeden Elefanten für eine Inkarnation von Ganesha. Die Tötung eines Elefanten erschüttert sie deshalb zutiefst«, sagte der Jäger, als ich mich neben ihn setzte. »Vor ein paar Jahren, als ich einen anderen gefährlichen Einzelgänger erschoss, der Südassam terrorisierte, wollten mich die Leute dort lynchen. Sie sagten, ich hätte ihnen Unglück gebracht. Nur dank des örtlichen Forstbeamten, der die zornige Menge mit einem Pistolenschuss in die Luft auseinander trieb, entkam ich mit heiler Haut.«
»Glauben Sie, dass wir in Gefahr sind?«, fragte ich.
»Bis jetzt scheinen diese Menschen nicht wütend, sondern nur betrübt zu sein. Aber wenn sich ein größerer Haufen zusammenrotten sollte … nun, wir müssen auf der Hut sein, finden Sie nicht auch?«
Genau in diesem Augenblick marschierte eine Gruppe finster aussehender Gestalten, die mit Hacken bewaffnet waren, auf die Lichtung. Bei ihrem Anblick zuckte ich zusammen. Doch alsbald erkannte ich, dass es nur Tagelöhner waren, die Mole angeheuert hatte, um ein Grab für den Einzelgänger zu schaufeln.
»Ich hab zwölf Männer für die Arbeit angestellt«, sagte der Forstinspektor, der den Trupp aus dem nächstgelegenen Dorf mitgebracht hatte. »Ich würde es zwar vorziehen, den Kadaver

zu verbrennen, aber wir kriegen ihn nie und nimmer auf einen Scheiterhaufen.«

Es überraschte mich, dass Mole sich die Mühe machte, den Elefanten zu begraben. Schließlich werden tote Tiere in den meisten Gegenden Indiens einfach im Freien liegen gelassen, und die Natur kann ihr Werk verrichten.

»Weshalb ist es bei einem Elefanten anders?«, fragte ich.

»Wissen Sie, was passiert, wenn wir ihn hier zurücklassen?«, parierte er mit einer Gegenfrage.

»Er fängt fürchterlich an zu stinken?«

»Ja. Aber die Wilderer in der Gegend werden seine Füße unmittelbar über den Knöcheln abschneiden und echte ›Fußstühle‹ daraus machen. Wenn wir das zulassen, wird es die Gier nach Elefantentrophäen weiter anstacheln.«

»Ist das auch der Grund, weshalb Sie die Stoßzähne herausschneiden?«

»Genau, Mann. Damit die Scheißkerle nicht drankommen.«

»Werden Sie sie über Ihrem Kamin anbringen?«

»Sie Scherzkeks, das ist illegal. Nein, sie werden in der staatlichen Verwahrungsstelle in Guwahati unter Verschluss gehalten. Sie werden in eine eigene Kiste gelegt, die anschließend versiegelt wird. Und dort bleiben sie.«

Mole hob einen Stock vom Boden auf und umriss damit ein fünf Meter langes und drei Meter breites Areal. Die Tagelöhner zogen ihre Hemden aus und begannen mit der Arbeit, indem sie ihre Hacken in die Erde trieben und große Brocken ausstachen, die sie auf eine Seite schaufelten.

Mr. Choudhury beobachtete ein paar Minuten den Fortgang der Arbeiten und ging dann mit der Absicht, sich auszuruhen, zurück ins Camp, in dem wir die letzte Nacht geschlafen hatten. Sobald er außer Sicht war, machte ich mich an Mole heran, der die Grabungsarbeiten beaufsichtigte.

»Haben Sie mir ein paar besorgen können?«, fragte ich ihn.

»Ja, klar doch, ich hab dran gedacht«, sagte er widerstrebend. »Aber ich finde das nicht gut, Mann. Dieses Zeug ist nichts für Sie.«
Mit diesen Worten zog er ein Päckchen indische Zigaretten aus seiner Tasche. Normalerweise hätte ich eine derart minderwertige Sorte nicht geraucht, aber ich hatte ein unwiderstehliches Verlangen nach Nikotin.
Ich dankte ihm, dann riss ich die Zellophanhülle auf, zog eine Zigarette heraus und zündete sie mit einem Streichholz an. Ich nahm einen langen, tiefen Zug und ließ den Rauch genüsslich über meine Zunge in die Lungen gleiten. »Es ist widerwärtig«, sagte ich, »aber ich kann Ihnen gar nicht sagen, wie gut das tut.«
Mole sah mir zu, wie ich den Rauch ausatmete, und griff dann nach der Packung.
»Ich glaub, ich kann auch eine gebrauchen.«
Er nahm eine Zigarette und steckte sie an.
»Ich hab gute Nachrichten«, sagte er. »Die Wildhüter, die dem Goonda nachspürten, sind nicht tot. Einer von ihnen hat versehentlich das Walkie-Talkie in einen Bach fallen lassen. Daher konnten wir sie nicht erreichen.«
»Gott sei Dank!«, sagte ich.
»Das müssen wir feiern.«
Mit diesen Worten griff er in seinen Rucksack und zog zwei Flaschen Tipsy-1000-Bier heraus. Sie waren zusammen mit einem halben Dutzend schmelzender Eisstücke in einen Plastikbeutel eingewickelt. Im Nu sprengte er die Kronkorken ab und gab mir eine Flasche.
Ich zögerte. So großen Durst ich auch hatte, es schien mir doch unpassend, so kurz nach dem Tod des Elefanten jemandem zuzuprosten. Ob er nicht glaube, dass wir warten sollten?
»Vermutlich. Doch nach dem, was wir durchgemacht haben, glaube ich, haben wir es uns verdient.«

Er drückte mir die Flasche in die Hände und schwenkte seine in der Luft.
»Prost.«
Vipal Ganguly erfuhr erst am nächsten Morgen vom Abschuss des Elefanten, aber er sputete sich, an den Ort des Geschehens zu kommen. Er traf kurz nach Mittag auf der Lichtung ein. Mittlerweile waren die Arbeiter mit dem Ausheben des Grabes fast fertig.
Bezeichnenderweise hatte er nicht weniger als elf »Freunde« im Schlepptau. Sie versammelten sich sogleich zu einem Gruppenfoto vor dem Elefanten, wodurch sie die Gefühle der Trauernden verletzten.
»He, Boss«, rief er, als er mich auf der anderen Seite der Lichtung erspähte, wo ich mit Mole und Churchill zusammensaß. »Ich bin da!«
Beim Anblick des Bengalen überkamen mich erneut Gewissensbisse, weil ich ihn im Hotel zurückgelassen hatte, doch zugleich hätte ich mich ohrfeigen können, dass ich ihm angeboten hatte, zusammen mit ihm auf die Flussinsel Majuli zu fahren.
»Hallo, Vipal!«, sagte ich, als er näher kam. »Wie geht's?«
»Bestens! Ich hab alles total geregelt für eine schöne Reise nach Majuli«, antwortete er. »Wir werden den Mordsspaß haben. Zwei meiner Freunde, die kommen mit. Einverstanden?«
»Schön«, sagte ich matt, und mir wurde klar, dass ich mir etwas einfallen lassen musste, um dem Bengalen zu entkommen. »Wie lief's mit den Bodos? Hast du sie getroffen?«
Vipal winkte wie wild mit den Händen vor meinem Gesicht und stieß ein lautes »Pssst!« aus, das die Aufmerksamkeit sämtlicher Personen erregte, die im Umkreis von hundert Metern um uns herum standen. Er packte mich am Arm und zog mich zur Seite.
»Nicht so laut, Boss«, sagte er. »Ich kann den totalen Ärger mit den Polizisten kriegen.«

Diese Aussicht erschien mir sehr verlockend, dennoch dämpfte ich meine Stimme.
»Du hast dich also tatsächlich mit den Rebellen getroffen?«, flüsterte ich.
Vipal kniff die Augen zusammen, und einen Moment lang sah er ernsthaft verärgert aus.
»Bodo-Leute sind Mordsidioten«, zischte er.
»Warum? Was ist geschehen?«, fragte ich.
»Gestern Nacht kommen sie in mein Hotel. Dort warte ich in meiner totalen Verkleidung. Aber die Bodo-Leute machen einen Mordsfehler. Sie gehen zum Empfang und fragen nach Mr. Tagore. Das bin ich …«
»Dein Deckname«, fügte ich hinzu.
»Richtig, Boss. Die Bodo-Leute werden auf Zimmer vierzehn geschickt, und sie gehen dorthin und klopfen an die Tür!«
»Und wo ist das Problem?«
»Ich bin nicht in vierzehn! Ich bin in siebzehn!«, sagte er, lauter werdend.
»Wer war in Zimmer vierzehn?«
»Ein Armeeoffizier. Er heißt ebenfalls Tagore. Aber er trägt keine Uniform. Die Trottel von Bodos stellen sich vor und werden auf der Stelle verhaftet.«
Ich konnte mich nicht mehr beherrschen und begann laut zu lachen. Vipal hingegen fand den Vorfall gar nicht amüsant.
»Boss, warum lachst du? Das ist nicht witzig. Ich muss aus dem Hotel fliehen. Sicher suchen die Bodo-Leute nach mir! Sie denken, ich hätt das Ding total gedreht.«
Hier bot sich die einmalige Gelegenheit, Vipal zur Rückkehr nach Kalkutta zu überreden.
»Stell dir nur vor, was sie dir antun könnten, wenn sie dich erwischen. Du solltest dich versteckt halten, vielleicht nach Hause fahren«, sagte ich.
Doch leider schien der Bengale nicht im Geringsten besorgt zu

sein. Er sei schon in weitaus heikleren Situationen gewesen, versicherte er mir – etwa als eine Gruppe von Naxaliten, kommunistische Kämpfer, die berüchtigt seien für ihre Brutalität, ihn zwei Tage lang als Geisel festgehalten und gedroht habe, ihm die Kehle durchzuschneiden.

»Keine Sorge, Boss«, sagte Vipal. »Wie ich dir immer wieder sage, hab ich fünfzehntausend Freunde! Hier lernst du zwei weitere kennen.«

Zwei seiner neuen Gefolgsleute traten hervor.

»Dies sind meine Freunde Tinu und JJ«, sagte er. »Sie kommen mit nach Majuli.«

Ich gab beiden die Hand.

»Also, Boss. Wann brechen wir auf?«

»Ich weiß noch nicht«, sagte ich zögerlich. »Ich möchte noch mehr über den Elefantenfriedhof herausfinden. Einige Sikhs, die ich vor ein paar Tagen traf, erzählten mir von einem Mann, der mir vielleicht weiterhelfen könnte …«

Vipal tat meine Worte mit einer Handbewegung ab. Er hatte der Legende von Anfang an skeptisch gegenübergestanden und keine Gelegenheit versäumt, mich gönnerhaft als unwissenden Ausländer zu behandeln.

»Das ist totaler Scheiß«, sagte er wütend. »Weshalb vergeudest du deine Zeit mit diesem Mordsunsinn?«

»Die Legende gefällt mir, und ich bin sicher, dass etwas dran ist.«

Erst heute Morgen, erzählte ich ihm, sei ich mehreren Einheimischen begegnet, die schon vom Teich des Ganesha gehört hätten, den mir der Abt des Klosters beschrieben habe. Allerdings müsse ich zugeben, dass offenbar niemand die geringste Ahnung habe, wo er sich befinde.

»Siehst du!«, spottete der Bengale. »In Hindustan gibt es eine Millions solcher Legenden. Die Leute glauben total alles, was sie hören. Sie erzählen dir einfach, was du nur hören willst.«

»Sei es, wie es wolle, ich werde jedenfalls weiter danach suchen.«
Ich schlug Vipal vor, wir sollten uns in zwei Tagen in Guwahati treffen, wo ich am Fachbereich Volkskunde der dortigen Universität weitere Informationen über dieses Thema einholen wollte.

Hunderte von Bauern versammelten sich in der milden Nachmittagssonne, um dem Bestattungsritus für den Einzelgänger beizuwohnen. Einige warteten seit der Morgendämmerung auf den Beginn des Begräbnisses, und sie hatten geduldig bis zu sieben Stunden lang ausgeharrt, in denen die Hilfsarbeiter unermüdlich geschuftet hatten, um die große Menge Erdreich auszuheben, die jetzt auf einer Seite der Grube lag.
Alle Altersgruppen und Kasten waren vertreten. Gesichter blinzelten im Sonnenlicht: zahnlose alte Frauen mit runzligem Gesicht, schwarze *adivasis* mit Kastenzeichen auf ihrer Stirn, rotwangige Kinder mit Mandelaugen und hohen Backenknochen, und Frauen, die sich rotes Pulver in die Kopfhaut gerieben hatten zum Zeichen, dass sie verheiratet waren.
Schulter an Schulter auf dem Boden hockend, schwatzten sie miteinander, während sie darauf warteten, dass die Zeremonie begann. Frauen, in leuchtende rote und gelbe Tücher gehüllt und mit rasselnden Armreifen geschmückt, gackerten wie aufgestörte Hennen. Die Männer, überwiegend Bauern, kauten *paan* und gaben unentwegt Kommentare zum Besten, als das Elefantenkommando Vorbereitungen für die Bestattung des toten Tieres traf.
Gegen drei Uhr nachmittags war die Grube fertig, und die Mitglieder des Elefantenkommandos konnten, nachdem sie zwei dicke Seile an den Knöcheln des Elefanten befestigt hatten, endlich mit der Prozedur beginnen. Raja und Jasmine, die von Churchill und Chander dirigiert wurden, nahmen ihre Positio-

nen vor dem Einzelgänger ein, während vier Tagelöhner, auf der anderen Seite des Grabes stehend, die Seile ergriffen.
Auf Choudhurys Zeichen hin riefen die Mahouts eine Reihe von Befehlen und arbeiteten mit ihren Füßen hinter den Ohren der *kunkis*. Gehorsam neigten die Tiere ihre Köpfe und begannen, gegen den Kadaver zu stoßen. Als die Menge dies sah, erhob sie sich und verstummte, fasziniert gaffend, als die Mahouts die Elefanten antrieben, stärker zu drücken.
Unter lautem Brüllen, Trompeten und Schnauben stemmten sich Raja und Jasmine nach vorn und drückten mit ganzer Kraft; ihre Beinmuskeln spannten sich bis zum Äußersten an, während ihre Füße auf dem Gras rutschten. Direkt gegenüber von ihnen zogen die Hilfsarbeiter so fest an den Seilen, dass ihre schweißglänzenden Muskeln deutlich hervortraten, und alle Beteiligten ächzten und stöhnten im Gleichklang.
Allmählich bewegte sich der Körper, aus dessen Wunden noch immer Blut sickerte, zentimeterweise auf die Grube zu. Der Rüssel des Elefanten schleifte hinter ihm her und federte auf dem Boden, als wäre er noch lebendig und suchte irgendwo Halt.
Wenig später hingen die Beine schlaff über den Rand der Grube, und zwangsläufig tat die Schwerkraft ihr Werk. Das Erdreich unter dem Elefanten gab nach, und er purzelte auf den Grund, wobei sein mächtiger Rüssel einen Bogen durch die Luft beschrieb, bevor er mit einem dumpfen Schlag auf den Boden prallte.
Die Menge drängte sich vor und schob die Forstwachen zur Seite, die vergeblich versuchten sie aufzuhalten. In dem Tumult fielen zwei Männer in die Grube, aber sie krochen schnell wieder heraus, aus Angst, der böse Geist des Tieres könnte Gewalt über sie erlangen. Einige der Frauen brachen in Wimmern und Wehklagen aus und warfen Blüten ins Grab. Eine Frau wurde ohnmächtig und musste aus der Menge herausgetragen wer-

den. Eine Zeit lang war Mr. Choudhury in Sorge, die Menge könnte sich in diesem hysterischen Zustand gegen uns wenden. Aber mit der Zeit beruhigten sie sich wieder, und das Begräbnis nahm seinen Lauf.

Churchill trat ans Grab und entzündete einige Weihrauchstäbchen, die er in den Boden steckte. Er murmelte etwas in seiner Muttersprache Khasi, spaltete dann mit seiner Machete eine Kokosnuss und besprengte den Leichnam mit der Milch.

»Was hast du gesagt?«, fragte ich ihn, als er fertig war.

»Nur paar Worte, nein?«, antwortete Churchill. »*Hathi*-Begräbnis nicht alter Brauch. Aber Hindus mögen Feier. Deshalb machen wir es, nein?«

Als Nächstes rollten die Tagelöhner sechs Fass Diesel, die die *kunkis* am früheren Morgen zur Lichtung getragen hatten, zum Rand des Grabes. Sie öffneten einen der verrosteten Metallbehälter nach dem anderen und leerten den Inhalt in die Grube – ein letztes Abschreckungsmittel für Wilderer, die, so die Befürchtung, den Kadaver entbeinen und das Fleisch auf dem Markt verkaufen könnten.

Der Diesel gluckerte aus den Behältern und plätscherte auf das Tier hinab. Zentimeter für Zentimeter wurde seine staubgraue Haut bedeckt; in den Lachen, die sich um den Körper bildeten, stiegen Luftperlen nach oben, als die Flüssigkeit in den Boden zu sickern begann.

Als die letzten Tropfen aus den Fässern rannen, trat Choudhury ans Grab. Mit beiden Händen hielt er eine Girlande aus Ringelblumen. Feierlich kniete er am unteren Ende des Grabes nieder und legte die Blumen auf den Leichnam des Einzelgängers. Dann stand er auf und wies die Hilfsarbeiter im Weggehen an, das Grab zuzuschütten.

Nachdem der Elefantenbulle endlich beerdigt war, hatten es Churchill, Mole und die Lehrlinge eilig, in ihre Heimatorte auf dem Nordufer des Brahmaputra zurückzukehren. Unmittelbar nach der Bestattung packten sie ihre Habseligkeiten im Camp zusammen.

»Mrs. Mahout wird Geld für Essen wollen. Sie einen riesen Magen, nein?«, scherzte Churchill.

Choudhury und ich begleiteten die Männer vom Elefantenkommando bis zum Rand des Dschungels, wo Rudra uns mit dem Landrover erwartete. Hier trennten sich schließlich unsere Wege.

»Tarwin, ich mag nicht Wiedersehen sagen«, erklärte Churchill. »Also ich sage gar nichts, nein?«

Stattdessen überreichte mir der Mahout ein Geschenk, das in eine Seite des *Assam Sentinel* gewickelt war. Als ich die Zeitung aufriss, fand ich ein Armband aus dickem, drahtigem Haar, das aus dem Schwanz von Raja gezupft worden war. Es war eine Nachbildung der Bänder, welche die Mahouts und ihre Lehrlinge tragen. Ich streifte das Geschenk um mein Handgelenk.

»Tarwin, jetzt du gehörst zum Elefantenkommando«, verkündete der Mahout. »Vergiss nicht. Ich bring dir viel bei. Wenn du nach London kommst, reit *hathi,* viel billiger als Auto, nein?«

Ich dankte dem Mahout, und er drückte mir herzlich die Hand. Dann stieg er ohne ein weiteres Wort auf seinen Elefanten.

Die anderen traten vor. Badger, der beschlossen hatte, fürs Erste beim Elefantenkommando zu bleiben, wünschte mir »höchstes Glück, Kamerad«, und Mole lud mich ein, ihn im Hauptquartier zu besuchen, »jederzeit, Mann. Es wird mir ein Vergnügen sein.«

Schließlich sagte ich den *kunkis* Lebewohl, indem ich jedem von ihnen eine Büchse mit Reisesüßigkeiten hinhielt, die ich aus meinem Rucksack hervorgekramt hatte. Gierig verschlangen sie den Inhalt, wobei sie ihre Rüsselspitzen mit Puderzu-

cker bestäubten, sodass sie aussahen wie Kokain schnüffelnde Junkies
»Okay, jetzt gehen wir«, sagte Churchill.
Der Trupp strebte der Hängebrücke zu, die bei Tezpur über den Brahmaputra führt. Von den *kunkis* aus blickten Mole, Badger und die anderen zu mir zurück und winkten, während die Elefanten mit ihren Rüsseln grüßten.
Als ich beim Landrover stand und beobachtete, wie sie langsam zum Horizont hin stapften, überkam mich ein Gefühl des Verlustes und tiefer Traurigkeit. Mir wurde klar, dass meine Arbeit mir nach den Reisen mit Churchill und dem Team öder denn je vorkommen würde, und ich spürte den Drang, den *kunkis* nachzulaufen, auf Raja zu klettern und meine Abenteuer mit dem einzigartigen Elefantenkommando fortzusetzen. Doch ich wusste, dass ich in Kürze an meinen Arbeitsplatz nach Delhi zurückkehren musste.
Widerstrebend drehte ich mich um und stieg in den Landrover. Rudra schaltete in den Vierradantrieb und fuhr querfeldein zur nächsten Piste. Der Wagen rüttelte, und der Motor heulte. Doch als ich die Augen schloss, spürte ich noch immer das sanfte Schaukeln von Raja unter mir.

Ich hatte gehofft, mir bliebe noch genügend Zeit, um den Mann ausfindig zu machen, den mir die assamesischen Sikhs genannt hatten, und ihn über den Teich des Ganesha zu befragen. Doch Choudhury wollte zurück nach Guwahati fahren.
Als Rudra den Landrover Richtung Osten über die Landstraße jagte, saß ich auf dem Beifahrersitz, während der Jäger entspannt auf dem Rücksitz lehnte, froh, endlich auf dem Weg nach Hause zu sein.
Die »Elefantensaison« – die Erntezeit –, in der die Herden die größten Schäden auf den Feldern anrichteten, sei vorüber, erklärte er, und er wolle den nächsten Monat mit seiner Familie

verbringen. Seine älteste Tochter habe in ein paar Tagen Geburtstag, und kurz darauf komme sein Bruder aus Kenia zu Besuch.

»Das Leben geht weiter, finden Sie nicht?«, sagte er.

Doch bevor er heimkehre, erklärte er, wolle er einen kurzen Umweg machen.

»Es gibt jemanden, den Sie kennen lernen sollten. Er ist meines Erachtens ein ganz besonderer Mensch, und ich bin sicher, dass er Ihnen helfen kann«, sagte er.

»Mir helfen? Wie?«

»Er heißt Geala. Er weiß alles über Elefanten«, sagte Choudhury. »Ich bin sicher, dass er Ihnen helfen kann, den Elefantenfriedhof zu finden.«

Ich setzte mich auf und drehte den Kopf nach hinten, um dem Jäger ins Gesicht zu sehen.

»Wirklich? Das ist toll«, stotterte ich. »Weshalb haben Sie das nicht früher erwähnt?«

Choudhury zuckte mit den Schultern.

»Wenn ich es Ihnen gesagt hätte, dann hätten Sie nicht versucht, es selbst herauszufinden. Wissen, das man ohne Anstrengung erwirbt, ist nichts wert.«

»Wer ist dieser Mensch?«, fragte ich.

»Er hat mir alles beigebracht, was ich über Elefanten weiß. Da mir kein besseres Wort einfällt, würde ich ihn meinen Guru nennen. Was seinen Beruf betrifft, so ist – oder vielmehr war – er ein *phandi,* vermutlich der bedeutendste Elefantenfänger, der je gelebt hat, und einer der letzten seines Metiers.«

Choudhury nahm seine Landkarte von Assam zur Hand und breitete sie aus, dann zeigte er Rudra den Wohnort des *phandi.*

»Sein Dorf liegt am Rande der Karbi-Anglong-Berge, in einem sehr abgeschiedenen Gebiet«, sagte der Jäger. »Hoffen wir, dass er zu Hause ist. Er hält noch immer zwei, drei Elefanten, und manchmal geht er wochenlang mit ihnen auf Wanderschaft.«

Es war gegen drei Uhr nachmittags, als wir von der Fernstraße abbogen. In der Ferne tauchten Steilhänge auf, die die Teepflanzungen überragten, und niedrige Wolken hüllten die Kuppen der grünen Hügel ein. Ein staubiger Feldweg führte durch einen Kiefernwald, dessen Bäume kilometerweit in streng geometrischen Fluchten gepflanzt waren. Als wir am anderen Ende herauskamen, schaltete Rudra ein weiteres Mal in den Vierradantrieb und fuhr querfeldein, an einem grasbewachsenen Flussufer entlang, an dem Fischer ihre Angeln auswarfen.

Am Fuß der Hügel hielten wir vor einem Hof, der von einem hohen Bambuszaun umgeben war. Zwei assamesische Mädchen saßen am Eingangstor und kämmten sich gegenseitig die Haare, während ein kleiner Junge mit der Metallfelge eines Fahrrads spielte, die er wie einen Reifen über den Boden rollte. Alle drei richteten ihre Blicke auf den Landrover und begannen, auf den Wagen zulaufend, Choudhurys Namen zu rufen, um lautstark die Aufmerksamkeit des Jägers auf sich zu ziehen.

»Das sind Panipat, Baman und Hema«, sagte er und nahm die beiden Mädchen auf den Arm. »Es sind nur einige der Enkel des *phandi.* Wie Sie sehen werden, hat er eine große Familie.«

Die Mädchen hielten sich zärtlich an Choudhury fest, als er die Pforten aufstieß und wir hineingingen. Vier Hütten aus Lehm und Stroh waren kreisförmig um einen steinernen Brunnen angeordnet. An einer Winde über dem Brunnen hing ein Holzkübel, von dem Wasser auf die sonnengedörrte Erde tropfte. Enten und Hühner pickten im Schatten eines Verschlags herum, der als Vorratslager für Reis diente und auf Stelzen stand, um Nagetiere abzuhalten.

Auf einer Steinplatte vor der Tür der kleinsten Hütte saßen zwei Frauen und scheuerten Töpfe mit Kokosnussschale. In ihrer Nähe fegte ein Junge den Boden mit einem Besen aus steifem Schilfrohr, der eine ockerfarbene Staubwolke aufwirbelte.

Auf der gegenüberliegenden Seite des Hofes stand ein betagter *makhna* – ein Elefantenbulle ohne Stoßzähne –, der an einen Pfosten angebunden war, und kaute schmatzend an einer Bananenstaude, wobei Bündel von Blättern aus seinem Maul herausragten. Seine feuchten Augen und sein kluges, runzliges Gesicht verliehen ihm ein vornehmes Aussehen. Er hatte große Schlaffohren, und Wammen hingen wie Lappen tief unter seinem Kinn, während seine wenigen verbliebenen Zähne den Nachmittagssnack zermahlten.

Zur Rechten des Elefanten kauerte der *phandi*. Er war damit beschäftigt, einen Haufen Futter mit einer Machete zu zerhacken. Als wir uns näherten, blickte er auf, und sofort trat ein breites Lächeln auf sein Gesicht. Er sprang auf, umarmte den Jäger und hob ihn mit den Armen vom Boden empor.

»Das ist Geala«, sagte Choudhury, als er uns einander vorstellte. »Er ist mein bester Freund.«

Der *phandi* verneigte sich würdevoll vor mir, ohne seinen Blick von mir abzuwenden, und schüttelte mir dann erfreut die Hand.

»Willkommen in meinem Haus. Kommen Sie und lernen Sie meinen Elefanten Toomai kennen«, sagte er, wobei Choudhury als Dolmetscher fungierte. »Er ist fast so alt wie ich.«

Wir gingen hinüber zu dem Areal des *kunki,* wo sich der alte Knabe jetzt einen Eimer Hirse schmecken ließ.

»Er ist viel klüger als ich«, fuhr Geala fort. »Neuerdings hat er gelernt, seine Kette aufzumachen, indem er mit der Rüsselspitze den Schraubenbolzen herausdreht. Natürlich läuft er nicht weg, aber er macht gern ab und zu einen Spaziergang.«

Geala ließ uns mit dem Elefanten allein, damit wir uns miteinander bekannt machten. Er schlenderte gemächlich in eine der Hütten und tauchte bald mit einem Teller Kokosnuss-*ladoos* wieder auf.

»Ihr müsst hungrig sein«, sagte er und hielt uns den Teller hin.

Dann eilte er zum Brunnen, wo er schnell einen Eimer mit Wasser füllte und zu Toomai trug.

Obwohl er schon in seinen Siebzigern war, schien der *phandi* über schier unerschöpfliche Energie und eine bemerkenswerte Fitness zu verfügen. Im Gegensatz zu seinem *kunki* sah man ihm sein Alter nicht an. Seine Haut war nicht schlaff und faltig, sondern weich und glatt.

»Ich habe Toomai 1942 eingefangen«, sagte unser Gastgeber, als wir den Elefanten bewunderten. »Er lieferte mir einen harten Kampf, und ich brauchte viele Stunden. Es kostete mich viel Mühe, ihn abzurichten. Und es dauerte Wochen, bis er sich damit abfand, dass sein Leben in freier Wildbahn endgültig vorüber war. Damals wusste ich, dass dies ein gutes Zeichen war. Wenn ein Elefant in der Phase des Abrichtens starken Widerstand leistet, wird er ein guter *kunki* werden. So war es auch bei Toomai, der mir seither ein treuer Gefährte – und Freund – gewesen ist.«

Ich rechnete aus, dass der Elefant mindestens sechzig Jahre alt war.

»Das kommt ungefähr hin«, antwortete der *phandi.* »Er kann noch weitere zehn Jahre leben. Elefanten haben ungefähr die gleiche Lebenserwartung wie der Mensch, allerdings behalten sie, im Unterschied zu uns, ihr Gedächtnis bis zu ihrem Todestag.

Letztes Jahr fiel ich in einem Wald viele Kilometer von hier von ihm herunter und wurde durch den Aufschlag bewusstlos. Er hob mich auf, legte mich quer über seinen Rücken und trug mich dann mitten in der Nacht über fünfzig Kilometer nach Hause. Nachdem er mich vor dem Tor abgelegt hatte, weckte er alle aus dem Schlaf und wartete vor meiner Tür, bis es mir besser ging.«

Die Frau des *phandi,* eine Frohnatur, die fast ununterbrochen kicherte, rief uns von der Mitte des Hofes zu, wo hölzerne Hocker um ein Feuer aufgestellt worden waren. Wir setzten uns hin, und sie und zwei der Enkelkinder servierten uns Tee in flachen Tontassen sowie *muri ladoo,* Puffreisbällchen, und *tilar ladoo,* Sesambällchen.

Ich konnte es kaum erwarten, den *phandi* nach der Legende vom Elefantenfriedhof zu fragen. Doch bevor sich eine Gelegenheit dazu bot, erzählte unser Gastgeber auf Drängen von Choudhury über seine Erlebnisse beim Einfangen von Elefanten in den mittlerweile stark geschrumpften Dschungeln Assams.

»Ich bin ein Khamati aus dem Bezirk Sadiya in Oberassam. Wir haben von jeher viele Elefanten gehalten und sie über Tausende von Jahren an Könige, Fürsten und Armeen in ganz Indien geliefert«, hob er voller Stolz an. »Ich war noch ein kleiner Junge, als mein Vater mich zum ersten Mal mitnahm, um mir zu zeigen, wie Elefanten eingefangen werden. Dutzende von Mahouts und *phandis* hatten sich im Dschungel versammelt. Es waren harte, interessante Männer, und manchmal waren sie ziemlich raubeinig. Aber sie lebten für ihren Beruf und beherrschten kein anderes Handwerk.

Mitten im Dschungel hatten sie aus Riesenbambus einen gewaltigen Fangkral errichtet. Ich werde nie vergessen, wie ich dort stand und die Worte *hathi porise* hörte – die Elefanten kommen. Plötzlich hörte ich aus dem Gehölz ein lautes Krachen und Poltern, und die Erde schien zu beben. Dann stürmte eine Herde von vierzig oder mehr Elefanten in wilder Flucht in den Fangkral, gejagt von einem Team kundiger *phandis* auf ihren *kunkis.* Schnell wurden die Tore hinter ihnen heruntergelassen, und die Tiere saßen in der Falle. Als die Elefanten dies bemerkten, versuchten sie die Pfahlwand zu zerschmettern. Unter ihnen war ein riesiger Ganesha, ein Bulle mit nur einem Stoßzahn. Er rammte wieder und wieder mit seinem großen Kopf gegen das Tor, nur von dem Drang getrieben, in den Dschungel zu entkommen. Die anderen Elefanten trompeteten, brüllten und tobten. Es war ein ohrenbetäubender Lärm.«

»Was geschah dann?«, fragte ich.

»Mit der Zeit ermüdeten die Elefanten und beruhigten sich«, fuhr Geala fort.

»Dann fingen die *phandis* die jüngeren Elefanten, die sie halten wollten, mit einem Seil ein und schafften sie ins *pilkhana,* das Dressurlager. Die anderen Elefanten wurden freigelassen und kehrten zurück in den Dschungel. Die Mahouts waren immer sorgsam darauf bedacht, ihren Bestand nicht zu dezimieren, und natürlich konnten die Herden damals praktisch frei umherziehen.«

Wie Geala erklärte, gab es vier anerkannte Fangmethoden für Elefanten in Indien, die alle in alten Schriften niedergelegt waren. Die erste Methode, die er bereits beschrieben hatte, war von den Ariern entwickelt worden und wurde *khedda* – Fangkral – genannt, ein sanskritisches Wort, das von *khet* – treiben – abgeleitet ist.

Bei der zweiten Methode, deren Ursprung in Südindien liegt, wurde eine Grube benutzt, und sie galt als die primitivste Technik mit dem höchsten Verletzungsrisiko für die Elefanten. Bei der dritten Methode wurde eine Schlinge auf dem Dschungelboden ausgelegt, und man wartete daraufhin so lange, bis ein Elefant seinen Fuß an die richtige Stelle setzte.

»Und die letzte Methode wurde von den Assamesen entwickelt. Sie heißt *mela shikar*«, sagte er stolz. »Mit Hilfe von zahmen Elefanten sonderten zwei *phandis* ein Kalb von der Herde ab und fingen das Tier mit Jutestricken ein. Dies war manchmal sehr schwierig, weil die wilden Kälber davonliefen und man ihnen nachjagen musste. Manchmal griffen auch die älteren Elefanten an, und viele *phandis* wurden getötet.«

Choudhury erklärte, Geala habe schon als Teenager eine Lehre als Elefantenfänger gemacht und sich allmählich zum *bor phandi* – Großen Fänger – hochgearbeitet. Im Lauf der Jahre sei er zu einer Art Legende geworden, da er mehr Elefanten eingefangen habe als irgendein anderer *phandi* seiner Generation, und er habe mit Persönlichkeiten wie P. D. Stracey und A. J. W. Milroy, den früheren britischen Leitern der Forstbehörde, zusammengearbeitet. Er sei auch in Birma und auf Sumatra tätig gewesen, wo es früher recht große Elefantenbestände gegeben habe, sowie auf den Andamanen in der Bucht von Bengalen, wo die Briten in den vierziger Jahren des zwanzigsten Jahrhunderts *kunkis* eingeführt hätten.

»Geala ist der einzige *phandi,* der jemals zwei wilde Elefanten gleichzeitig mit dem Lasso einfing«, sagte der Jäger. »Es ist ein Meisterstück, das keinem anderen gelungen ist, auch wenn es viele versucht haben.«

»Jetzt sind alle *phandis* verschwunden und die meisten Mahouts mit ihnen«, sagte Geala traurig. »Diese Tage sind vorüber. Und niemand wird sie zurückbringen.«

Unser Gastgeber wirkte plötzlich betrübt. Eine bedrückende Stille trat ein, die nur vom Prasseln der Zweige im Feuer und dem Schmatzen Toomais hinter uns unterbrochen wurde. Ich starrte stumm in die Flammen, obwohl ich darauf brannte, den *phandi* nach dem Elefantenfriedhof zu fragen. Eine Scheu hielt mich zurück, ihn in seinen schweigsamen Betrachtungen zu stören.

Doch schließlich übermannte mich die Ungeduld, und so fragte ich unseren Gastgeber fast im Flüsterton, ob er mir helfen könne, den sagenhaften Friedhof zu finden.

Choudhury übersetzte meine Worte.

»Möchten Sie diesen Ort *wirklich* finden?«, fragte der *phandi.*

»Ja«, antwortete ich, »unbedingt.«

Etwa eine Minute lang dachte er über meine Bitte nach und beriet sich mit Choudhury. Dann schaute er mir direkt in die Augen.

»Ich weiß, wo er sich befindet«, sagte er schließlich. »Ich weiß es nur zu gut.«
Ich spürte einen Adrenalinstoß. Der Elefantenfriedhof existiert also doch, dachte ich.
»Wäre es möglich, diesen Ort aufzusuchen?«, fragte ich zögernd.
»Aber ja, ich werde euch hinbringen. Doch lasst uns zunächst essen. Meine Frau hat euch zu Ehren ein Mahl zubereitet.«

Mrs. Geala hatte ihre Hausspezialität gekocht, *patat diya mas,* Fisch, der zusammen mit Senfkörnern in einem Bananenblatt gegart wird. Diese und weitere Speisen wurden auf dem Boden einer der Hütten angerichtet, wo wir uns versammelten, nachdem wir uns die Hände am Brunnen gewaschen hatten. Mit Nelken und Kumin gewürzter Duftreis wurde neben scharfem, würzigem Hühnchen, das mit Papaya gekocht worden war, auf meinen Teller gehäuft. Anschließend wurde *kheer* – Reispudding – in kleinen stählernen Schälchen gereicht.
Aber ich konnte das Essen nicht genießen. Die ganze Zeit über dachte ich an nichts anderes als den Elefantenfriedhof. Doch ich musste mich in Geduld fassen, bis unsere Teller abgeräumt wurden. Dann sprang der *phandi* von seinem Platz auf.
»Die Sonne geht in ein paar Stunden unter«, sagte er. »Wenn Sie den Friedhof sehen wollen, müssen wir uns beeilen.«
Zu meiner Kameratasche greifend, folgte ich ihm durch die Tür. Choudhury war nur wenige Schritte hinter mir. Wir schritten quer über den Hof, drückten die Türen auf, liefen an einem grasbewachsenen Ufer entlang und gingen dann über eine wacklige Seilbrücke, die den Fluss überspannte.
Als wir das andere Ufer erreicht hatten, marschierte Geala barfuß über den Pfad, der durch den Dschungel und hinauf auf die Hügel führte. Das Gelände wurde allmählich immer steiler, und schon bald musste ich auf allen vieren klettern und geriet

außer Atem. Zwei oder drei Mal blieb ich stehen, um zu verschnaufen. Der *phandi* dagegen, der kein einziges Mal verharrte, hielt sein erbarmungsloses Tempo durch.

»Wenn es erst einmal dunkel ist, können Sie ihn nicht mehr sehen«, sagte er. »Wir haben keine Zeit zu verlieren.«

Meine letzten Kräfte aufbietend, strauchelte ich weiter, während Choudhury die Nachhut bildete. Der Schweiß rann mir übers Gesicht, tränkte mein Hemd und meine Hose und stach mir in den Augen. Die Muskeln in meinen Beinen wurden allmählich steif und schwach. Als ich schließlich oben ankam, war ich völlig erschöpft.

Mehrere Minuten lang lag ich mit pochendem Herzen auf dem Boden und schnappte nach Luft. Als ich mich aufsetzte, stand der *phandi* am Rand des Hügels, der einen Rundblick auf das Brahmaputra-Becken gewährte.

»Da ist er«, sagte er, nach Süden deutend. »Da ist der Elefantenfriedhof.« Mit wackligen Beinen gelang es mir aufzustehen, und ich wankte hinüber zu der Stelle, wo der *phandi* stand.

Tief unter uns schlängelte sich der Brahmaputra wie ein Quecksilberfaden durch das üppig bewachsene Tal. Von diesem Aussichtspunkt aus konnte ich sehen, wie stark der Regenwald zurückgedrängt worden war. Den größten Teil der Landschaft bedeckte ein Flickwerk von Teepflanzungen und Reisfeldern. Schwarze Asphaltstraßen und stählerne Gleise durchschnitten das Land. Größere und kleinere Städte mit ihren Autos und Kraftwerken und Ölraffinerien, von denen Rauch aufstieg, wirkten wie hässliche Wunden in einer Region, die einst von einer geschlossenen Walddecke überzogen gewesen war und durch die uralte Elefanten-Wanderrouten geführt hatten.

Nur ein paar Kilometer von unserem Aussichtspunkt entfernt, dort, wo eine neue Wohnsiedlung entstehen sollte, bohrten sich Bulldozer in die Flanke eines Hügels und trugen große Brocken Roterde samt Buschwerk und Schösslingen ab. Bäume fielen kreischenden Kettensägen zum Opfer, während Feuer in der Nähe das Unterholz verbrannten und einen schwarzen Schorf auf dem Boden zurückließen. Doch so angestrengt ich mich auch umsah, ich konnte keine Spur von einem Friedhof entdecken.

»Sehen Sie ihn?«, fragte mich der *phandi.* »Er ist da, direkt vor Ihnen.«

Wieder ließ ich meinen Blick über das Teil schweifen, nach einem See oder Teich suchend, wie ihn mir der Mönch beschrieben hatte, oder auch nach einem mit Knochen und Stoßzähnen übersäten Hügel wie in Babas Erzählung. Wieder konnte ich nichts entdecken.

»Wo ist er?«, fragte ich den *phandi.*

Er sah mich mit gequältem Lächeln an.

»Bis vor kurzem«, sagte er, »war dieses Tal die Heimat von Tausenden von Elefanten. Heute sind nur noch ein paar Hundert übrig. Die anderen sind alle gestorben oder getötet worden. Ihre Knochen und Stoßzähne liegen verstreut über das gesamte Land.«

Er hielt inne, um zu sehen, ob ich verstünde, was er meinte. Doch inzwischen war ich völlig verwirrt.

Der *phandi* deutete noch einmal auf das Tal.

»Dies, mein Freund, *ist* der Elefantenfriedhof.«

Choudhury, der *phandi* und ich setzten uns an den Rand des Hügels und beobachteten den Sonnenuntergang.

Obwohl ich wusste, dass meine Suche zu Ende war, war ich nicht enttäuscht. Die Worte des *phandi* hatten einen tiefen Eindruck auf mich gemacht, und plötzlich kam mir mein Drang, den sagenhaften Friedhof zu entdecken, töricht vor.

»Sie sollten Ihre Zeit besser darauf verwenden, über die Not der Elefanten zu schreiben«, sagte Choudhury. »Es besteht kein

Zweifel daran, dass sie vom Aussterben bedroht sind. Aber hier in Assam rührt niemand einen Finger, um sie zu retten.«

In Choudhurys Worten lag eine Eindringlichkeit, wie ich sie noch nie zuvor bei ihm gehört hatte.

»Unserer Regierung ist es egal. Sie hat nichts zur Rettung der Elefanten unternommen«, sagte er. »Wir brauchen dringend internationale Unterstützung, um Schutzgebiete zu errichten. Andernfalls werden die Elefanten schlicht und einfach aussterben.«

Auch dem *phandi* war alles daran gelegen, eine solche Tragödie zu verhindern, und er bat mit beschwörenden Worten um Hilfe.

»Viele Male bin ich von Dorf zu Dorf gezogen und habe die Menschen angefleht, den Dschungel nicht abzuholzen. Ich habe ihnen von den Elefanten und von unserem kulturellen Erbe erzählt. Aber sie haben nicht zugehört«, sagte Geala. »Wir Hindus sind Heuchler. Jeden Tag beten wir zu Tieren und Mutter Indien und sogar zu Ganesha. Doch gleichzeitig zerstören wir eben jene Erde, die uns so heilig ist.«

In dem Maße, wie sich die Dämmerung über dem Tal ausbreitete, wurde das Leuchten elektrischer Lampen in der Finsternis unter uns deutlicher sichtbar. Autoscheinwerfer huschten über die Straßen, und in den Dörfern hockten Gestalten um Abendfeuer, von denen Rauch aufstieg.

»Unsere Priester sagen, dass wir uns in Kaliyuga befinden, dem Zeitalter der Kali, einer Zeit des Niedergangs und Verfalls«, fuhr der *phandi* fort, während er seine Pfeife wieder anzündete. »Aber dies ist zu einem Vorwand geworden, um nichts zu tun. Die Menschen sind nun mal selbstsüchtig und faul.«

Es war klar, dass sich die beiden von mir als einem Fremden erhofften, ich würde die internationale Öffentlichkeit mobilisieren. Doch als Journalist konnte ich nur versprechen, über meine Erfahrungen zu schreiben.

»Das ist alles, worum wir Sie bitten«, sagte Choudhury, als wir aufstanden und im zurückweichenden Licht den Hügel hinabstiegen. »Machen Sie öffentlich bekannt, was Sie gesehen haben, und vielleicht wird es Menschen aufrütteln. Wer weiß, vielleicht können die Elefanten noch gerettet werden. Viele große Dinge haben klein angefangen, finden Sie nicht auch?«

Ich verbrachte die nächsten drei Wochen in den indischen Nordostprovinzen, bereiste ganz Assam und besuchte Majuli – ohne Vipal Ganguly, wobei die Tricks, die ich anwandte, um ihm aus dem Weg zu gehen, Stoff für eine weitere Geschichte liefern würden.

Meine Pläne, einen Abstecher nach Kohima zu machen, wo Charles gegen die Japaner gekämpft hatte, zerschlugen sich leider, weil mir die indische Regierung keine Einreiseerlaubnis für Nagaland erteilte, ein Bundesstaat, der für ausländische Journalisten gesperrt ist. Stattdessen besuchte ich Churchills Heimat, Cherapunjee, das so genannte Schottland des Ostens, das sich bis vor kurzem der höchsten Niederschlagsmenge auf der Erde rühmte, und Shillong, die einstige britische *hill station,* mit seinen malerischen Bungalows und schmalen, gewundenen Straßen.

Bald darauf war ich wieder in Guwahati, wo ich mich auf die Rückreise nach Delhi vorbereitete. Am Morgen meines Abflugs bestand Choudhury darauf, mich im Landrover zum Flughafen zu bringen. Unterwegs bat er Rudra anzuhalten, und er machte mich auf Fährten von Elefanten in den schlammigen Feldern am Straßenrand aufmerksam.

»Zur Erntezeit kommen sie von diesen Bergen herunter und plündern die Felder«, sagte er, auf eine ferne, von Regenwald bedeckte Bergkette zeigend. »Wenn Sie uns das nächste Mal besuchen, werde ich Sie hierher bringen. Ich habe einen Nachtsichtfeldstecher, und dies ist der ideale Ort, um Elefanten zu beobachten.«

Wir eilten zurück in den Landrover und brausten zum Flughafen. Auf dem Parkplatz halfen mir der Jäger und Rudra, mein Gepäck auf einen Kofferkuli zu laden.

»Schicken Sie mir ein gutes britisches Magazin«, sagte Rudra und blinzelte mir zu. »Ich schau gern Mädchen mit schönen Mangos an.«

Ich versprach ihm, mein Bestes zu tun.

»Nehmen Sie dies«, sagte er und überreichte mir mehrere Stücke Betelnuss, eingewickelt in ein schmutziges Tuch, das er zum Abreiben der Windschutzscheibe verwendet hatte. »Wenn Sie essen, denken Sie an mich!«

Rudra blieb beim Wagen, während Choudhury mir half, den Kofferkuli zum Abflugterminal zu rollen. An der Tür kontrollierte ein Sicherheitsbeamter mein Ticket, untersagte Choudhury jedoch den Zutritt. Hier verabschiedeten wir uns voneinander, und ich dankte ihm für alles, was er für mich getan hatte.

»Übrigens hab ich heute Morgen einen Anruf von der Forstbehörde erhalten«, sagte der Jäger, während er mir die Hand gab. »Man hat mich gebeten, nach Oberassam zu fahren. Anscheinend wütet dort ein weiterer bösartiger Einzelgänger. Sie wollen einen Lagebericht von mir.«

»Werden Sie hinfahren?«

»Ja, ich muss«, antwortete er. »Er hat viele Menschen getötet. Es ist eine Abschussverfügung ergangen.«

Einen Moment lang wusste ich nicht, was ich sagen sollte. Wir standen da und schauten uns an, während Passagiere an uns vorbeidrängten und sich durch den schmalen Eingang zum Terminal zwängten.

»Warum kommen Sie nicht mit?«, sagte Choudhury. »Es wird ein interessantes Erlebnis werden.«

Die Einladung lockte mich, doch ich konnte einen weiteren Aufschub meiner Rückreise nach Delhi nicht verantworten.
»Ich möchte nicht noch einen Elefanten sterben sehen«, sagte ich.
»Ich auch nicht«, seufzte der Jäger.
Der letzte Aufruf für meinen Flug ertönte aus den Lautsprechern. Ich streckte die Hand aus, und Choudhury drückte sie mit festem Griff. Mit dem Versprechen, Assam wieder zu besuchen, verabschiedete ich mich ein letztes Mal und sah dem Jäger nach, als er sich umdrehte und zum Landrover zurückging.

Nachwort

Bei den Recherchen zu diesem Buch fand ich heraus, dass es so etwas wie einen Elefantenfriedhof nicht gibt – zumindest nicht in dem Sinne, dass Elefanten einen bestimmten, entlegenen Ort aufsuchen, um dort zu sterben. Dennoch ist die Legende nicht so weit hergeholt.

Nach Auskunft von Experten suchen Elefanten wie die meisten Säugetiere die Nähe zum Wasser, wenn sie spüren, dass die Stunde ihres Todes naht, und während ihrer letzten Tage halten sie sich an einem Lieblingsfluss oder -see innerhalb ihres »Areals« auf. Wenn schließlich ihr Lebenslicht erlischt, fällt ihr Körper einfach ins Wasser und sinkt auf den sumpfigen Grund oder wird fortgespült. Dies könnte die Erklärung sein, weshalb in freier Wildbahn so wenig Kadaver gefunden werden.

Daher leuchtet es ein, dass über Zehntausende von Jahren hinweg zahllose Generationen von – Afrikanischen und Asiatischen – Elefanten an denselben Orten gestorben und ihre Skelette und Stoßzähne erhalten geblieben sind. Mit der Zeit hat sich der Lauf von Flüssen verlagert, und Sümpfe und Seen sind ausgetrocknet, sodass die Knochen und Stoßzähne zum Vorschein kamen. Wem könnte man einen Vorwurf daraus machen, dass er, zufällig auf eine dieser Stätten stoßend, wo Elfenbein und die Überreste Tausender von Dickhäutern verstreut lagen, irrtümlich annahm, einen Elefantenfriedhof entdeckt zu haben?

Heute ist *Elephas maximus* in Indien bedrohter denn je. Obwohl sein afrikanischer Bruder viel stärker im Blickpunkt der Weltöffentlichkeit und im Zentrum der internationalen Schutzbemühungen steht, ist der Asiatische Elefant in viel größerer Bedrängnis. Seine Population ist bereits auf nur zehn Prozent von der des Afrikanischen Elefanten geschrumpft, sodass er gefährlich nah am Rande des Aussterbens steht. Nach den meisten amtlichen Angaben gibt es in Indien noch zwischen zwanzig- und fünfundzwanzigtausend wild lebende Elefanten, und in vielen Regionen des Landes sind die Tiere bereits völlig verschwunden.

In den letzten Jahren hat die Wilderei besorgniserregende Ausmaße angenommen. Wilderer nutzen alle verfügbaren Mittel, um ihre Beute abzuschlachten. Sie haben Elefanten in Gruben, die mit spitzen Pfählen gespickt waren, getötet, sie haben ihnen mit Kabeln, die an Hochspannungsmasten angeschlossen waren, tödliche Stromstöße versetzt oder sie einfach erschossen. Unterdessen wird der Lebensraum der Elefanten immer weiter zerstört, sodass die Herden in stetig schrumpfenden Waldgebieten eingeschlossen sind. Wie viel Zeit bleibt den Elefanten Indiens noch?

Literatur

Anderson, K., *Herrscher der Dschungel,* Hamburg/Berlin: Verlag Paul Parey, 1955

Barkataki, S. N., *Tribal Folktales of Assam,* Publication Board Guwahati, 1970

Barker, G. M., *A Tea Planter's Life in Assam,* Kalkutta: Thacker, Spink, 1884

Barpujari, H. K., *The Comprehensive History of Assam* (5 Bände), Publication Board Guwahati, o.J.

Barua, B. K., und Sreenivasa Murthy, H. V., *Temples and Legends of Assam,* Bombay: Bhavans Book University, 1988

Bedi, R., *Elephant, Lord of the Jungle,* Neu-Delhi: National Book Trust India, 1969

Bertrand, G., *The Jungle People,* London: Robert Hale, 1959

Bishop, S. O., *Sketches in Assam,* Kalkutta: Thomas Smith, 1885

Bloomgate, A., *The Plain Narrative of the Doings and Destruction of the Most Murderous Rogue Ever Known,* o. O., 1895

Cantlie, A., *The Assamese,* London: Curzon Press, 1984

Carrington, R., *Elephants,* London: Chatto & Windus, 1958

Chadwick, D. H., *The Fate of the Elephant,* London: Viking, 1993

Choudhury, P. C., *Hastividyarnava,* Publication Board Guwahati, 1976

Das, J., *Folklore of Assam,* Neu-Delhi: National Book Trust India, 1972

Douglas-Hamilton, I. und O., *Unter Elefanten,* München: Piper, 1976

Dubois, A. J. A., *Hindu Manners, Customs and Ceremonies* (3. Auflage), Neu-Delhi: Rupa and Co., 1996

Dutta, A. K., *Cha Garam: The Tea Story,* Guwahati: Paloma Publications, 1992

Dutta Barooa, B. N., *The Red River and the Blue Hill,* Guwahati: Lawyer's Book Stall, 1954

Edgerton, F., *The Elephant-Lore of the Hindus,* Princeton: Yale University Press, 1931

Eliot, C., *Hinduism and Buddhism,* London: Edward Arnold, 1921

Eltringham, S. K., *The Illustrated Encyclopaedia of Elephants,* London: Salamander Books, 1991

Evans, G. H., *A Treatise on Elephants,* Rangoon: Government Publications, 1901

Fraser, W. M., *The Recollections of a Tea Planter,* London: The Tea and Rubber Mail, 1935

Gait, E., *A History of Assam,* o. O., 1905

Getty, A., *Ganesha,* Neu-Delhi: Munshiram Manoharlal, 1971

Goodwin, J., *The Gunpowder Gardens,* London: Chatto & Windus, 1990

Hanley, P., *Tiger Trails in Assam,* London: Robert Hale, 1961

Hastings, J., *Encyclopaedia of Religion and Ethics,* Edinburgh: T. & T. Clark, 1921

Hazarika, S., *Strangers of the Mist: Tales of War and Peace from India's Northeast,* Neu-Delhi: Viking India, 1994

Holder, C. F., *Ivory King,* London: Samson, Low, 1886

Izzard, R., *The Hunt for the Buru,* London: Hodder & Stoughton, 1951

Karotemprel, S., und Dutta Roy, B., *Tea Garden Labourers of North East India,* Shillong: Vendrame Institute, 1990

Kingdon-Ward, J., *My Hill So Strong,* London: Jonathan Cape, 1952

Knight, M., *How to Keep an Elephant,* London: Wolfe, 1967

Lindgren, O., *The Trials of a Tea Planter,* Privatdruck, 1933

Masson, J. M., und McCarthy, S., *Wenn Tiere weinen,* Reinbek: Rowohlt, 1996

Moss, C., *Die Elefanten vom Kilimandscharo: Dreizehn Jahre im Leben einer Elefantenfamilie,* Hamburg: Rasch und Röhring, 1990

Muirhead Thomson, R. C., *Assam Valley,* London: Luzac & Co., 1948

Nugent, R., *Auf der Suche nach der rosaköpfigen Ente am Ende der Welt,* Frankfurt am Main: Fischer Taschenbuch, 1993

Orwell, G., »Einen Elefanten erschießen« (1936), in: *Im Innern des Wals: Ausgewählte Essays I,* Zürich: Diogenes, 1975

Ramsden, A. R., *Assam Planter,* London: John Gifford, 1945

Sanderson, G. P., *Thirteen Years among the Wild Beasts of India,* London: W. H. Allen, 1890

Sarma, S. N., *The Neo-Vaishnavite Movement and the Satra Institution of Assam,* Guwahati: Department of Publication, Gauhati University, 1966

Schilling, T., *Tigermen of Anai,* London: Allen & Unwin, 1957

Shand, M., *Queen of the Elephants,* London: Jonathan Cape, 1995

Shand, M., *Auch Elefanten weinen: Auf einem Dickhäuter durch Indien,* München: Frederking & Thaler, 1999

Shoshani, J., *Elephants: Majestic Creatures of the Wild,* Sidney: RD Press, 1992

Sillar, F. C., und Meyler, R. M., *Elephants: Ancient and Modern,* London: Studio Vista, 1968

Slym, M. J., *Treatise on the Treatment of Elephants in Health and Disease,* o. O.: Maulmain, 1873

Stracey, P. D., *Reade: Elephant Hunter,* London: Robert Hale, 1967

Stracey, P. D., *Elephant Gold,* Neu-Delhi: Natraj Publishers, 1991

Sukumar, R., *Elephant Days and Nights,* Neu-Delhi: Oxford University Press, 1994

Temple-Perkins, E. A., *Kingdom of the Elephants,* o. O.: Andrew Melrose, 1955

Ward, S. R., *A Glimpse of Assam,* Kalkutta: Thomas S. Smith, 1884

Weatherstone, J., *The Pioneers,* London: Quiller Press, 1986

Williams, H., *Sacred Elephant,* London: Jonathan Cape, o.J.

Williams, J. H., *Elephant Bill,* London: Hart-Davis, 1950

Wise, M., *True Tales of British India,* Brighton: In Print Publishing, 1993

Yule, H., und Burnell, A. C., *Hobson-Jobson,* London: John Murray, 1903